高等职业教育汽车类新形态一体化教材

汽车电气设备构造与检修

主　编　梁小流　陈小长　谢　军
副主编　何科宇　邓永权　叶丽铭
参　编　李吉生　牟　林　巫尚荣
　　　　梁耀杰　陈明海　李缘忠
主　审　刘存香　刘学军

中国教育出版传媒集团
高等教育出版社·北京

内容提要

　　本书是职业教育汽车类专业新形态一体化教材，以多款主流车型典型的汽车电气设备技术为参考，系统介绍了汽车电气系统认知、电源系统检修、起动系统检修、点火系统检修、照明与信号系统检修、辅助电气设备检修、仪表与报警系统检修、空调系统检修等内容。同时，本书配有丰富的教学、学习资源，包括电子课件、微课视频等，微课视频可通过扫描书上的二维码在线学习。全部资源还可通过智慧职教平台（www.icve.com.cn）上的"汽车电气设备构造与检修"在线课程进行学习，详见"智慧职教"服务指南。

　　本书适用于职业院校汽车类相关专业学生学习汽车电气设备的构造、原理、性能及检修方法等相关知识、技能，也适用于汽车行业从业人员学习参考。授课教师如需要本书的教学课件等资源，可发送邮件至 gzjx@pub.hep.cn 获取。

图书在版编目（CIP）数据

汽车电气设备构造与检修 / 梁小流，陈小长，谢军主编. --北京：高等教育出版社，2023.11
　　ISBN 978-7-04-060879-3

　　Ⅰ. ①汽…　Ⅱ. ①梁…②陈…③谢…　Ⅲ. ①汽车 – 电气设备 – 构造②汽车 – 电气设备 – 车辆修理　Ⅳ. ①U463.603②U472.41

中国国家版本馆CIP数据核字（2023）第138164号

QICHE DIANQI SHEBEI GOUZAO YU JIANXIU

策划编辑	姚　远	责任编辑	姚　远	封面设计	姜　磊	版式设计	童　丹
责任绘图	易斯翔	责任校对	陈　杨	责任印制	高　峰		

出版发行	高等教育出版社	网　　址	http://www.hep.edu.cn
社　　址	北京市西城区德外大街4号		http://www.hep.com.cn
邮政编码	100120	网上订购	http://www.hepmall.com.cn
印　　刷	北京市艺辉印刷有限公司		http://www.hepmall.com
开　　本	787mm×1092mm　1/16		http://www.hepmall.cn
印　　张	17.75		
字　　数	420千字	版　　次	2023 年11月第 1 版
购书热线	010-58581118	印　　次	2023 年11月第 1 次印刷
咨询电话	400-810-0598	定　　价	48.80元

本书如有缺页、倒页、脱页等质量问题，请到所购图书销售部门联系调换

"智慧职教"服务指南

"智慧职教"（www.icve.com.cn）是由高等教育出版社建设和运营的职业教育数字教学资源共建共享平台和在线课程教学服务平台，与教材配套课程相关的部分包括资源库平台、职教云平台和 App 等。用户通过平台注册，登录即可使用该平台。

● 资源库平台：为学习者提供本教材配套课程及资源的浏览服务。

登录"智慧职教"平台，在首页搜索框中搜索"汽车电气设备构造与检修"，找到对应作者主持的课程，加入课程参加学习，即可浏览课程资源。

● 职教云平台：帮助任课教师对本教材配套课程进行引用、修改，再发布为个性化课程（SPOC）。

1. 登录职教云平台，在首页单击"新增课程"按钮，根据提示设置要构建的个性化课程的基本信息。

2. 进入课程编辑页面设置教学班级后，在"教学管理"的"教学设计"中"导入"教材配套课程，可根据教学需要进行修改，再发布为个性化课程。

● App：帮助任课教师和学生基于新构建的个性化课程开展线上线下混合式、智能化教与学。

1. 在应用市场搜索"智慧职教 icve"App，下载安装。

2. 登录 App，任课教师指导学生加入个性化课程，并利用 App 提供的各类功能，开展课前、课中、课后的教学互动，构建智慧课堂。

"智慧职教"使用帮助及常见问题解答请访问 help.icve.com.cn。

前　言

　　本书坚持立德树人,围绕党的二十大提出的努力培养造就更多大国工匠、高技能人才的目标,以能力为本位,以工作过程为导向而编写。本书以"汽车电工电子基础""汽车构造与维修"等专业课程为基础,兼顾理论知识和实践技能,从企业对工作岗位的实际能力需求出发设计课程内容,使学生在掌握必要理论知识的基础上,注重实践能力、知识应用能力和职业素养的培养,逻辑清晰、目标明确。同时,也便于教师组织和实施教学。

　　本书根据汽车电气设备类型分为 8 个工作项目,即汽车电气系统认知、电源系统检修、起动系统检修、点火系统检修、照明与信号系统检修、辅助电气设备检修、仪表与报警系统检修、空调系统检修。每个项目下设有多个学习任务,每个学习任务都是相对独立的一个工作任务,共计 22 个学习任务。每个学习任务都从汽车电气设备各系统典型工作任务出发,以其为载体,将汽车电气设备相关知识、检修技能和职业素养进行有机结合。选取任务载体时,坚持"够用、实用"原则,根据任务需要明确学习要求,根据学习要求组织完成任务所需的理论知识和实践技能,并搜集与该学习内容相关的企业案例进行教学化的加工。

　　本书由广西水利电力职业技术学院梁小流、陈小长和广西交通职业技术学院谢军担任主编;由广西水利电力职业技术学院何科宇、邓永权和广西经济职业学院叶丽铭担任副主编;广西水利电力职业技术学院李吉生、牟林、巫尚荣、梁耀杰,南宁市第四职业技术学校陈明海,广西交通运输学校李缘忠参与编写。梁小流编写项目一,陈小长编写项目四,何科宇、谢军编写项目五,邓永权、叶丽铭编写项目六;李吉生编写项目三;梁耀杰编写项目二;牟林、陈明海编写项目七;巫尚荣、李缘忠编写项目八。全书由梁小流统稿,广西水利电力职业技术学院刘存香、广西交通职业技术学院刘学军担任主审。

　　本书是广西壮族自治区教育厅"十四五"首批自治区职业教育规划教材立项建设的教材之一,在编写的过程中得到了广西交通运输职业教育教学指导委员会刘学军、刘存香等专家的大力支持。本书也得到了广西交通职业技术学院、广西工业职业技术学院、柳州铁道职业技术学院、南宁市第四职业技术学校、广西交通运输学校和南宁市中联汽保设备销售有限公司的大力支持,在此表示诚挚感谢! 同时,也希望广大读者能在使用的过程中为本书提供宝贵的意见和建议,我们将及时对本书进行更新和完善。

　　由于编者水平有限,书中难免有不妥之处,欢迎读者和业内专家批评指正。

编者

2023 年 5 月

目　录

项目一 ▶▶▶

汽车电气系统认知

▶ **项目描述**

　　电气系统是汽车的重要组成部分。随着汽车技术的进步,汽车电气设备的结构与技术性能也正在不断进步,并发挥着越来越重要的作用。掌握汽车电气设备各系统的组成与作用、基本工作原理,并及时掌握各种新技术在汽车电气设备中的应用,才能适应汽车技术发展的要求,才能维护好汽车的电气设备。本项目主要学习汽车电气系统的组成和作用、掌握识读汽车全车电路图的常用方法,本项目包含以下两个工作任务:

　　任务一　认识汽车电气系统

　　任务二　识读汽车全车电路图

　　通过完成以上两个工作任务,能够向客户解释汽车电气系统的组成和作用,能够识读全车电路图,为汽车电气系统的保养与维修打下基础。

任务一　认识汽车电气系统

 任务描述

　　小李是一家汽车综合维修店的新入职员工,每天要接待不同车型的汽车到店进行保养与维修,在与维修技师确定维修方案后,作为接待人员需要确认方案,工作中,客户会经常提出疑问,小李也要不时地向客户解释车辆保养与维修的方式、方法和理由,因此迫切需要了解不同品牌、不同型号的汽车电气系统知识,并掌握系统的组成及其作用。

 任务目标

实施步骤	教学目标		
	素养目标	知识目标	技能目标
识别电气系统的组成及安装位置	① 增强安全第一的意识 ② 养成良好的沟通礼仪	① 掌握汽车电气设备的组成 ② 熟悉汽车电气设备的安装位置 ③ 了解汽车电气设备的作用	① 能说出汽车电气系统的各组成子系统 ② 能在实车上指出汽车电气设备各部件的安装位置

 实施步骤

认识汽车电气系统

 技能实践

　　(1)查阅整车维修手册,在整车上找出图 1-1 中汽车电源系统的安装位置,并在图片下方横线上记录其名称。

　　(2)查阅整车维修手册,在整车上找出图 1-2 中汽车起动系统的安装位置,并在图片下方横线上记录其名称。

　　(3)查阅整车维修手册,在整车上找出图 1-3 中汽车点火系统的安装位置,并在图片下方横线上记录其名称。

　　(4)查阅整车维修手册,在整车上找出图 1-4 中汽车照明与信号系统的安装位置,并在图片下方横线上记录其名称。

图 1-1 汽车电源系统安装位置

图 1-2 汽车起动系统安装位置

图 1-3 汽车点火系统安装位置

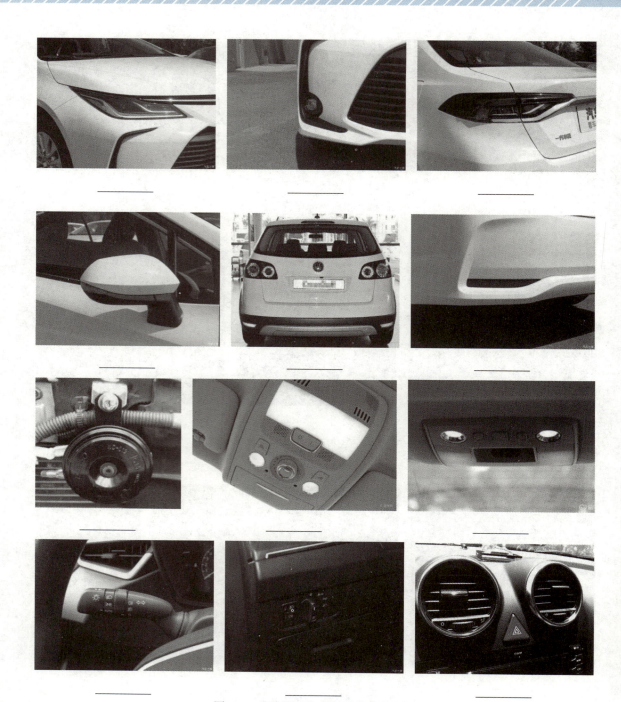

图 1-4　汽车照明与信号系统安装位置

（5）查阅整车维修手册,在整车上找出图 1-5 中汽车仪表与报警系统的安装位置,并在图片下方横线上记录其名称。

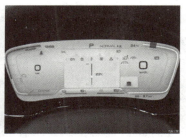

图 1-5 汽车仪表与报警系统安装位置

(6) 查阅整车维修手册,在整车上找出图 1-6 中汽车辅助电气设备的安装位置,并在图片下方横线上记录其名称。

图 1-6   汽车辅助电气设备安装位置

（7）查阅整车维修手册,在整车上找出图 1-7 中汽车电子控制系统的安装位置,并在图片下方横线上记录其名称。

 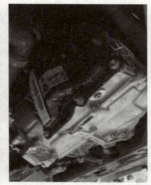 

 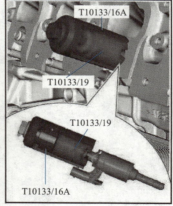 

图 1-7   汽车电子控制系统安装位置

知识学习

1. 汽车电气系统的组成

现代汽车的电气设备种类和数量繁多,但按其用途,汽车电气系统可归类为由电源系统、起动系统、点火系统、照明系统、信号系统、仪表系统、辅助电气设备和电子控制系统等部分组成,如图1–8所示。

微课
认识车身电气
系统

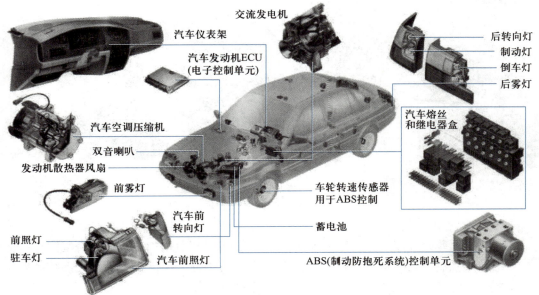

图1–8　汽车电气系统的组成

（1）电源系统

传统汽车的电源包括蓄电池和发电机(集成了整流器和调节器),如图1–9(a)、(b)所示。当发动机不工作时,由蓄电池供电,发动机起动后,转由发电机供电;发电机在向用电设备供电的同时,也给蓄电池充电;整流器的作用是把发电机发出的交流电转换为直流电,调节器的作用是让发电机工作时能保持稳定的输出电压。

新能源汽车(含混合动力汽车、纯电动汽车)的电源除了蓄电池和发电机,还有动力电池,如图1–9(c)所示,其作用是为汽车提供辅助动力或作为驱动汽车行驶的动力源,并配备有车载充电机(OBC)和动力电池管理系统(BMS)。

微课
汽车电气系统的
认识

（2）起动系统

起动系统由起动开关、起动继电器和起动机等组成。它的作用是通过起动机将蓄电池的电能转换成机械能,起动发动机运转,如图1–10所示。

(a) 蓄电池　　　　　　　　(b) 发电机　　　　　　　　(c) 动力电池包

图 1-9　汽车电源系统的组件

（a）起动开关／点火开关（带钥匙）　　　（b）起动继电器　　　　（c）起动机

图 1-10　汽车起动系统的组件

（3）点火系统

点火系统可以产生高压电火花,点燃汽油发动机气缸内的可燃混合气。它有传统点火系统、电子点火系统、ECU 控制点火系统之分。现代汽车的点火系统一般采用 ECU 控制点火,主要包括点火开关(与起动开关集成共用)、点火线圈和火花塞等,如图 1-11 所示。

（a）起动开关／点火开关（无钥匙）　　　（b）点火线圈　　　　（c）火花塞

图 1-11　汽车点火系统的组件

（4）照明系统

照明系统提供车辆夜间安全行驶必要的照明,包括车外和车内的照明灯具。车外照明灯具按照其安装的位置及功用包括前照灯、雾灯、倒车灯、牌照灯,如图 1-12 所示;车内照明灯具按照其安装的位置及功用包括顶灯、仪表灯、踏步灯、工作灯、行李舱灯,如图 1-13 所示主要是为驾驶人和乘客提供方便,而且灯光色为白色,灯泡功率在 2~20 W 范围内。

(a)前照灯　　　　　　　　(b)雾灯　　　　　　　　(c)倒车灯

图 1-12　车外照明灯具

(a)顶灯　　　　　　　　(b)仪表灯　　　　　　　　(c)踏步灯

图 1-13　车内照明灯具

(5) 信号系统

信号装置提供安全行车所必需的信号,包括音响信号和灯光信号两类。信号系统包括喇叭、蜂鸣器、闪光继电器及各种行车信号标识灯,用来保证车辆行驶时的人车安全。行车信号标识灯具包括转向信号灯、危险警告灯、示宽灯和制动灯。

(6) 仪表与报警系统

仪表与报警系统用于监测发动机及汽车的工作情况,使驾驶人能够通过仪表及报警装置,及时发现发动机及汽车运行的各种参数的变化及异常情况,确保汽车正常运行。它主要包括车速里程表、发动机转速表、冷却液温度表、燃油表、电压(电流)表、机油压力表、气压表及各种警告灯等,如图 1-14 所示。

(a)模拟显示仪表　　　　　　　　　(b)液晶显示仪表

图 1-14　汽车仪表显示系统

（7）辅助电气设备

辅助电气设备包括电动风窗刮水器、风窗洗涤器、空调器、低温起动预热装置、汽车音响、点烟器、车窗玻璃电动升降器、座椅电动调节器和防盗装置等。

辅助电气设备有日益增多的趋势，主要向舒适、娱乐和保障安全等方面发展；另外，现代汽车的发展方向是智能化、电动化，越来越多的智能辅助电气系统被安装到了汽车上，而且车辆的豪华程度越高，辅助电气设备就越多。

（8）电子控制系统

汽车电子控制系统主要指利用微机控制的各个系统，包括电控燃油喷射系统、电控点火系统、电控自动变速器、制动防抱死装置、电控悬架系统、自动空调等。电子控制系统的采用可以使汽车上的各个系统均处于最佳工作状态，以达到提高汽车动力性、经济性、安全性、舒适性，降低汽车排放污染的目的。

2. 汽车电气系统的特点

汽车种类和品牌繁多，各国汽车电气设备的数量不等，其安装的位置和接线的方法等也各有差异。但无论是进口汽车还是国产汽车，其电气设备的设计一般都遵循一定的规律，均具有以下特点：

（1）采用直流电

由于汽车上的电源之一是蓄电池，蓄电池为直流电源，且蓄电池放电后必须采用直流电源对其充电，因此汽车上的发电机也必须输出直流电，由于上述原因，汽车上采用直流电。

（2）采用低压电源

汽车电气系统的额定电压有 12 V 和 24 V 两种，目前汽油车普遍采用 12 V 电源，重型柴油车多采用 24 V 电源。随着汽车电气设备电子化程度的提高和设备的增多，汽车电源电压有提高的趋势，以满足不断增加的用电需求，汽车 42 V 电源系统正处于开发中。

（3）采用单线制

普通的电气系统必须用两条导线，一条为电源线，另一条为搭铁线，这样才能构成回路。而汽车上所有的用电设备都是并联的，从理论上讲需要有一条公共的电源线和一条公共的搭铁线，而汽车的底盘及发动机是由金属制造的，具有良好的导电性能，因此用汽车的金属机体作为一条公共搭铁线，从而达到节约导线、使电路简单、安装维修方便的目的，因此现代汽车基本都采用单线制。但现代汽车上也有一些部件没有与汽车金属机体相连，这些部件则必须采用双线制。

（4）负极搭铁

由于汽车采用单线制，所以电气系统的两个电路中的一条必须用汽车的金属机体代替。在接线时，电源的一极或用电设备的一极要与金属机体相连，这样的连接称为搭铁。对于直流电系统来说，系统的正极或负极均可作为搭铁极。按照国际通行的做法和我国规定，汽车电气系统一般为负极搭铁。

（5）用电设备并联

汽车上的用电设备之间都采用并联的方式，每个用电设备均由各支路的专用开关控制,互不干扰。

(6) 各用电设备前均装有保险装置

保险装置有熔断丝和易熔线。

(7) 汽车电路有颜色和编号

汽车所有低压线应选用不同颜色的单色、双色,甚至多色线,并在其上标有标号,编号由厂家统一。

3. 汽车电气系统发展趋势

随着汽车燃油喷射、电动门窗、电动座椅等电子控制系统的增加,如果仍采用常规的布线方式,将导致汽车上电线数目急剧增加。粗大的线束不仅会占用汽车上宝贵的有限空间资源,而且也越来越难以将其安装在隐蔽位置。为了解决汽车新技术的发展应用与汽车线束根数及线径急剧增加的突出矛盾,汽车制造引入汽车数据总线技术,如图 1-15 所示。它就是将过去"一线一用"的专线制改为"一线多用"制,大大减少了汽车上电线的数目,缩小了线径的直径。数据总线还将计算机技术融入整个汽车系统中,从而加速汽车智能化的发展。

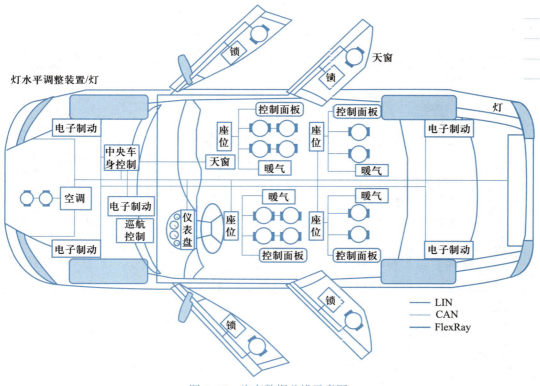

图 1-15 汽车数据总线示意图

随着科学技术和汽车工业的飞速发展,汽车电气设备日趋复杂,传统的汽车电气控制系统正在被电子化、网络化和智能化所取代,集成电路和微型计算机已被广泛应用于汽车上,如图 1-16 所示。

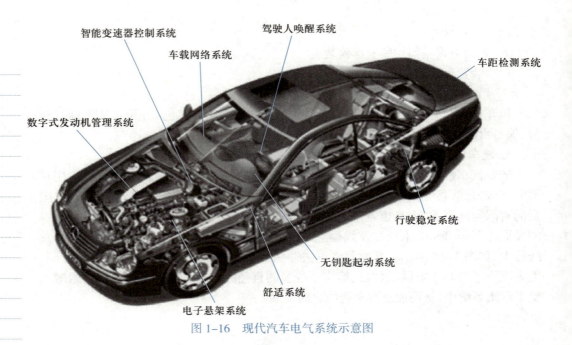

智能变速器控制系统

驾驶人唤醒系统

车载网络系统

车距检测系统

数字式发动机管理系统

行驶稳定系统

无钥匙起动系统

舒适系统

电子悬架系统

图 1-16   现代汽车电气系统示意图

知识考核

(一) 填空题

1. 现代汽车按电气设备的用途,汽车电气系统可归类为由_____、_____、_____、_____、_____、_____和_____等部分组成。

2. 新能源汽车的电源包括_____、_____和_____等部件。

3. 汽车起动系统一般由_____、_____和_____等组成。

4. 现代汽车的点火系统一般采用_____控制点火,主要包括_____、_____和_____等。

5. 汽车照明系统包括_____和_____照明灯具,这些灯具主要有_____、_____、_____、_____、_____、_____、_____、_____和_____等。

(二) 简答题

1. 简述汽车电气系统的组成与作用。

2. 汽车电气系统的特点有哪些?

3. 简要描述现代汽车电气系统的发展趋势。

评价及总结

1. 自我评价

结合自己的学习过程及学习效果,对自己学习的主动性和效果进行自评,评价等级为优、良、合格和不合格,针对出现的失误进行反思,完善改进方向及改进措施。

评价维度		评价标准	评级
学习主动性	课前	课前预习,完成老师布置的课前任务	
	课中	积极思考、参与课堂互动,辅助老师完成教学演示或模拟练习	
	课后	及时总结,完成课后练习任务,并向老师反馈学习建议	
学习效果		了解汽车电气系统的主要组成	
		认识汽车电气系统的主要组成部分	
		说出汽车电气系统主要组成部分的作用	
任务实施过程中出现的失误			
改进的方向及措施			

2. 学生互评

通过提问、观察同学的演示以及上课的情况,对同学这次学习任务的效果开展评价,评价等级为优、良、合格和不合格,指出任务实施过程中出现的失误,给出改进建议。

小组成员姓名:_____

评价维度	评价标准	评级
学习效果	了解汽车电气系统的主要组成	
	认识汽车电气系统的主要组成部分	
	说出汽车电气系统主要组成部分的作用	
任务实施过程中出现的失误		
建议		

任务二　识读汽车全车电路图

 任务描述

　　一辆丰田卡罗拉轿车已行驶 3.7 万 km,客户反映车辆行驶中突然转向灯不亮,检查发现熔丝烧断;于是用铜丝替换熔丝,不久发现仪表台冒烟。经检查发现双闪开关已经烧坏,烟由此冒出;这时远光灯和近光灯的熔丝都已烧断,因此判断电路中必有短路点。此时需要分析转向灯和前照灯控制电路才能进一步诊断维修。

任务目标

实施步骤	教学目标		
	素养目标	知识目标	技能目标
识别汽车电路的组成与连接	① 增强安全作业意识 ② 养成良好的沟通礼仪	掌握汽车电路的组成模式	① 能识读日系汽车的电路,并进行故障诊断与排除 ② 能识读德系汽车的电路,并进行故障诊断与排除
分析丰田卡罗拉轿车前照灯控制电路		掌握日系汽车电路的识读与分析	
分析一汽大众速腾轿车前照灯控制电路		掌握德系汽车电路的识读与分析	

实施步骤

（一）识别汽车电路的组成与连接

 技能实践

　　（1）通过现场观察实训车辆,指出汽车电路是由_____、_____、_____、_____和_____共五大类电气设备组成的。

　　（2）根据整车汽车电气设备实验台架(图 1-17),识别电气设备。

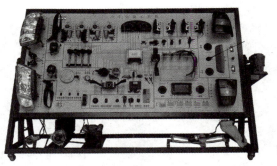

图 1-17　整车汽车电气设备实验台架

 知识学习

汽车电路的组成

汽车电路图是利用各种符号和图线构成的图形,清楚地表示了电路中各组成元件。例如电源、熔丝、开关、继电器、继电器盒、接线盒、连接器、电线和搭铁等。有些电路图还示出了电器部件的安装位置、插接器的形式及接线情况、电线的颜色、接线盒和继电器盒中继电器及熔丝的位置、线束在汽车上的布置等。

汽车电气元件的结构复杂,电路图中用各种符号表示各种电气元件,为了使电路图具有通用性,便于进行技术交流,这些构成电路图的图形符号和文字符号均有统一的国际标准、国家标准和企业标准。

1) 电路开关

汽车电器开关和普通电器开关的作用和原理虽有相似之处,但由于汽车用开关是控制汽车上各种控制装置电路的开关,其控制对象不同,操作的方式也是多种多样,所以与普通电器开关相比具有一定的特殊性。

(1) 点火开关

点火开关[如图 1-18(a)所示]是汽车电路中重要的开关,是各条电路分支的控制枢纽。其主要功能是锁住转向盘转轴(LOCK),接通点火仪表指示(ON 或 IG)、起动(STOP 或 START)挡、附件挡(ACC 主要是收放机专用),如果用于柴油车,则增加(HEAT)挡。在起动挡和预热挡时,由于工作电流很大,开关不易接通过久,所以这两挡在操作时应用手克服弹簧力,扳住钥匙,一松手就弹回到点火(ON)挡,不能自行定位,其他挡均可自行定位。

(2) 推拉式开关

推拉式开关一般用于控制前照灯和刮水器等,如图 1-19 所示。拉钮上标有开关用途的图形符号。操作时,拉动拉钮,移动内部滑块,使内部动触点与定触点位置按规定排列组合移动、变换外接电路,以达到控制的目的。拉钮的控制挡常分为单挡式、两挡式和三挡式三种。

电源开关　起动

附件开关

锁止

（a）常规点火开关　　　　　　　　　　　（b）一键启动开关

图 1-18　点火开关

（a）灯光控制开关　　　　　　　　　　　（b）刮水器控制开关

图 1-19　推拉式开关

（3）翘板式开关

翘板式开关，主要用来控制仪表灯、顶灯、停车灯、危急警告灯和雾灯等，如图 1-20 所示。

（a）顶灯开关　　　　（b）电子制动　　　　（c）玻璃升降　　　　（d）辅助开关

图 1-20　翘板式开关

2）电路保护器

电路保护器用于电路或电气设备在发生短路及过载时能自动切断电路，以防线束或电气设备烧坏,如图 1-21 所示。汽车上常见的电路保护器有易熔线、熔断器(片)及电路断路保护器。

(1) 易熔线

易熔线(图 1-22)是一种截面面积小于被保护电线截面的、可长时间通过额定电流的铜芯低压导线或合金导线。当电流超过易熔线额定电流数倍时,易熔线首先熔断,以确保电路或电气设备免遭损坏。易熔线不能绑扎于线束内,也不得被其他物品所包裹。

(2) 熔断器

熔断器(图 1-23)常用于保护局部电路,其限额电流值较小。熔断器的主要元件是熔断丝(片),其材料是锌、锡、铅、铜等金属的合金。现代汽车常设有多个熔断器。常见的熔断器按外形可分为熔片式、熔管式、绝缘子式、缠丝式和插片式等。

动画
汽车电路中熔断器的认知

图 1-21 电路保护器

图 1-22 易熔线

图 1-23 熔断器

(3) 断路器

断路器,常用于保护电动机等较大容量电气设备,如图 1-24 所示。当电动机卡死造成电流过大或发生短路故障时,超过额定值数倍的电流使双金属片受热变形,触点断开,自动切断电路,以保护电气设备或电路。与易熔线和熔断器相比,其特点是可重复使用。有些断路器需要手动复原,有些断路器必须撤销电源后才能复原。在汽车上常用于刮水电动机、车窗玻璃升降电动机等的电路中。

(4) 继电器

继电器是利用电磁或其他方法(如热电或电子),实现自动接通或切断一对或多对触点,以实现用小电流控制大电流,以减小控制开关触点的电流负荷,如图 1-25 所示。

常用的继电器有进气预热继电器、空调继电器、喇叭继电器、雾灯继电器、风窗刮水器清洗器继电器、危急警告灯与转向闪光继电器等。

继电器的工作电压分为 12 V 和 24 V 两种,分别应用于相应标称电压的汽车上。两种标称电压的继电器不能互换使用。

3) 导线

汽车电气系统的导线有低压线和高压线两种。低压线中有普通线、屏蔽线、起动电缆和蓄电池搭铁电缆之分,高压线有铜芯线和阻尼线之分。

图 1-24　汽车断路器　　　　　　　　　　　图 1-25　汽车继电器

（1）导线颜色

　　汽车导线有单色与双色之分，单色导线是指绝缘表面为一种颜色的导线；双色导线是指绝缘表面为两种颜色的导线。在双色线中又分为主色和辅助色，主色是指双色导线中面积比例大的颜色，辅助色是指双色导线中面积比例小的颜色。

　　另外，各国导线的颜色代号都不一样，单色导线的颜色由表 1-1 和表 1-2 规定的一种颜色组成；双色导线的颜色由表 1-1 和表 1-2 规定的两种颜色配合组成。导线颜色应优先选用单色，再选用双色。

表 1-1　丰田汽车电路图配线颜色

英文缩写	英文	中文	英文缩写	英文	中文
B	Black	黑色	R	Red	红色
BR	Brown	棕色	V	Violet	紫色
G	Green	绿色	B	Blue	蓝色
GR	Gray	灰色	LG	Light Green	浅绿
O	Orange	橙色	W	White	白色
P	Pink	粉色	Y	Yellow	黄色

表 1-2　大众汽车电路图配线颜色

英文缩写	中文	英文缩写	中文
Ws	白色	Li	紫色
Br	棕色	Ro	红色
Bl	蓝色	Gr	灰色
Sw	黑色	Ge	黄色

在汽车电路原理图中,导线颜色的标注采用颜色代号表示,如单色导线,颜色为红色,标注为"R";双色导线(图1-26),第一色为主色,第二色为辅助色,主色为蓝色,辅助色为黄色,标注为"L/Y"。

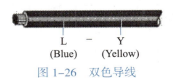

图1-26　双色导线

(2) 导线截面面积

导线的截面面积根据工作电流的大小来选取,对于一些电流特别小的电器,如指示灯电路,为了保证应有的力学性能,导线的截面面积不得小于 0.5 mm²。

导线的截面面积标注在颜色代码前面,单位为 mm² 时不标注,如 1.25R 表示导线截面面积为 1.25 mm² 的红色导线。1.0G/Y 表示导线截面面积为 1.0 mm² 的双色导线,主色为绿色,辅助色为黄色。

4) 插接器

插接器就是通常所说的插头和插座。插接器是一种连接分线束之间、线束与用电设备之间与开关之间的电器装置,又称为连接器,如图1-27所示。插接器连接可靠、检修方便。插接器不能松动、腐蚀,为了保证插接器的可靠连接,其上都有锁紧装置,而且为了避免安装中出现差错,插接器还制成不同的规格和形状。要拆开插接器必须先解除锁闭,然后才能把插接器拉开。

图1-27　汽车线束插接器

5) 配电系统

一般整车电气系统通常采用中央接线板的方式,即大部分继电器和熔断器都安装在中央电路板正面。主线束从中央电路板背面搔插后通往各用电器。中央电路板上标有线束和导线接插位置的代号及接点的数字号。为了便于诊断故障、规范布线,现代汽车常将熔断器断路保护器和继电器等电路易损件集中布置在一块或几块配电板上,配电板背面用来连接导线,这种配电板及其盖子就组成了中央控制盒。图1-28所示为大众车系的中央控制盒及熔断器。

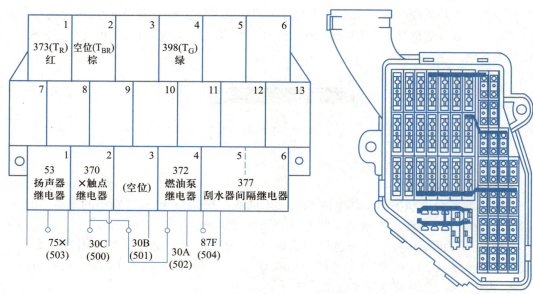

图 1-28　大众车系的中央控制盒及熔断器

（二）分析丰田卡罗拉轿车前照灯控制电路

技能实践

根据丰田卡罗拉转向信号和危险警告灯信号电路（图 1-29），分别写出转向信号、危险警告灯控制的逻辑路线。

分别写出左转控制、右转控制、危险警告灯控制的逻辑路线	
1	左转控制
2	右转控制
3	危险警告灯控制
备注	实训车辆 2ZR-FE（*2），不带卷收器（*3），带卷收器（*4），带 TFT 显示屏（*5），不带 TFT 显示屏（*6），不带起停系统（*7），带起停系统（*8），2017 年 4 月之后生产、NR 系列发动机（*45）。

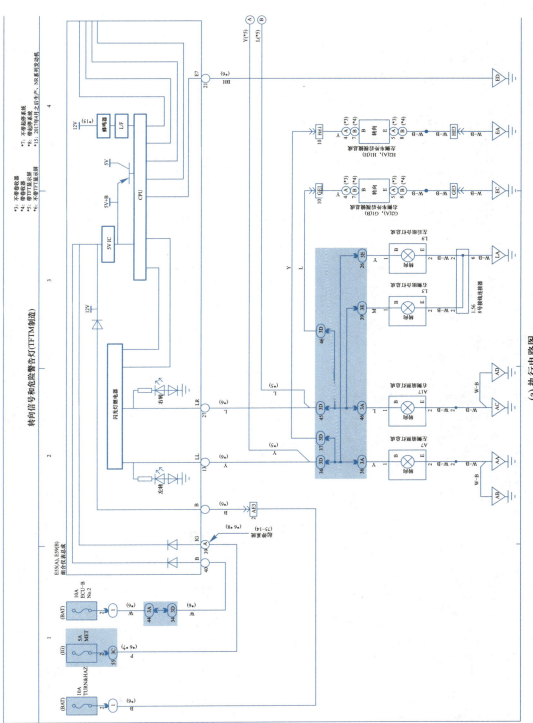

(a) 执行电路图

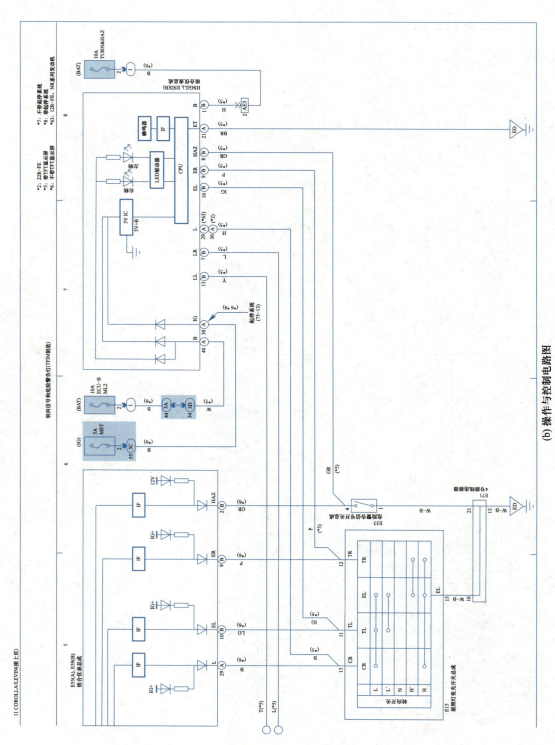

(b) 操作与控制电路图

图 1-29　丰田卡罗拉转向信号和危险警告灯信号电路图

知识学习

1. 识读汽车电路图的基本方法

1）熟悉电路图图注

电路图图注是说明该汽车所有电气设备的名称及其数码代号,通过读图注可以初步了解该汽车都装配了哪些电气设备。然后通过电气设备的数码代号在电路图中找出该电气设备,再进一步找出相互连线、控制关系。这样就可以了解绝大部分电路的特点和构成。

2）牢记电器图形符号

汽车电路图是利用电器图形符号来表示其构成和工作原理的。因此,必须牢记电器图形符号的含义才能看懂电路图。

3）熟记电路标记符号

为了便于绘制和识读汽车电器电路图,大多电器装置的接线柱都赋予了不同的标志代号。例如,接至电源端接线柱用 B 表示,接至点火开关的接线柱用 SW 表示,接至起动机的接线柱用 S 表示,接至各种灯具的接线柱用 L 表示,发电机中性点接线柱用 N 表示,励磁电压输出端接线柱用 D+ 表示。

4）牢记回路原则

任何一个完整的电路都是由电源、熔断器、开关、用电设备和导线等组成的。电流流向应从电源正极出发,经过熔断器、开关、导线等到达用电设备,再经过导线(或搭铁)回到电源负极,才能构成回路。

因此电路读图时,有以下三种思路:

思路一:沿着电路电流的流向,由电源正极出发,顺藤摸瓜查到用电设备、开关和控制装置等,回到电源负极。

思路二:逆着电路电流的方向,由电源负极(搭铁)开始,经过用电设备、开关和控制装置等回到电源正极。

思路三:从用电设备开始,依次查找其控制开关、连线、控制单元,到达电源正极和搭铁(或电源负极)。

实际应用时,可视具体电路选择不同思路,但值得注意,随着电子控制技术在汽车上的广泛应用,大多数电气设备电路同时具有主回路和控制回路,读图时要兼顾两回路。

5）牢记搭铁极性

国家标准规定了汽车电路为负极搭铁,如图 1-30 所示。

6）化整为零

先看全车电路图,根据电路图上的电气图形符号及文字符号,首先对全车电气设备的概况做全面的了解,在大概掌握全图的基本原理的基础上,再把一个个单元系统电路分割开,这样就容易抓住每一部分的主要功能及特性。

（a）蓄电池负极搭铁

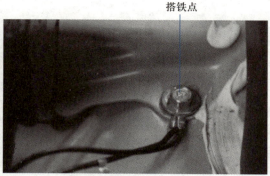
（b）线束搭铁点

图 1-30　负极搭铁

7）掌握开关在电路中的作用

对多层多挡多接线柱的开关要按层、按挡位、按接线柱逐级分析其各层各挡的功能。

8）掌握开关和继电器的初始状态

在电路图中，各种开关和继电器都是按初始状态画出的。如按钮未按下，开关未接通；继电器线圈未通电，其触点未闭合（常开触点）或未打开（常闭触点），这种状态称为原始状态。但在识图时，不能完全按原始状态分析，否则很难理解电路所表达的工作原理，因为大多数用电设备都是通过开关、按钮、继电器触点的变化而改变回路的，进而实现不同的电路功能。

9）掌握电器装置在电路图中的布置

在电气系统中，有大量电器装置是机电合一的，如各种继电器，还有多层多档组合开关。这些电器装置在电路图上表示时，应做到使画法既简单（便于画图），又便于识图，可采用集中表示法或分开表示法。

随着汽车电路日趋复杂，一个电器装置有较多的组成部分（如组合开关、继电器的线圈、触点），若集中画在一起，则易引起线条往返和交叉线过多，造成识图困难。这时宜采取分开表示法，即把继电器的线圈、触点分别画在不同的电路中，用同一个文字符号或数字符号将分开部分联系起来。

2. 丰田车系电路原理图分析

丰田车系电路图如图 1-31 所示。

（1）电路图标识说明

［A］：系统标题。

［B］：继电器模块，一般没有阴影，且继电器模块上的数字是为了区分它是插接器内哪一个。

［C］：当车型、发动机型号或规格不同时，括号里的内容用来说明不同的导线和插接器等。

［D］：连到相关系统。

动画
丰田汽车电路图
识读技巧

[A]

制动灯

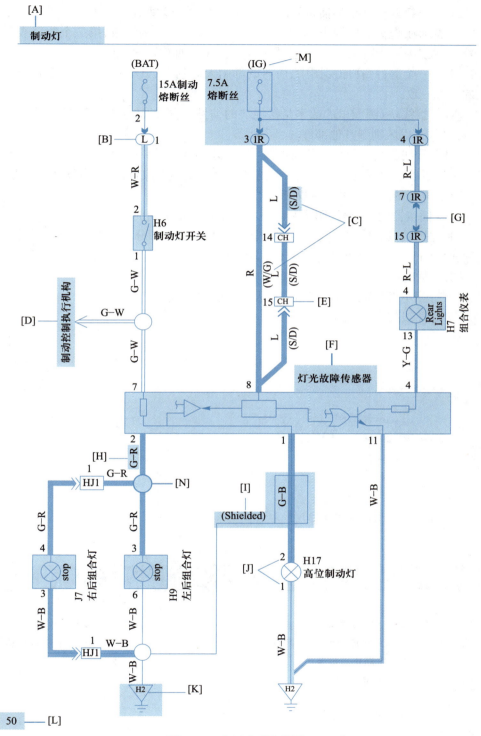

图 1-31　丰田车系电路图

　　[E]: 连接两根导线的插接器的编号,这个编号包含两个字母和一个数字。第一个字母表示在阴头上的线束,第二个字母表示在阳头上的线束,第三个数字表示序列号,当线束中有多个相同的插接器时,以便区别(如 CH1 和 CH2)。

　　[F]: 一个部件(在原彩图中,所有的都用天蓝色表示)。这个编号与部件位置图上的标号一致。

　　[G]: 接线块(圆圈里的数字是接线块的编号,旁边的数字是插接器编号)。接线块通常加粗,以区别于其他部件。

　　[H]: 导线颜色。导线颜色通常用字母表示,导线上第一个字母指导线的底色,第二个字母指条纹的颜色,如 L/Y 导线表示是一条以蓝色为底色,黄色为条纹的导线。

　　[I]: 屏蔽的配线,如图 1-32 所示。

　　[J]: 插接器的端子号,阴头和阳头上这组数字是不同的。

　　[K]: 搭铁点。编码包含一个字母和一个数字两个部分。字母表示线束,数字表示序号,在同一个搭铁点处有很多导线时以便区分。

　　[L]: 页码。

　　[M]: 当电源供电给熔断器时,点火开关所在位置。

　　[N]: 导线接合点,如图 1-33 所示。

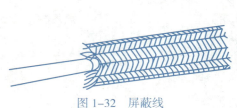

图 1-32　屏蔽线

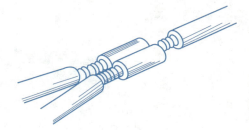

图 1-33　导线接合点

(2) 部件符号说明(表 1-3)

表 1-3　部件符号说明

符号	含义	符号	含义
	电源: 储存化学能并将其转换为电能,为汽车上的众多电路供直流电		搭铁: 车身上一点,为电流提供回路,没有搭铁电流就不能回流
	电容: 储存临时电压的元件		点烟器: 加热装置

续表

符号	含义	符号	含义
	车灯： 电流通过灯丝加热发光。车灯一般分为单灯丝和双灯丝		喇叭： 发出声音信号的电气元件
	断电器： 当有过电流通过时，它会加热熔断。冷却后有些会自动接合		点火线圈： 将低压电转变成高压电供给火花塞
	二极管： 它只允许电流往一个方向流动		灯： 电流通过灯丝加热发光
	稳压二极管： 一种直到临界反向击穿电压前都具有很高电阻的半导体器件，它就像一个简单的电压调节器		发光二极管： 根据电流，能把电能转换为光能的二极管
	光敏二极管： 根据光量控制电流大小的半导体		仪表： 电流驱动磁场线圈使指针转动，并显示在刻度表上
	分电器： 将点火线圈里的高电压输送给每个火花塞	FUEL	数字仪表： 在二极管、液晶、荧光面板上，显示数字形式的仪表
	熔断丝： 在电流异常升高时，自身熔断切断电流，从而起到保护电路安全运行的作用。它的数量表示其横截面面积的大小	M	电动机： 将电能转换为机械能的动力元件
			扬声器： 通电后产生声音的电气元件

续表

符号	含义	符号	含义
	继电器： 　一般是指电控开关，分为常开式和常闭式。当电流通过线圈产生磁场使开关吸合或关闭		双头继电器： 电流可以从两个插头流过的继电器
	电阻： 　在电路中通常起分压分流的作用		手动开关： 接通或断开电路
	分支电阻： 　两个或两个以上插头，以提供不同的电阻值		双向开关： 使电流可以从两个插头流过的开关

（3）2017 款丰田卡罗拉前照灯电路原理分析（图 1-34）

前照灯的工作原理如下：

① 打开近光灯：蓄电池（电源）通过红 – 黑双色线→继电器 H–LP 的 1 号引脚和 5 号引脚→当打开前照灯开关时，继电器 H–LP 的 2 号引脚与电源负极连接，继电器 H–LP 线圈通过，继电器 H–LP 的 5 号引脚与 3 号引脚接通→电源经过 10 A 的右前照灯熔丝 RH–L0、左前照灯熔丝 LH–L0 →前照灯总成的近光灯泡→接地→前照灯近光灯点亮。

② 打开远光灯：当近光灯打开时，继电器 H–LP 吸合→ DIMMER 继电器的 2 号引脚、3 号引脚与电源正极接通→当打开远光灯开关时→ DIMMER 继电器的 1 号引脚与电源负极接通，继电器吸合，5 号引脚与电源正极接通→远光灯接通电源→远光灯点亮。

③ 实现变光：当近光灯未开时→接通变光开关→继电器 H–LP、DIMMER 继电器同时接通吸合→前照灯近光灯、远光灯同时点亮→松开变光开关→继电器 H–LP、DIMMER 继电器同时失电断开→实现变光功能。

（三）分析一汽大众速腾轿车前照灯控制电路

技能实践

分析一汽大众速腾轿车前照灯控制电路，学会识读大众汽车电路原理图，如图 1–35 所示。

动画

奥迪汽车电路图的识读方法与技巧

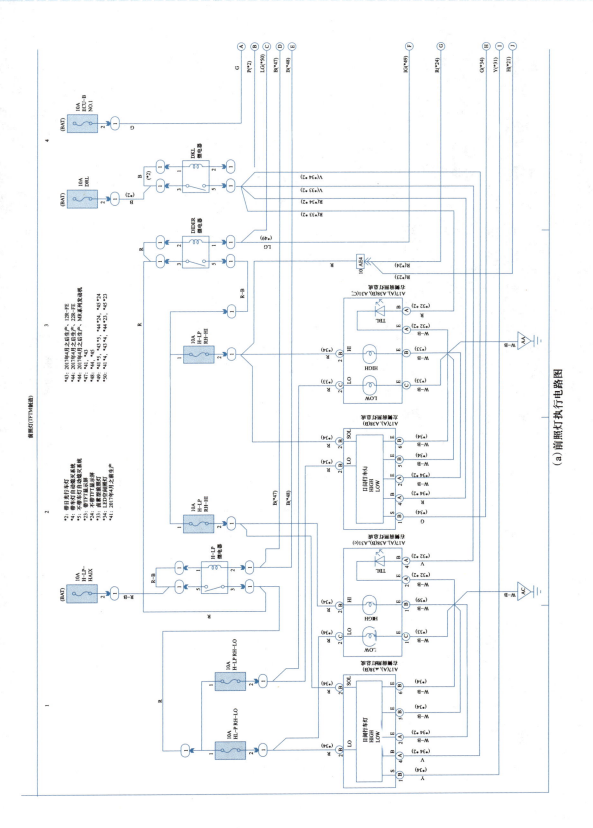

(a) 前照灯执行电路图

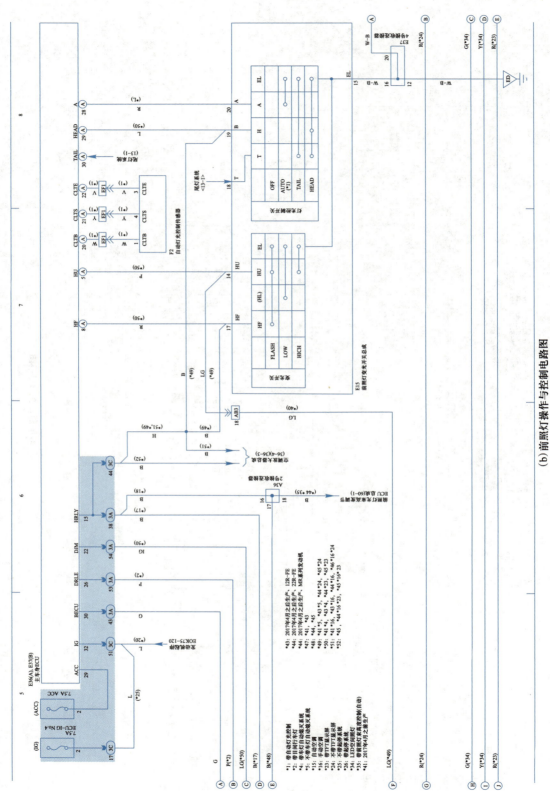

(b) 前照灯操作与控制主电路图

图1-34 丰田卡罗拉前照灯控制主电路图

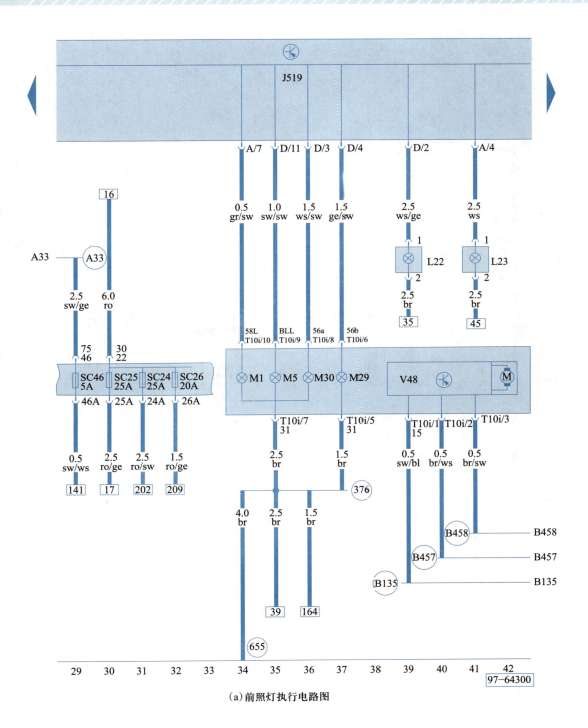

（a）前照灯执行电路图

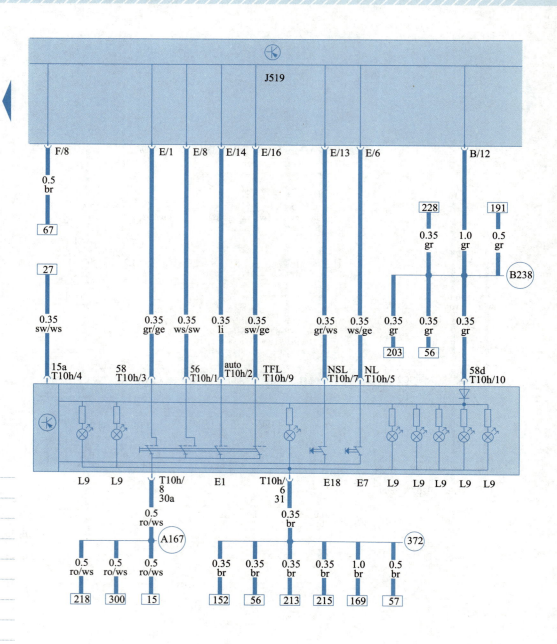

(b)前照灯操作与控制电路图

图 1-35　一汽大众速腾轿车前照灯控制主电路图

分别写出前照灯近光、远光和变光控制的逻辑路线		
1	近光控制	
2	远光控制	
3	变光控制	
备注		图 1-35（a）中：J519—车载电网控制单元，SC24、SC25、SC26、SC46—熔丝架上对应序号的熔丝，T10i/10 芯插头连接，V48—左侧照明距离调整伺服电动机，376—接地连接 11，在主线束中；655—左侧前照灯上的接地点 图 1-35（b）中：E1—车灯开关；E7—前雾灯开关；E18—后雾灯开关；372—接地连接 7；A167—正极连接 3（30a），在仪表板线束中

📖 知识学习

大众车系电路原理图分析

1）大众车系电路图

大众车系电路图如图 1-36 所示。

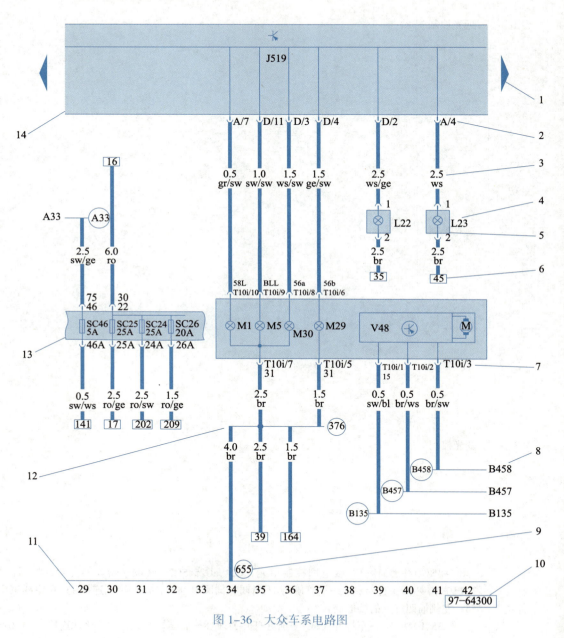

图 1-36 大众车系电路图

(1) 电路图标识说明

1——三角箭头,表示下接下一页电路图;

2——电网控制单元上插头连接代号,表示多针或单针插头连接和导线位置,例如,A/4 表示多针插头连接,A 位置触点 4;

3——导线的颜色和截面面积(单位:mm^2);

4——元件代号,在电路图下方可以查到元件名称;

5——元件的符号,可参见部件符号说明;

6——指示导线的去向,框内的数字指示导线连接到哪个接点编号;

7——接线端子代号,表示电气元件上接线端子数/多针插头连接触点号码;

8——线束内连接线的代号,在电路图下方可查到该不可拆式连接位于哪个导线束内;

9——搭铁点的代号,在电路图下方可查到该代号搭铁点在汽车上的位置;

10——电路原理图编号;

11——电路代码,用来定位,方便查找与其相连接的电路;

12——线束内部连接点;

13——SC 表示熔断丝,下脚标号表示该熔断器在中央电路板上的位置。例如,SC46 表示该熔断器处于中央电路板上第 46 位,熔断丝的容量可通过它的颜色判断:紫色为 3 A,橘黄为 5 A,红色为 10 A,蓝色为 15 A,黄色为 20 A,绿色为 30 A。

14——车载网络控制单元,相当于中央配电盒。

(2) 部件符号说明(表 1–4)

表 1–4 部件符号说明

符号	含义	符号	含义
	熔断器		内部照明
	蓄电池		显示仪表

续表

符号	含义	符号	含义
	起动机		电子控制器
	发电机		电磁阀
	点火线圈		电磁离合器
	火花塞和火花塞插头		接线插座
	电热丝		插头连接
	电阻		元件上多针插头连接
	发光二极管		可拆式导线接点

续表

符号	含义	符号	含义
	双丝灯泡		扬声器
	灯泡		喇叭
	继电器		数字钟
	多挡手动开关		爆燃传感器
	压力开关		感应式传感器
	按键开关		双速电动机
	温控开关		电动机

续表

符号	含义	符号	含义
	手动开关	λ	氧传感器
	线束内导线连接		不可拆式导线接点
M	自动天线		点烟器
	收放机		后窗除雾器

2) 一汽大众速腾轿车前照灯电路原理分析(参见图1-35)

一汽大众速腾轿车前照灯的工作原理如下:

① 打开近光灯:打开前照灯灯光开关E1到近光位置,把开近光灯指令发送给车载网络控制单元J519 → J519接通前照灯近光灯电源→点亮近光灯。

② 打开远光灯:打开前照灯灯光开关E1到远光位置,把开远光灯指令发送给车载网络控制单元J519 → J519接通前照灯远光灯电源→点亮远光灯。

③ 实现变光:打开前照灯灯光开关E1到变光位置,把开灯指令发送给车载网络控制单元J519 → J519接通前照灯远光灯电源→实现变光。

知识考核

(一) 填空题

1. 在中央接线盒插座中"P"插入常电源线。(　　　)

2. 在电路图中标有"30"的为常电源线,经过点火开关才可以有电。(　　　)

3. 全车电路中各用电设备均并联由各自的开关控制。(　　　)

4. 检测继电器时只要检测继电器电磁线圈是否断路、短路就可以了。(　　　)

5. 电路图中标有"X"的为常电源线。(　　　)

6. 熔断器熔断后只要更换新的就可以了。(　　　)

(二) 选择题

1. 熔断丝的外表分别涂有不同的颜色,表示不同的额定电流,其中红色表示额定电流是(　　　)。

A. 30 A   B. 20 A

C. 15 A   D. 10 A

2. 大众桑塔纳 2000 汽车电路图中标有"X"的是(　　　)。

A. 常电源线   B. 大容量线

C. 小容量线   D. 搭铁线

3. 电路图中表示黑白导线的符号是(　　　)。

A. B/R   B. R/B

C. B/W   D. W/B

4. 利用电路图检查故障时首先要(　　　)。

A. 对故障的部件进行更换

B. 在电路图中找出故障系统电路,找出可能的故障原因

C. 查出故障部件所在的位置

D. 根据电路图检查电路短路或断路

5. 以下(　　　)不是汽车用的低压电源。

A. 12 V   B. 36 V   C. 24 V

6. 以下(　　　)不属于保险装置。

A. 熔断器   B. 易熔线   C. 附加电阻

7. 按照国际通行的做法和我国的规定,汽车电气系统一般为(　　　)搭铁。

A. 正极   B. 负极   C. 两者均可

(三) 简答题

1. 汽车全车电路由哪几部分组成?

2. 大众车系电路图有哪些特点?

3. 丰田车系电路图有哪些特点?

4. 通用车系电路图有哪些特点?

5. 汽车电路图的特点是什么?

💻 评价及总结

1. 自我评价

结合自己的学习过程及学习效果,对自己学习的主动性和效果进行自评,评价等级为优、良、合格和不合格,针对出现的失误进行反思,完善改进方向及改进措施。

评价维度		评价标准	评级
学习主动性	课前	课前预习,完成老师布置的课前任务	
	课中	积极思考、参与课堂互动,辅助老师完成教学演示或模拟练习	
	课后	及时总结,完成课后练习任务,并向老师反馈学习建议	
学习效果		了解汽车电路的组成模式	
		正常识读丰田车系电路原理图	
		正常识读大众车系电路原理图	
任务实施过程中出现的失误			
改进的方向及措施			

2. 学生互评

通过提问、观察同学的演示以及上课的情况,对同学这次学习任务的效果开展评价,评价等级为优、良、合格和不合格,指出任务实施过程中出现的失误,给出改进建议。

小组成员姓名:＿＿＿＿＿＿＿＿＿＿＿＿＿＿＿＿

评价维度	评价标准	评级
学习效果	了解汽车电路的组成模式	
	正常识读丰田车系电路原理图	
	正常识读大众车系电路原理图	
任务实施过程中出现的失误		
建议		

项目二 ▶▶▶

电源系统检修

▶ 项目描述

　　汽车电气设备所使用的电源是直流电源,它来自车上的蓄电池或发电机。由蓄电池、发电机、调节器及充电状态指示装置、开关和导线等连接而成的电气系统称为电源系统。

　　对电源系统检修是汽车售后服务岗位常见的工作任务。本项目主要学习电源系统的基础知识、零部件的更换及检修方法。本项目包含以下三个工作任务:

　　任务一　认识电源系统

　　任务二　检修蓄电池

　　任务三　检修发电机

　　通过完成以上三个工作任务,能够充分掌握有关电源系统的组成、蓄电池的性能、发电机的检修等问题,并能按照维修规范对电源系统进行故障诊断与排除。

任务一　认识电源系统

任务描述

掌握电源系统的基础知识,是检修电源系统必须要掌握的知识。

任务目标

实施步骤	教学目标		
	素养目标	知识目标	技能目标
认识电源系统	① 培养良好的沟通表达能力 ② 增强安全第一的意识 ③ 培养自主探究的精神	掌握电源系统的组成	能够概括电源系统的组成
		掌握电源系统的作用	能够描述电源系统各部件的作用
		掌握电源系统安装的位置	能够找出电源系统安装的位置

实施步骤

认识电源系统

动画
汽车电源系统组成及工作过程

 技能实践

查找丰田卡罗拉 1.2T 维修手册,根据图 2-1 所示,找出汽车电源系统对应的名称,并将其记录在空格内。

 知识学习

1. 电源系统的组成

汽车电源系统由两个电源组成,一个是发电机,另一个是蓄电池,为车上所有的用电设备供电,如图 2-2 所示。

2. 电源系统的作用

蓄电池是辅助电源,如图 2-3 所示。在汽车未运转时向车上有关用电设备供电,蓄电池最重要的任务是为起动机供电,保证汽车能够顺利起动,电源电路如图 2-4 所示。

微课
汽车供电设备

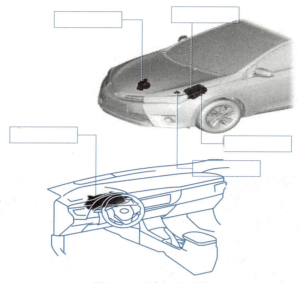

图 2-1 汽车电源系统

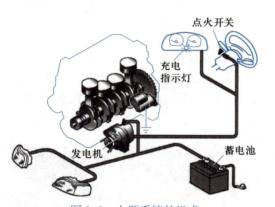

图 2-2 电源系统的组成

图 2-3 蓄电池

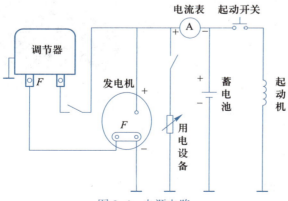

图 2-4 电源电路

发电机是主要电源，与蓄电池并联连接。当发动机运转到转速后，发动机传动带带动发电机运转达到规定的转速以上，发电机开始发电，如图 2-5 和图 2-6 所示，此时车上所有用电设备供电都由发电机来提供，同时发电机还向蓄电池进行补充电，尽最大可能保持蓄电池始终电量充足的状态，保证汽车熄火发动机后，蓄电池能为起动机提供足够的电量，以方便发动机能够顺利起动。两者互补可以有效地使用电设备在不同的情况下都能正常地工作，同时也延长了蓄电池的供电时间与蓄电池的使用寿命。

图 2-5　发电机的安装位置

图 2-6　发电机总成

发电机正常工作时，会输出 13~14.8 V 的电压，起动发动机，如果在蓄电池端测到的电压不在 13~14.8 V 范围内，则说明该车的充电系统存在故障，发电机不发电或发电量不足，此时在车上的组合仪表上会亮起充电系统警告灯，如图 2-7 所示。

蓄电池损坏将导致车辆无法起动。当发电机不发电时，应立即停车，排除发电机不发电的故障方能继续用车；当发电机不发电时，如果继续使用车辆，车上的所有电气设备消耗的电能均来自蓄电池，蓄电池容量有限，长时间使用，将会导致发动机因缺电而停止工作。如果是电子助力转向的车辆，发电机不发电，将会出现转向无助力的现象，而且大多数车辆伴随着部分故障指示灯点亮。

图 2-7　充电系统警告灯

3. 电源系统的安装位置

1）发电机安装位置

发电机安装位置如图 2-8 所示。

2）蓄电池安装位置

蓄电池安装位置如图 2-9 所示。

图 2-8　发电机安装位置

图 2-9　蓄电池安装位置

 知识考核

(一) 单项选择题

1. 燃油汽车的主要电源是(　　)。

A. 发电机　　　　　B. 蓄电池　　　　　C. 仪表　　　　　D. 点火开关

2. 发动机在运行过程中,车上的用电设备供电主要来自(　　)。

A. 蓄电池　　　　　B. 发电机　　　　　C. 发动机　　　　　D. 起动机

3. 燃油汽车的发电机一般安装在(　　)。

A. 车内　　　　　B. 车外　　　　　C. 行李舱　　　　　D. 发动机上

4. 燃油汽车上使用的发电机类型是(　　)。

A. 直流发电机　　　B. 交流发电机　　　C. 变频发电机　　　D. 以上都是

5. 关于汽车上的起动蓄电池充电电压,最佳的是(　　)。

A. 12 V　　　　　B. 13.5 V　　　　　C. 16.5 V　　　　　D. 24 V

（二）多项选择题

1. 汽车上的电源包括（　　　）。

A. 发电机　　　　　　B. 发动机　　　　　　C. 起动机　　　　　　D. 蓄电池

2. 蓄电池的作用有（　　　）。

A. 给起动机提供电能

B. 起动时给点火系统供电

C. 可以吸收瞬时的过大电压

D. 可以在不起动发动机时给收音机供电

3. 发电机的作用有（　　　）。

A. 给蓄电池充电　　　　　　　　　　B. 给起动机充电

C. 给发电机充电　　　　　　　　　　D. 给电气设备供电

4. 仪表上蓄电池灯亮,有可能是（　　　）引起的。

A. 电路损坏　　　　　B. 起动机损坏　　　　C. 发电机损坏　　　　D. 仪表损坏

5. 关于电源系统以下说法正确的是（　　　）。

A. 蓄电池与发电机串联连接　　　　　B. 蓄电池与发电机并联连接

C. 所有汽车的电源系统都是一样的　　D. 所有汽车的电源系统都是不一样的

评价及总结

1. 自我评价

结合自己的学习过程及学习效果,对自己学习的主动性和效果进行自评,评价等级为优、良、合格和不合格,针对出现的失误进行反思,完善改进方向及改进措施。

评价维度		评价标准	评级
学习主动性	课前	课前预习,完成老师布置的课前任务	
	课中	积极思考、参与课堂互动,辅助老师完成教学演示或模拟练习	
	课后	及时总结,完成课后练习任务,并向老师反馈学习建议	
学习效果		能够描述电源系统的组成、作用以及安装位置	
		能够在实车上找到电源系统	
		能够准确根据不同车型找出电源系统的位置	
任务实施过程中出现的失误			
改进的方向及措施			

2. 学生互评

通过提问、观察同学的演示以及上课的情况,对同学这次学习任务的效果开展评价,评价等级为优、良、合格和不合格,指出任务实施过程中出现的失误,给出改进建议。

小组成员姓名：_____

评价维度	评价标准	评级
学习效果	能够描述电源系统的组成、作用以及安装位置	
	能够在实车上找到电源系统	
	能够礼貌沟通	
	能够准确根据不同车型找出电源系统的位置	
任务实施过程中出现的失误		
建议		

 **任务二** 检修蓄电池

 任务描述

　　客户刚提新车不到一个月，遵守车辆用户手册用车；在起动车辆时，起动机运转无力，甚至无法起动，初步判断是蓄电池亏电引起的故障，现返厂寻求保修索赔。

任务目标

实施步骤	教学目标		
	素养目标	知识目标	技能目标
认识蓄电池	① 培养思考分析能力 ② 增强安全操作、规范操作的意识 ③ 培养团队协作精神	① 掌握蓄电池的类型 ② 掌握蓄电池的结构与原理 ③ 掌握蓄电池的使用	① 能够对蓄电池进行外观检查 ② 能够对蓄电池进行性能检查
检修蓄电池		① 能够检查蓄电池壳体外观 ② 能够检查蓄电池性能 ③ 能够进行蓄电池的亏电处理	

 实施步骤

（一）认识蓄电池

技能实践

根据图 2–10 所示，解释蓄电池型号，6–QW–80JL 的含义：

_____。

图 2-10　蓄电池

 知识学习

1. 蓄电池的类型

蓄电池是汽车上的重要电源之一,蓄电池通过内部发生的化学反应,将化学能转换为电能,给汽车上的用电设备供电。而汽车上的发电机则在发动机运行时转动,将机械能转换为电能,给车上的用电设备供电,并给蓄电池补充电,发电机与蓄电池并联连接。汽车上蓄电池重要的作用就是为了保证汽车能够顺利起动。

蓄电池一般可分为普通型蓄电池、干式荷电铅酸蓄电池、少维护型或免维护型蓄电池等。

1）普通型蓄电池

普通型蓄电池的电极板一般是由纯铅以及铅的氧化物组成的,电解液一般为稀硫酸溶液。它的主要优点是稳定性高、成本低;缺点是储存的电能低、需要频繁维护以及使用寿命不长,如图 2-11 所示。

2）干式荷电铅酸蓄电池

干式荷电铅酸蓄电池的特点如下:

① 极板处于干燥状态下,保存电荷的能力一般为两年左右。

② 在有效的期间内,在使用前,需要加入规定密度的电解液,并将电解液的液面高度调整至标准范围后,等待 30 min 左右方能使用,如图 2-12 所示。

图 2-11　普通型蓄电池

图 2-12　干式荷电铅酸蓄电池

3）少维护型蓄电池

少维护型蓄电池的维护次数相比普通型蓄电池要少，只需检查其电解液的液面高度，缺少时，补充适量的蒸馏水即可。在正常的工作条件下，每半年或每行驶10 000 km 检查一次，如图 2-13 所示。

4）免维护型蓄电池

免维护型蓄电池有两种：一种是在购买时，一次性添加合适的电解液后，在以后的使用过程中无须补充电解液（不需维护）；另一种是蓄电池出厂时就已经添加了一定量的电解液并密封，客户无须再补充电解液。免维护型蓄电池因为其结构上的优势，消耗的电解液非常少，在使用寿命年限内，基本无须补充电解液，并具有防振、耐高温、体积小和自亏电少的特点。使用寿命的时间甚至可以达到普通蓄电池的两倍以上，如图 2-14 所示。

图 2-13　少维护型蓄电池

图 2-14　免维护型蓄电池

2. 铅酸蓄电池的结构与原理

铅酸蓄电池主要由极板、隔板、电解液、接线柱和外壳等组成，是储存化学能的容器。汽车上使用铅酸蓄电池的内部结构一般由六个单栓串联，每个单格的电压约为 2 V，其总电压输出约为 12.8 V，如图 2-15 所示。

汽车常用的蓄电池为铅酸蓄电池。铅酸蓄电池在工作过程中发生化学反应，是化学能与电能相互转换的过程。蓄电池在放电过程中，将化学能转换为电能；蓄电池在充电过程中，将电能转换为化学能，如图 2-16 所示。

1）蓄电池放电过程

蓄电池与外负载电路形成回路后，在正极板与负极板电位差的作用下，电流从蓄电池的正极流出，经过灯泡流向负极，灯泡因为发亮而消耗电能。如果电路一直保持回路状态，蓄电池将会一直发生化学反应，电解液中的二氧化铅、纯铅与硫酸经过化学反应后生成硫酸铅和水。因此，蓄电池放电后，其电解液（稀硫酸）的密度会逐渐下降，这个过程会一直进行下去，直到灯泡不能发亮为止，如图 2-16 所示。

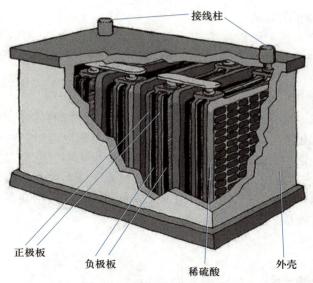

图 2-15   铅酸蓄电池剖面图

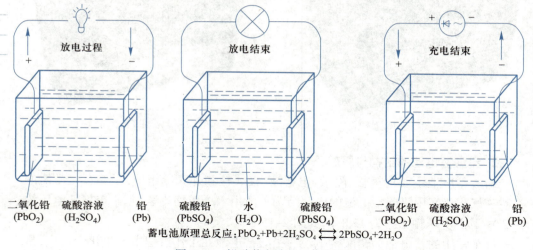

蓄电池原理总反应: $PbO_2+Pb+2H_2SO_4 \rightleftarrows 2PbSO_4+2H_2O$

图 2-16   铅酸蓄电池的工作原理图

蓄电池放电越久,水分越多,导致电解液的密度下降越大。在蓄电池日常检修中,可以通过检测蓄电池电解液的密度大小来确定蓄电池的放电程度。在一般情况下,铅酸蓄电池不可以过度放电,否则蓄电池内部的活性物质将会与微小的硫酸铅晶体混在一起,形成大面积的晶体,会导致极板的电阻增大,即使再充电也很难将其再次还原,最终影响蓄电池的性能与缩短蓄电池的使用寿命,如图 2-16 所示。

2)蓄电池充电过程

当把高于蓄电池电压的外部直流电源连接到蓄电池正、负极板上时,电流将从蓄电池的正极流入,负极流出。这时蓄电池内部发生的化学反应与放电过程相反,为充电过程。此时,蓄电池正极板上的硫酸铅转变为二氧化铅,蓄电池负极板上的硫酸铅转变为纯铅,在化学反应过程中,消耗了水分,生成了稀硫酸,因此电解液的密度会慢慢上升;只要保持充电状态,上述化学反应就会一直进行。当蓄电池极板上的活性物质全部转变完成后,表示蓄电池就充满了电,如图 2-16 所示。

3. 蓄电池型号

蓄电池的型号按机械行业标准 JB/T 2599-2012《铅酸蓄电池名称、型号编制与命名办法》的规定,国产蓄电池的型号由 3 个部分组成,如图 2-17 和图 2-18 所示。

示例:6-QW-60A

6 表示该蓄电池由 6 个单格电池串联组成,额定电压为 12V

Q 表示起动用干式荷电铅酸蓄电池

W 表示免维护型蓄电池

图 2-17　蓄电池型号

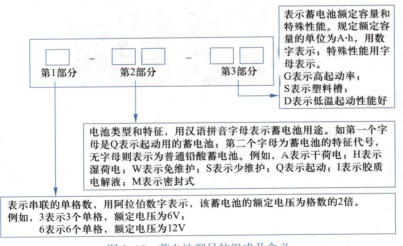

表示蓄电池额定容量和特殊性能。规定额定容量的单位为A·h,用数字表示;特殊性能用字母表示。
G表示高起动率;
S表示塑料槽;
D表示低温起动性能好

电池类型和特征,用汉语拼音字母表示蓄电池用途。如第一个字母是Q表示起动用的蓄电池;第二个字母为蓄电池的特征代号,无字母则表示为普通铅酸蓄电池。例如,A表示干荷电;H表示湿荷电;W表示免维护;S表示少维护;Q表示起动;I表示胶质电解液;M表示密封式

表示串联的单格数,用阿拉伯数字表示,该蓄电池的额定电压为格数的2倍。
例如,3表示3个单格,额定电压为6V;
6表示6个单格,额定电压为12V

图 2-18　蓄电池型号的组成及含义

(二) 检修蓄电池

 技能实践

(1) 检查蓄电池外观,主要检查蓄电池_____、_____、_____。

（2）蓄电池的观察孔变黑色表示蓄电池_____。

（3）用于汽车起动的蓄电池使用寿命年限一般是_____年。

（4）修理厂对亏电的蓄电池补充电时一般使用_____方法充电。

（5）蓄电池亏电的处理方法有_____、_____、_____。

微课

蓄电池漏电

知识学习

1. 检查蓄电池外观

1）检查蓄电池壳体

蓄电池的壳体应无膨胀和变形，无电解液渗漏等现象；否则应更换蓄电池。正负极桩头应无氧化、无结晶的现象，如有结晶出来，类似粉末状的异物出现，大多数出现在蓄电池负极桩头，被空气氧化所引起的，应使用温度为 60℃ 以上的水清洗即可去除，去除干净后，须确认蓄电池电解液是否过低、正负极桩头是否有松动或接触不良等现象，如图 2-19 所示。

图 2-19 蓄电池壳体膨胀

2）检查蓄电池观察孔

根据观察孔的颜色判定蓄电池存电状态。绿色表示电量充足；当观察孔显示黑色或浅绿色时，说明电量不足，应及时补充电能；当观察孔显示浅黄色或无色透明时，则须更换蓄电池，如图 2-20 所示。

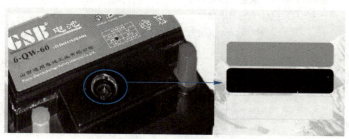

图 2-20 蓄电池观察孔

3）检查蓄电池电解液

蓄电池的电解液应在最低刻度与最高刻度之间；当电解液低于最低刻度时，如果是维护型蓄电池，则向各单格添加适量的电解液；如果是免维护型蓄电池，则直接更换蓄电池，如图 2-21 所示。

图 2-21　蓄电池液位高度

注意：

大部分免维护型蓄电池电解液缺少时，即使蓄电池上有加注电解液的螺塞，补充电解液后，蓄电池的性能也极少能恢复正常，更换蓄电池才是最佳的办法。

2. 检查蓄电池性能

1）使用万用表检查（就车检查）

静态电压：指关闭点火开关，开启前照灯 20~30 s，去除蓄电池表面电荷后，使用万用表测得的电压应在 11.80~12.80 V 范围内，若低于 11.80 V，则表明蓄电池电压不足，需要补充电。

起动电压：使用万用表电压挡，表笔连接在蓄电池的正负极上，打开汽车上的前照灯，起动发动机，读取万用表上的瞬间最低电压为蓄电池的起动电压，对于 12 V 的蓄电池，起动电压应高于 9.6 V；若低于 9.6 V，则表明蓄电池的性能极差，需要及时更换蓄电池。蓄电池的起动电压值，可以直接衡量蓄电池性能的好坏，维修厂通常使用该方法判断蓄电池是否需要更换，方法既简单、方便又准确，如图 2-22 所示。

2）使用蓄电池检测仪检查

（1）智能检测仪

蓄电池检测仪可以根据蓄电池的类型和容量等参数直接把蓄电池的电量百分比、健康状态、电池内阻、最终的判定结论显示在液晶显示屏上，是维修现代汽车比较智能化的工具之一，如图 2-23 所示。

视频
蓄电池性能检查
（万用表）

视频
蓄电池性能检查
（智能检测仪）

图 2-22   蓄电池起动电压

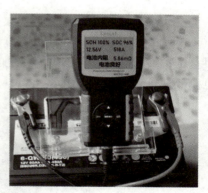

图 2-23   蓄电池智能检测仪

（2）高率放电计

使用高率放电计测试蓄电池瞬间的放电电压，通过显示表上指针所指的位置，可以判断蓄电池现在的状态是良好、需充电还是损坏，如图 2-24 所示。

（3）电解液密度计

打开蓄电池上的排气 / 加液塞，将密度计插入蓄电池加液孔深处吸取电解液，观看电解液中浮子上的刻度标记，如果电解液处于黄色区域，表示电量足；如果电解液处于绿色区域，表示电量比较充足；如果电解液处于红色区域，表示蓄电池必需充电，如图 2-25 所示。电解液的标准范围在 20℃时为 $1.25\sim1.29 \ g/cm^3$，如低于 $1.25 \ g/cm^3$，则应对蓄电池补充电或更换蓄电池。

图 2-24   高率放电计

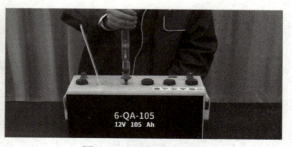

图 2-25   电解液密度计

3. 蓄电池亏电处理方法

当蓄电池电量不足时，要对蓄电池进行补充电。蓄电池的常规充电方法是定电流充电法和定电压充电法，非常规充电方法是脉冲快速充电法。

1）定电流充电法

蓄电池在充电过程中，使其充电电流保持恒定不变，随着蓄电池电动势的提高，逐步增加充电电压的方法叫作定电流充电法。

2）定电压充电法

蓄电池在充电过程中，连接在蓄电池两端的电压保持恒定不变的充电方法，称为定电压充电法。因为在充电过程中充电机的输出电压不变，所以随着蓄电池电动势的

视频

蓄电池充电

逐渐提高,充电电流将逐渐减小为零,表示蓄电池已经充满。采用这种充电方式,只要定下合适的充电电压,在充电过程中几乎不用维护,安全、可靠且方便。这种充电方式是维修企业经常使用的充电方法,以及汽车上的发电机都采用该种充电方法。

　　3)汽车蓄电池亏电无法着车处理方法

　　① 使用充电机对蓄电池进行充电,应注意根据蓄电池的额定电压选择充电机上的电压挡;连接充电机时,务必要根据充电机的类型判断是否可以起动发动机,以免起动电流过大,损坏充电机,如图2-26所示。

　　② 使用便捷式的起动电源连接到蓄电池上,起动发动机后断开便捷式的起动电源,需要使用车上的发电机继续对蓄电池进行充电,如图2-27所示。

　　③ 使用大连接线束连接到良好的蓄电池上(或车辆的蓄电池车上),切勿把正、负极连接错误,以免击穿烧毁车上的电气设备,如图2-28所示。

　　④ 更换新的蓄电池时,注意关闭点火开关,应先拆卸蓄电池负极;安装时,应先安装蓄电池正极,切勿把正负极接反。

图2-26　多功能充电机

图2-27　便捷式起动电源

图2-28　两车跨接

注意:

　　① 蓄电池完全亏电后或更换蓄电池后,应对车上的玻璃、导航和音响等电气设备进行重新设置,遇到对车辆的电气设备不了解的车型时,应准备好辅助电源,以免更换蓄电池后,车上的导航和音响等电气设备失去记忆功能。

　　② 当蓄电池亏电到无法着车后,如借助外界电源起动发动机后,应运转发动机至少0.5 h以上,让发电机及时地给蓄电池补充电再熄火发动机,蓄电池补充电后应能顺畅起动发动机;否则必须更换蓄电池。

4. 蓄电池的维护

普通铅酸蓄电池的使用寿命一般是 2~3 年，良好的用车习惯可以使蓄电池的使用寿命延长至 3~4 年。

① 停车记得关闭车灯，包括室内灯。

② 未起动发动机时，禁止对蓄电池长时间放电，以防止造成蓄电池亏电，导致无法起动发动机。

③ 放完电的蓄电池在 24 h 内及时充电。

④ 长时间不使用的车辆，应每隔两个月对蓄电池进行一次补充充电。

拓展：

配备起停系统车辆蓄电池与普通起动蓄电池有什么区别？

知识考核

（一）单项选择题

1. 蓄电池有六个单格，其额定电压为（　　　）。

A. 9 V　　　　　　　　B. 12 V　　　　　　　　C. 18 V　　　　　　　　D. 24 V

2. 当蓄电池负极上有白色粉末状结晶可以使用（　　　）处理。

A. 60℃以上的水　　　B. 60℃以下的水　　　C. 化清剂　　　　　　D. 柏油清洗剂

3. 普通铅酸蓄电池的电解液是（　　　）。

A. 稀硫酸　　　　　　B. 浓硫酸　　　　　　　C. 稀盐酸　　　　　　D. 浓盐酸

4. 当起动电压低于（　　　）时，可以更换蓄电池。

A. 8.6 V　　　　　　　B. 9.6 V　　　　　　　　C. 10.6 V　　　　　　　D. 11.6 V

5. 使用充电机给蓄电池充电时，可以通过观察（　　　）判断蓄电池是否正在充电。

A. 仪表显示　　　　　B. 电流显示　　　　　　C. 电压显示　　　　　D. 以上都可以

（二）多项选择题

1. 汽车起动蓄电池的类型有（　　　）。

A. 免维护型电池　　　　　　　　　　　　　　B. 维护型电池

C. 普通铅酸蓄电池　　　　　　　　　　　　　D. 锂电池

2. 普通铅酸蓄电池在充放电过程中，内部发生（　　　）。

A. 化学反应　　　　　　　　　　　　　　　　B. 氧化反应

C. 物理反应　　　　　　　　　　　　　　　　D. 聚核反应

3. 蓄电池的性能好坏可以通过（　　　）判断。

A. 电解液密度　　　　　　　　　　　　　　　B. 起动瞬间电压

C. 瞬间放电率　　　　　　　　　　　　　　　D. 蓄电池检测仪

4. 当汽车因蓄电池亏电无法着车时，可以通过（　　　　）的方法起动车辆。

A. 使用电缆把两车的蓄电池互相连接在一起

B. 给蓄电池充电

C. 使用起动电源宝

D. 更换蓄电池

5. 蓄电池的观察孔颜色有可能是（　　　　）。

A. 白色　　　　　　B. 黑色　　　　　　C. 红色　　　　　　D. 绿色

 评价及总结

1. 自我评价

结合自己的学习过程及学习效果，对自己学习的主动性和效果进行自评，评价等级为优、良、合格和不合格，针对出现的失误进行反思，完善改进方向及改进措施。

评价维度		评价标准	评级
学习主动性	课前	课前预习，完成老师布置的课前任务	
	课中	积极思考、参与课堂互动，辅助老师完成教学演示或模拟练习	
	课后	及时总结，完成课后练习任务，并向老师反馈学习建议	
学习效果		能够描述蓄电池的类型、型号和工作原理	
		能够对蓄电池进行检修	
		① 能够礼貌沟通 ② 能够准确根据蓄电池参数对蓄电池进行性能分析	
任务实施过程中出现的失误			
改进的方向及措施			

2. 学生互评

通过提问、观察同学的演示以及上课的情况，对同学这次学习任务的效果开展评价，评价等级为优、良、合格和不合格，指出任务实施过程中出现的失误，给出改进建议。

小组成员姓名：_____

评价维度	评价标准	评级
学习效果	能够描述蓄电池的外观特征、种类和性能参数	
	能够对蓄电池进行检修	
	① 能够礼貌沟通 ② 能够准确根据蓄电池参数对蓄电池进行性能分析	
任务实施过程中出现的失误		
建议		

任务三   检修发电机

 任务描述

发电机是电源系统的重要电源之一,掌握发电机的组成与工作原理,为发电机的检修提供扎实的理论基础。

 任务目标

实施步骤	教学目标		
	素养目标	知识目标	技能目标
认识发电机的组成与工作原理	① 增强安全操作、规范操作的意识 ② 培养团队协作精神 ③ 培养沟通表达能力	① 掌握发电机的类型 ② 掌握发电机的组成 ③ 掌握发电机的工作原理	能够查阅维修图册
拆解与检修发电机		① 掌握拆卸与解体发电机的步骤 ② 掌握检修发电机各部件的参数	能够按照安全规范解体发电机

 实施步骤

(一) 发电机的组成与工作原理

 技能实践

根据图 2-29 所示,填写发电机组成部件的名称。

 知识学习

1. 发电机的类型

发电机有直流发电机与交流发电机两种。在汽车上,交流发电机在很多方面都比直流发电机更有优势,因此汽车用直流发电机已基本被淘汰。汽车用交流发电机的分类如下:

① 按总成结构分类,汽车用交流发电机的类型如图 2-30 所示。

微课
汽车发电机的
认知

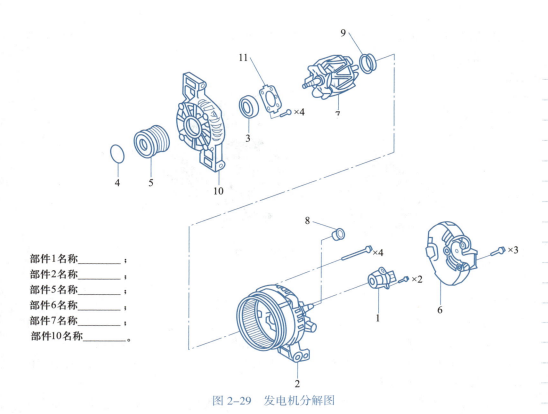

部件1名称_____；
部件2名称_____；
部件5名称_____；
部件6名称_____；
部件7名称_____；
部件10名称_____。

图 2-29　发电机分解图

（a）普通式　　　　　　　（b）真空泵式　　　　　　　（c）整体式

图 2-30　汽车用交流发电机的类型

② 按磁场形式分类，汽车用交流发电机有旋转磁场式、固定无磁场式。

③ 按整流方式分类，有普通硅整流发电机，调节器单独安装，多用于中低档车型；另有整体式硅整流发电机，调节器安装在发电机内部，中高端车型广泛使用该类型的发电机。

2. 发电机的组成

目前，世界上汽车使用的交流发电机多采用三相同步交流发电机，三相同步交

流发电机通常由转子、定子、整流器、调节器、电刷架、前后端盖、风扇和传动带轮等
组成,如图 2-31 所示。

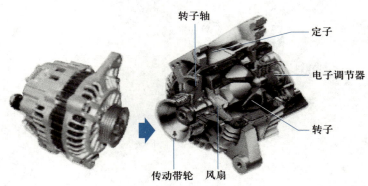

图 2-31　发电机剖面图

(1) 转子

① 作用:转子产生旋转磁场。

② 组成:由集电环、爪极、磁轭、励磁绕组和转子轴等组成,如图 2-32 所示。

③ 集电环:由两个铜环组成,固定安装在转子轴上,且与转子轴绝缘,两个集电
环分别与励磁绕组的两侧相连。

④ 原理:当给两集电环通电时,励磁电流经过集电环通往励磁绕组,从而产生
磁场,导致爪极被磁化为 N 极与 S 极,因此,形成了相互交错的磁极。随着转子的转
动,产生了旋转的磁场。

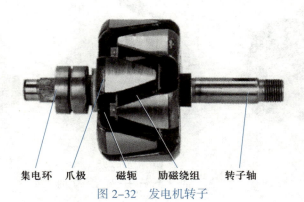

图 2-32　发电机转子

(2) 定子

① 作用:定子产生感应交流电。

② 组成:由定子铁心和三相定子绕组(定子线圈)组成,如图 2-33 所示。

定子绕组有三组线圈,对称地嵌入在定子铁心中。三相定子绕组一般有两种连
接方式,分别是星形连接方式与三角形连接方式,两者都能产生三相交流电。

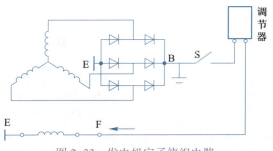

图 2-33　发电机定子绕组电路

③ 原理：三相定子绕组（定子线圈）的内部安装有转子，定子与发电机的前、后端盖连接在一起，当内部的转子旋转时，引起外部三相定子绕组（定子线圈）中磁通量的变化，三相定子绕组（定子线圈）则会产生交变的感应交流电。

（3）电刷架

电刷的作用是将励磁电流通过集电环输入励磁绕组。两个电刷分别安装在电刷架内，利用弹簧的弹力，起到保证与集电环接触良好的状态。如果电刷与集电环接触不好，会导致电流过小而磁力不够，造成发电机的发电量不足，如图 2-34 所示。

（4）整流器

① 作用：因定子线圈产生的交流电，不能用于汽车上的直流电气设备，需要整流器将交流电转变为直流电。

② 组成：由整流板与整流二极管组成，一般由六只以上硅整流二极管分别焊在两块相互绝缘的模板上组成的，带有螺栓端的为正极板，另一端则为负极板；三相桥式整流电路中二极管的依次循环导通，使负载两端得到一个比较平稳的直流电压，如图 2-35 所示。

图 2-34　发电机电刷架

图 2-35　发电机整流器

（5）调节器

当发电机转速升高时，调节器通过减小发电机励磁电流的大小来减小磁通量，使发电机输出的电压保持不变；当发电机的转速降低时，调节器也可以通过改变发电机励磁电流的大小改变励磁绕组（线圈）磁场强弱，使发电机的输出电压保持不变,防止发电机电压过高而烧坏用电设备或防止电压过低而使用电设备无法正常工作,如图 2-36 所示。

图 2-36　发电机调节器

(6) 前后端盖、带轮、风扇

发电机前、后端盖可以起到固定转子、定子、整流器和电刷架的作用,带轮由曲轴通过传动带带动发电机的转子轴与风扇一起旋转,发电机在发电的过程中产生的热量可以通过风扇来散热;单向带轮在汽车加、减速时具有缓冲对发电机的冲击作用,同时可以提高发电机的发电效率,延长发电机的使用寿命。

3. 发电机的工作原理

电磁感应现象:闭合导体在磁场中运动并切割磁力线后,在导体内会有电流产生,交流发电机正是利用了这一原理来发电,如图 2-37 所示。

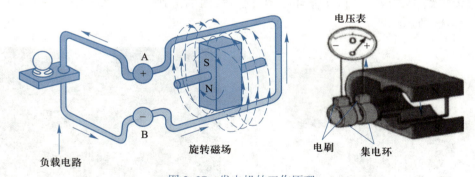

图 2-37　发电机的工作原理

发电机的发电原理:发动机运转时,励磁电流通过电刷传递给转子时,带轮带动转子旋转并产生旋转磁场,旋转的磁场与固定的三相定子绕组之间产生相对运动,使定子的电枢绕组中通过的磁通量发生变化,于是在三相定子绕组中便产生三相感应交流电流(电动势)。发电机产生的三相交流电大小通过调节器输入的励磁电流的大小与发电机运转的速度成正比,励磁电流越大,运转速度越大,发电机输出的电压越高,经整流器整流后变为直流电流,然后向汽车用电设备供电,同时为蓄电池充电。

（二）拆卸发电机

 技能实践

（1）如何确定发电机存在故障？

_____

_____

（2）试简述带单向离合器的发电机带轮的作用。

_____

_____

（3）检修发电机，主要检修发电机的（　　　）。（多选）
A. 转子　　B. 定子　　C. 电刷　　D. 整流器　　E. 轴承　　F. 单向带轮

知识学习

1. 拆卸发电机

拆卸发电机的步骤如下：

① 关闭点火开关。

② 断开蓄电池负极（重新连接后，某些系统可能需要初始化），因为发电机的发电输出线与蓄电池正极并联，防止短路。

③ 拆卸发动机传动带，如图 2-38 所示。

视频

检查与更换
发电机

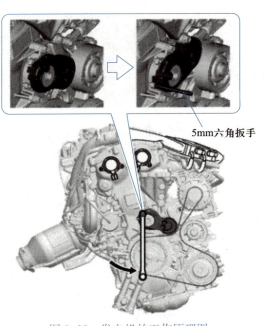

5mm六角扳手

图 2-38　发电机的工作原理图

④ 拆卸发电机总成固定螺钉。

2. 分解发电机

① 使用专用工具拆卸发电机单向带轮，如图 2-39 所示。

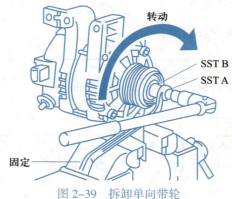

图 2-39　拆卸单向带轮

② 拆卸发电机后盖与绝缘垫，如图 2-40 所示。

③ 拆卸电刷架总成，如图 2-41 所示。

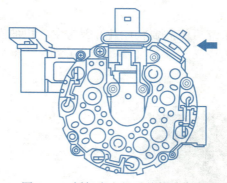

图 2-40　拆卸发电机后盖与绝缘垫

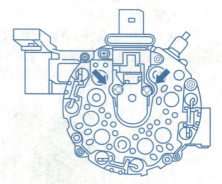

图 2-41　拆卸电刷架总成

④ 拆卸发电机线圈总成(定子线圈)，如图 2-42 所示。

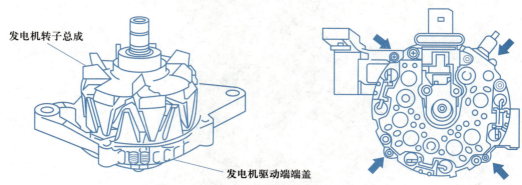

图 2-42　拆卸发电机线圈总成(定子线圈)

⑤ 拆卸发电机后端盖轴承,如图 2-43 所示。

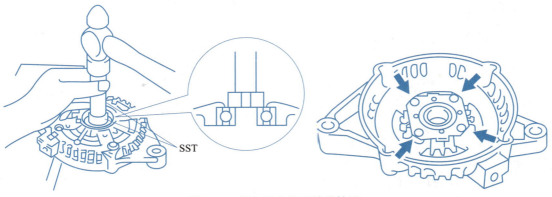

图 2-43 拆卸发电机后端盖轴承

3. 检修发电机

（1）检修发电机带轮

固定带轮的中心,旋转带轮只能逆时针转动,且顺畅、无卡滞和无异响等现象,该带轮内部装有单向离合器,故不能顺时针转动；否则更换发电机带轮,如图 2-44 所示。

（2）检查发电机电刷架总成

使用游标卡尺测量电刷外露部分的长度,应长于 4.5 mm；否则更换电刷架总成,如图 2-45 所示。

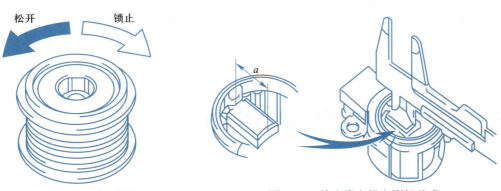

图 2-44 检查单向带轮   图 2-45 检查发电机电刷架总成

（3）检查发电机转子总成

① 使用万用表的电阻挡测量发电机转子总成集电环与集电环之间的电阻值,在温度 20℃左右时,其电阻应在 2 Ω 左右；否则应更换转子总成,如图 2-46 所示。

② 使用万用表的电阻挡测量发电机转子总成与集电环之间的电阻值,在温度 20℃左右时,其电阻应大于 10 kΩ；否则应更换转子总成,如图 2-47 所示。

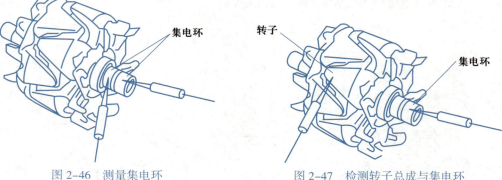

图 2-46　测量集电环   图 2-47　检测转子总成与集电环

③ 检查转子总成的轴承与集电环的磨损情况。

用手旋转转子总成的轴承,应平滑顺畅、无卡滞、无异响等现象;否则更换轴承。使用游标卡尺测量集电环的直径应在标准的范围内,应大于 14.00 mm(丰田卡罗拉车型),如图 2-48 所示。

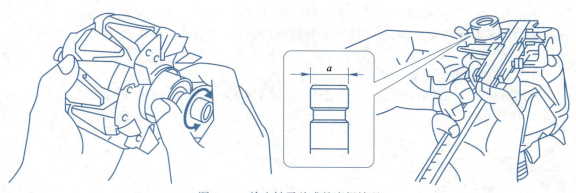

图 2-48　检查转子总成的磨损情况

 知识考核

(一) 单项选择题

1. 发电机产生异响,最有可能损坏的部件是(　　　)。

A. 定子　　　　　　　　　　　　　　B. 单向带轮

C. 整流器　　　　　　　　　　　　　D. 调节器

2. 将定子绕组的三相交流电变为直流电的是(　　　)。

A. 发动机　　　　B. 集电环　　　　C. 整流器　　　　D. 起动机

3. 发电机转子总成集电环与集电环之间的电阻是(　　　)Ω。

A. 小于 2　　　　B. 大于 2　　　　C. 8~10　　　　D. 12~16

4. 发电机的他励电流来自（　　　）。

A. 整流器　　　　　　B. 调节器　　　　　　C. 电刷　　　　　　D. 转子

（二）多项选择题

1. 发电机的组成有（　　　）。

A. 定子　　　　　　　B. 转子　　　　　　　C. 电刷　　　　　　D. 整流器

2. 发电机能正常发电要满足的条件是（　　　）。

A. 励磁电流　　　　　　　　　　　B. 起动发动机

C. 打开前照灯　　　　　　　　　　D. 打开空调

3. 拆卸发电机需要做以下哪些步骤（　　　）。

A. 拆卸组合仪表总成　　　　　　　B. 拆卸蓄电池

C. 拆卸蓄电池负极　　　　　　　　D. 拆卸发电机传动带

4. 对于带单向离合器的发电机带轮的说法正确的是（　　　）。

A. 缓冲发动机急加减速对发电机的冲击

B. 提高发电机工作的稳定性

C. 可以决定发电机发电量的大小

D. 利于维修

5. 引起发电机异响的原因有可能是（　　　）。

A. 发动机转速太快　　　　　　　　B. 发动机转速太慢

C. 单向带轮损坏　　　　　　　　　D. 后盖轴承损坏

 评价及总结

1. 自我评价

结合自己的学习过程及学习效果，对自己学习的主动性和效果进行自评，评价等级为优、良、合格和不合格，针对出现的失误进行反思，完善改进方向及改进措施。

评价维度		评价标准	评级
学习主动性	课前	课前预习，完成老师布置的课前任务	
	课中	积极思考、参与课堂互动，辅助老师完成教学演示或模拟练习	
	课后	及时总结，完成课后练习任务，并向老师反馈学习建议	
学习效果		能够描述发电机的类型、组成和工作原理	
		能够对发电机进行检修	
		① 能够礼貌沟通 ② 能够准确根据发电机的测量参数对发电机进行性能分析	
任务实施过程中出现的失误			
改进的方向及措施			

2. 学生互评

通过提问、观察同学的演示以及上课的情况,对同学这次学习任务的效果开展评价,评价等级为优、良、合格和不合格,指出任务实施过程中出现的失误,给出改进建议。

小组成员姓名:_____

评价维度	评价标准	评级
学习效果	能够描述发电机的外观特征、种类和性能参数	
	能够对发电机进行检修	
	① 能够礼貌沟通 ② 能够准确根据发电机参数对发电机进行性能分析	
任务实施过程中出现的失误		
建议		

项目三 ▶▶▶

起动系统检修

▶ 项目描述

要使汽车发动机由静止状态过渡到工作状态，必须用外力转动发动机曲轴，使气缸内吸入（或形成）可燃混合气并燃烧膨胀，工作循环才能自动进行。曲轴在外力的作用下开始转动到发动机能怠速运转的全过程称为汽车发动机起动，这也是汽车起动系统的作用。对汽车起动系统故障排除及各零部件检查维修更换是汽车售后服务岗位的典型工作任务。本项目主要学习汽车起动系统的作用、各零部件的检修更换及故障诊断。本项目主要包括下面三个任务：

任务一　认识起动系统
任务二　检修起动机
任务三　排除起动系统控制电路故障

通过完成以上三个工作任务，能够为客户解决有关汽车起动系统的相关问题和故障。

任务一　认识起动系统

任务描述

接待客户车辆时会向客户介绍汽车起动系统,能检查汽车起动系统的工作状况,能简单明了地向客户介绍该车起动系统的组成、功用及工作原理。

任务目标

实施步骤	教学目标		
	素养目标	知识目标	技能目标
认识汽车起动系统	① 培养沟通表达能力 ② 培养吃苦耐劳、爱岗敬业的职业道德,严谨务实的工作作风	① 掌握起动系统的功用、组成、结构及工作原理 ② 掌握起动机的分类、技术参数及型号的知识 ③ 理解起动机型号的含义	① 能正确起动汽车 ② 能指出起动系统各零部件的安装位置
起动机的组成		① 掌握起动机的组成和功用 ② 掌握起动机三大机构功用	① 能认识起动机及各部件 ② 能描述起动机各部件的功能
起动机的工作原理		① 掌握起动机的工作原理 ② 掌握起动机的控制原理	① 能描述起动机的工作原理 ② 能搭建简易的起动电路

实施步骤

(一) 认识汽车起动系统

技能实践

(1) 结合实训室车辆零部件安装的位置,指出图 3-1 中零部件的名称。

(2) 写出如图 3-2 所示的起动机型号各方框表示的含义。

(3) 写出 QD124 型号所表示的含义:＿＿＿＿＿＿＿＿＿＿＿＿＿。

(4) 常用的起动方式有＿＿＿＿＿＿＿和＿＿＿＿＿＿＿。

(5) 电力起动系统由＿＿＿＿＿＿＿和＿＿＿＿＿＿＿两大部分组成。

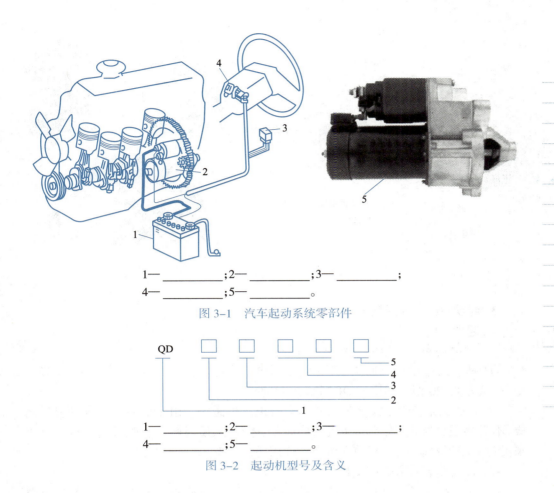

1——＿＿＿＿＿；2——＿＿＿＿＿；3——＿＿＿＿＿；
4——＿＿＿＿＿；5——＿＿＿＿＿。

图 3-1　汽车起动系统零部件

1——＿＿＿＿＿；2——＿＿＿＿＿；3——＿＿＿＿＿；
4——＿＿＿＿＿；5——＿＿＿＿＿。

图 3-2　起动机型号及含义

知识学习

1. 起动方式

常用的起动方式有电力起动和手摇起动两种。

① 电力起动是用电动机作为机械动力,当电动机轴上的齿轮与发动机飞轮周缘的齿圈啮合时,动力就传到飞轮和曲轴,使之旋转。电动机本身又以蓄电池作为能源。

② 手摇起动只需将起动手柄端头的横销嵌入发动机曲轴前端的起动爪内,以人力转动曲轴。此方法操作不方便,而且加重了驾驶人的劳动强度。

2. 起动系统的组成及作用

起动系统由起动机和控制电路两大部分组成。具体包括蓄电池、起动机、起动继电器和点火开关,如图 3-3 所示。

起动系统的作用是:起动机产生力矩,通过小齿轮驱动发动机飞轮转动,使发动机起动;控制电路用来控制起动机的工作。

动画
起动系统组成

微课
起动机的起源

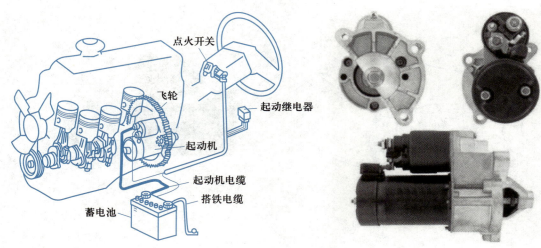

图 3-3   汽车起动系统的组成

3. 起动机的分类及型号

1）起动机的分类

（1）按电动磁场产生的方式起动机分类

① 励磁式起动机：通过向励磁绕组通电产生磁场，如桑塔纳轿车用的 QD1225 型、东风 EQ2120 型汽车用的 QD2623 型起动机。

② 永磁式起动机：以永久磁铁作为磁极产生磁场。由于磁极采用永磁材料制成，不需要磁场绕组，因此电动机结构简化、体积小、质量轻。永磁式起动机是近年来出现的新型起动机，但目前在汽车上使用还比较少。

（2）按控制装置方式起动机分类

① 直接操纵式起动机：由脚踏或手拉杠杆联动机构直接控制起动机的主电路开关，来接通或切断主电路，也称为机械式起动机。这种方式虽然结构简单、工作可靠，但由于要求起动机、蓄电池靠近驾驶室，而且受安装布局的限制，操作不便，因此已很少采用。

② 电磁操纵式起动机：由按钮或点火开关控制继电器，再由继电器控制起动机的主开关，来接通或切断主电路，也称为电磁控制式起动机。这种方式可实现远距离控制，操作方便，在现代汽车上广泛采用。

（3）按啮合方式起动机分类

① 惯性啮合式起动机：起动机旋转时，其啮合小齿轮靠惯性力自动啮入飞轮齿环。起动后，小齿轮又借惯性力自动与飞轮齿环脱离。这种啮合机构结构简单，但不能传递较大的转矩，而且可靠性差，已很少采用。

② 强制啮合式起动机：利用电磁力拉动杠杆机构，使驱动齿轮强制啮入飞轮齿圈的起动机。其优点是工作可靠性高，因此被现代汽车广泛采用。

③ 电枢移动式起动机：利用磁极产生的电磁力使电枢产生轴向移动，从而将驱动齿轮啮入飞轮齿圈的起动机。其特点是结构比较复杂，主要用于大功率发动机的

汽车,如斯柯达706R。

④ 齿轮移动式起动机:靠电磁开关推动安装在电枢轴孔内的啮合杆,而使小齿轮啮入飞轮齿圈。

⑤ 减速式起动机:靠电磁吸力推动单向离合器,使小齿轮啮入飞轮齿圈。其特点是在电枢和驱动齿轮之间装有一级减速齿轮,提高了起动机的起动转矩。

2)起动机的型号

根据汽车行业标准《汽车电气设备产品型号编制方法》(QC/T 73—1993)的规定,起动机型号分为以下五个部分:

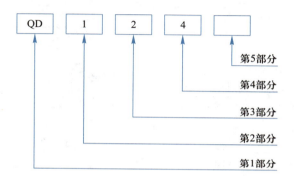

第1部分为产品代号:起动机的产品代号 QD、QDJ、QDY 分别表示起动机、减速起动机及永磁起动机;第2部分为电压等级代号:1~12 V、2~24 V、3~6 V;第3部分为功率等级代号;第4部分为设计序号;第5部分为变形代号。例如,QD124 表示额定电压为 12 V、功率为 1~2 kW、第 4 次设计的起动机。

例如,QDY124 表示额定电压为 12 V、功率为 1~2 kW、第 4 次设计的起动机。功率等级含义见表 3-1。

表 3-1　功率等级含义

功率等级代号	1	2	3	4	5	6	7	8	9
功率 /kW	−1	>1~2	>2~3	>3~4	>4~5	>5~6	>6~7	>7~8	>8~9

(二)起动机的组成

🖥 技能实践

写出图 3-4 中各零件名称。

📋 知识学习

起动机由直流电动机、传动机构和操纵机构三部分组成,如图 3-5 所示。

① 直流电动机:将蓄电池输入的电能转换为机械能,产生电磁转矩。

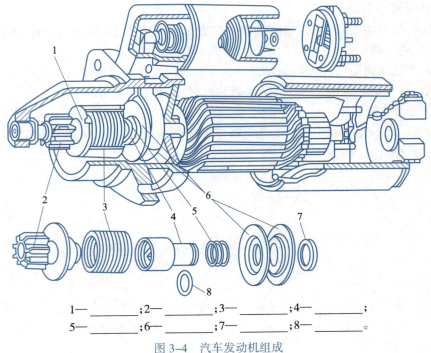

1— _____ ;2— _____ ;3— _____ ;4— _____ ;
5— _____ ;6— _____ ;7— _____ ;8— _____ 。

图 3-4   汽车发动机组成

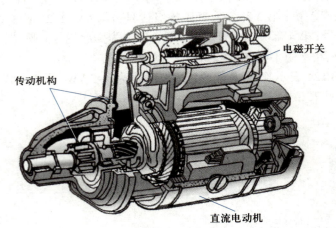

图 3-5   起动机的总体结构

② 传动机构：由单向离合器、驱动齿轮和拨叉等组成。其作用是在起动机的组成起动发动机时使驱动齿轮与非轮齿圈相啮合,将起动机的转矩传递给发及结构视频动机曲轴;在发动机起动后又能使驱动齿轮与飞轮自动脱离,在它们脱离过程中,发动机飞轮反拖驱动齿轮时,单向离合器使其形成空转,避免了飞轮带动起动机轴旋转。

③ 操纵机构：主要是指起动机的电磁开关,用来接通或断开电动机与蓄电池之间的电路。

1. 直流电动机

直流电动机由电枢(转子)、磁极(定子)、换向器和电刷等主要部件构成。其功用是将蓄电池输入的电能转换为机械能,产生电磁转矩。

1)直流电动机的内部结构——磁极

磁极由固定在机壳内的定子铁心和定子绕组组成,如图3-6所示。

磁极一般是4个,如图3-7所示,两对磁极相对交错安装在电机的壳体内,定子与转子铁心形成的磁通回路如图3-8所示,低碳钢板制成的机壳也是磁路的一部分。

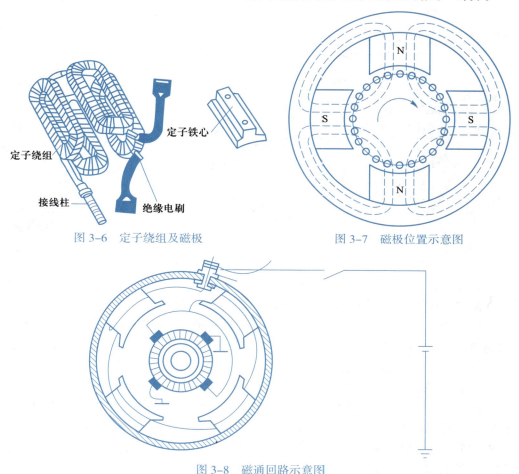

图3-6　定子绕组及磁极　　　　　　图3-7　磁极位置示意图

图3-8　磁通回路示意图

2)起动机的内部结构——电枢

直流电动机的转动部分称为电枢,又称为转子。电枢由外圆带槽的硅钢片叠成的铁心、电枢绕组线圈、电枢轴和换向器组成,如图3-9所示。

3)起动机的内部结构——电刷与电刷架

如图3-10和图3-11所示,电刷架一般为框式结构,其中正极电刷架绝缘地固定在端盖上,负极电刷架与端盖直接相连并搭铁。电刷置于电刷架中,电刷由铜粉与石墨粉压制而成,呈棕黑色。电刷架上有较强弹性的盘形弹簧。

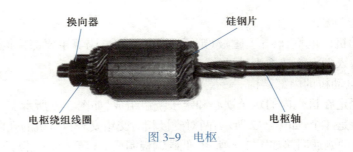

图 3-9   电枢

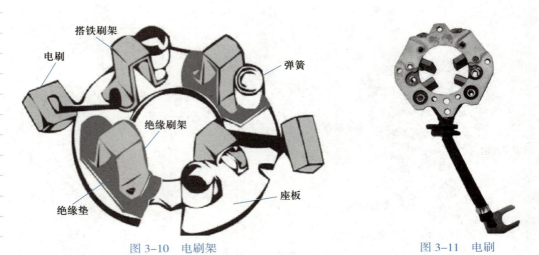

图 3-10   电刷架   图 3-11   电刷

4) 起动机的内部结构——换向器

换向器的作用是向旋转的电枢绕组注入电流。

换向器由许多截面呈燕尾形的铜片围合而成, 如图 3-12 所示。铜片之间由云母绝缘。云母绝缘层应比换向器铜片外表面凹下 0.8 mm 左右, 以免铜片磨损时, 云母片很快凸出。电枢绕组各线圈的端头均焊接在换向器的铜片上。

2. 传动机构

传动机构的作用是将直流电动机的转矩传递给发动机的飞轮, 以带动发动机的转动。传动机构的主要部件是单向离合器, 它的作用是单方向传递转矩, 如图 3-13 所示。单向离合器有滚柱式、摩擦片式和扭簧式三种。

1) 滚柱式单向离合器

滚柱式单向离合器结构简单, 能可靠地传递中小转矩, 因而广泛应用于汽油发动机中, 如图 3-14 所示。

2) 摩擦片式单向离合器

摩擦片式单向离合器的结构复杂, 但它能传递较大的力矩, 工作十分可靠, 起动时, 花键套筒在电机的驱动下旋转, 内结合鼓左移, 摩擦片被压紧而传递力矩; 发动机起动后, 内结合鼓的转速高于花键套筒的转速, 内结合鼓右移, 摩擦片被放松而打滑。因此, 在柴油发动机上得到广泛应用, 如图 3-15 所示。

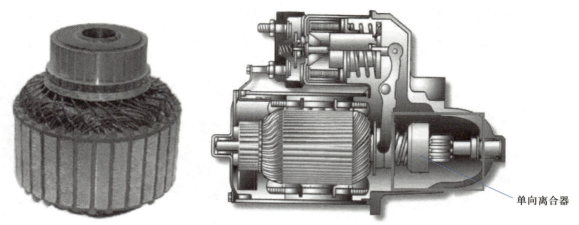

图 3-12 换向器　　　　　图 3-13 单向离合器在起动机的位置

单向离合器

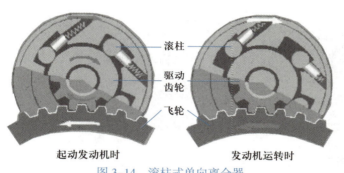

滚柱

驱动齿轮

飞轮

起动发动机时　　　　　发动机运转时

图 3-14 滚柱式单向离合器

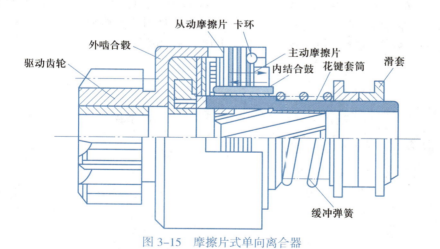

从动摩擦片 卡环

外啮合毂

驱动齿轮

主动摩擦片

内结合鼓 花键套筒 滑套

缓冲弹簧

图 3-15 摩擦片式单向离合器

3) 扭簧式单向离合器

扭簧式(弹簧式)单向离合器的结构简单、成本低、工作可靠。起动时,单向离合器弹簧在两端摩擦力的作用下被拧紧而传递力矩;发动机起动后,驱动齿轮转速高于电动机的转速,单向离合器弹簧被放松。因而广泛应用于柴油发动机中,如图 3-16 所示。

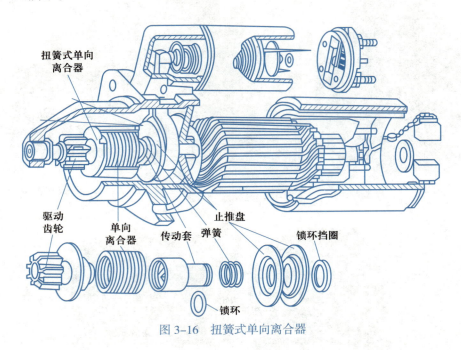

图 3-16　扭簧式单向离合器

3. 操纵机构

操纵机构又称为电磁开关、控制装置等。它用来控制起动机主电路的通与断,并操纵传动机构的工作。操纵机构有两个线圈,一个与电枢绕组串联,能产生较大的磁场力,称为吸引线圈;另一个与电动机并联,在吸引线圈被短路后,提供磁场力,保持铁心被吸住,称为保持线圈,如图 3-17 和图 3-18 所示。

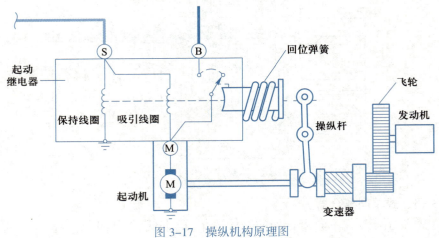

图 3-17　操纵机构原理图

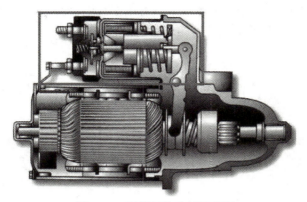

图 3-18　操纵机构内部示意图

（三）起动机的工作原理

 技能实践

利用起动机、电源、导线（粗细）、起动继电器和开关等组件搭建汽车起动系统。

1. 工具准备：
2. 设备名称：
3. 画出起动系统电路图：
4. 记录检查工作成果：

 知识学习

1. 电磁转矩的产生

起动机是根据载流导体在磁场中受到电磁力作用而发生运动的原理工作的。图 3-19（a）所示为一台简单的两极直流电动机模型。根据左手定则判定 ab、cd 两边均受到电磁力 F 的作用，由此产生逆时针旋转方向的电磁转矩 M 使电枢转动，其换向方法如图 3-19（b）所示。电磁转矩的产生由于一个线圈所产生的转矩太小，且转速不稳定,因此实际上,电动机的电枢上绕有很多线圈,换向片数也随线圈的增多而相应增加,从而保证产生足够大的转矩和稳定的转速。

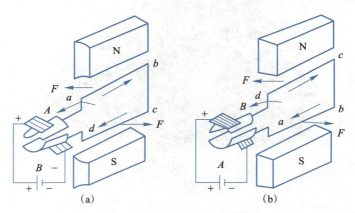

图3-19　电动机转矩的产生

2. 起动机的工作原理

起动机的工作原理如图3-20所示,当合上起动机总开关9,按下起动按钮8时,吸引线圈6和保持线圈5的电路接通。其电流走向如下:

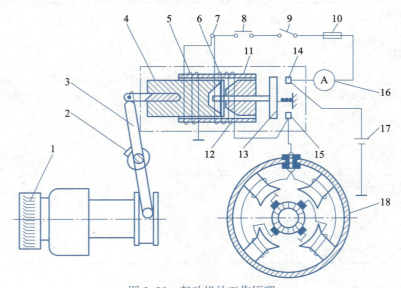

图3-20　起动机的工作原理

1—单向离合器;2—回位弹簧;3—拨叉;4—活动铁心;5—保持线圈;6—吸引线圈;
7—接线柱;8—起动按钮;9—总开关;10—熔断器;11—黄铜套;12—挡铁;
13—接触盘;14、15—主接线柱;16—电流表;17—蓄电池;18—电动机

① 蓄电池正极→主接线柱14→电流表16→熔断器10→总开关9→起动按钮8→接线柱7→保持线圈5→搭铁→蓄电池负极。

② 吸引线圈6→主接线柱15→起动机磁场绕组→电枢绕组→搭铁→蓄电池负极。

这时活动铁心4在两个线圈电磁吸力的共同作用下,克服回位弹簧2的弹力而向右移动。带动拨叉3将驱动齿轮推出与飞轮齿环啮合。这时由于吸引线圈的电流流经磁场绕组和电枢绕组,产生一定的电磁转矩,所以驱动齿轮是在缓慢旋转的过程中啮合的。当驱动齿轮完全啮合时,接触盘13将主接线柱14、15刚好接通,于是蓄电池的大电流流经起动机的电枢绕组和磁场绕组,产生正常的转矩,带动发动机旋转,起动发动机。与此同时,吸引线圈被短路,齿轮的啮合位置由保持线圈5的吸力来保持。

发动机起动后,在松开起动按钮8的瞬间,吸引线圈6和保持线圈5所产生的磁通方向相反,磁力相互抵消,活动铁心4在回位弹簧2的作用下迅速回位,驱使小齿轮退出啮合,接触盘13在其右端小弹簧的作用下脱离接触,切断起动机的主电路,起动机停止运转。

 知识考核

(一)判断题

1. 直流串励式起动机的转矩特性是转矩与电枢电流的平方成正比。(　　　)
2. 导线过长或截面面积过小等会造成较大的电压降,但使起动机的功率增大。(　　　)
3. 冬天如果能将蓄电池适当保温,就可以提高起动功率,改善起动机性能。(　　　)
4. 起动机在主电路接通后,保持线圈被短路。(　　　)
5. 进行空转试验能观察单向离合器是否打滑。(　　　)

(二)单项选择题

1. 直流串励式起动机在空载时,电流最小,转速达到最大值,功率为(　　　)。
A. 最大值　　　　　B. 额定功率　　　　　C. 最大功率　　　　　D. 零
2. 起动机产生正常转矩是在(　　　)。
A. 按下起动按钮后　　　　　　　　B. 驱动齿轮运动前
C. 驱动齿轮运动中　　　　　　　　D. 驱动齿轮与飞轮齿环啮入后
3. 车型为CA1091载重货车正常运行时,由于(　　　),在复合断电器的作用下,可防止误操作。
A. 发电机输出电压
B. 发电机中性点的电压
C. 起动机电枢绕组产生的反感应电动势
D. 起动机励磁绕组产生的反感应电动势
4. 进行全制动试验时,每次起动试验时间不超过(　　　)s。
A. 3　　　　　　　　B. 5　　　　　　　　C. 20　　　　　　　　D. 30
5. 起动机电刷的高度不得低于标准尺寸的(　　　)。
A. 1/3　　　　　　　B. 1/2　　　　　　　C. 2/3　　　　　　　D. 3/3

（三）多项选择题

1. 电磁开关性能试验的项目有（   ）。

A. 吸拉试验　　　　　B. 保持试验　　　　　C. 复位试验

D. 空载试验　　　　　E. 负载试验

2. 影响起动机的主要因素有（   ）。

A. 蓄电池容量　　　　B. 环境温度　　　　　C. 接触电阻

D. 导线电阻　　　　　E. 单向离合器工况

（四）分析题

图 3–21 所示为用点火开关直接控制起动机的控制电路图，图（a）、图（b）、图（c）描述的是控制过程中的起动瞬间、起动完毕断开点火开关的瞬间和起动运转期间的三个过程。

1. 图（a）、图（b）、图（c）分别描述的是哪个过程？

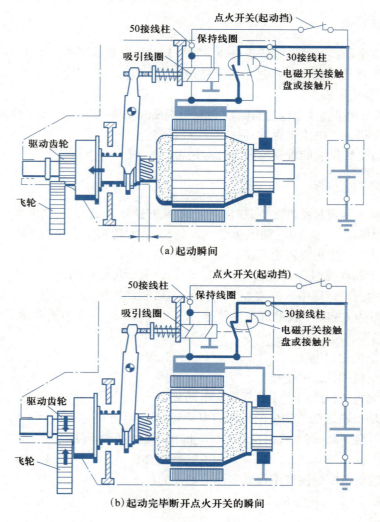

（a）起动瞬间

（b）起动完毕断开点火开关的瞬间

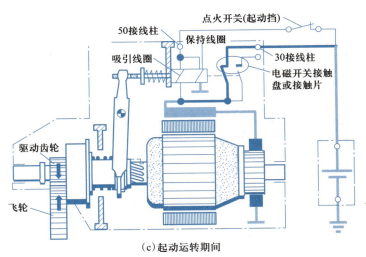

图 3-21　用点火开关直接控制起动机的控制电路图

2. 详细分析起动瞬间、起动完毕断开点火开关的瞬间和起动运转期间三个过程的电路,并请指出每个过程的主要特点是什么?

💻 评价及总结

1. 自我评价

结合自己的学习过程及学习效果,对自己学习的主动性和效果进行自评,评价等级为优、良、合格和不合格,针对出现的失误进行反思,完善改进方向及改进措施。

评价维度		评价标准	评级
学习主动性	课前	课前预习,完成老师布置的课前任务	
	课中	积极思考、参与课堂互动,辅助老师完成教学演示或模拟练习	
	课后	及时总结,完成课后练习任务,并向老师反馈学习建议	
学习效果		① 能够在车上准确快速地找出起动系统各部件的安装位置 ② 能够理解起动系统的组成、功用及工作原理 ③ 能够掌握起动机的组成及功用	
		① 掌握起动机的工作原理 ② 掌握起动机电磁开关的工作原理	
		① 能够礼貌沟通 ② 能够搭建简易的起动系统控制电路	
任务实施过程中出现的失误			
改进的方向及措施			

2. 学生互评

通过提问、观察同学的演示以及上课的情况，对同学这次学习任务的效果开展评价，评价等级为优、良、合格和不合格，指出任务实施过程中出现的失误，给出改进建议。

小组成员姓名：_____

评价维度	评价标准	评级
学习效果	① 能够在车上准确快速地找出起动系统各部件的安装位置 ② 能够理解起动系统的组成、功用及工作原理	
	能够掌握起动机的组成及功用	
	掌握起动机的工作原理	
	① 能够礼貌沟通 ② 能够搭建简易的起动系统控制电路	
任务实施过程中出现的失误		
建议		

任务二 检修起动机

 任务描述

接待客户车辆时，能够向客户分析和解释起动机被卡死不转动的原因，说明检修或更换起动机的理由，并能够对起动机进行检修。

 任务目标

实施步骤	教学目标		
	素养目标	知识目标	技能目标
起动机的检修	① 培养团结协作精神 ② 通过实际操作，树立规范操作意识，培养严谨细致、精益求精的工匠精神	① 熟练拆装起动机 ② 掌握拆装起动机的注意事项 ③ 掌握起动机各部件检测方法和注意事项 ④ 掌握起动继电器的作用	① 会拆装起动机 ② 会用万用表等工具对起动机检修 ③ 能在车上准确找出起动继电器的安装位置 ④ 会用万用表检测起动继电器

实施步骤

起动机的检修

技能实践

（1）丰田汽车公司的行星齿轮式直流起动机的结构如图 3-22 所示。

其主要由 1——＿＿＿＿＿、2——活动铁心罩、3——＿＿＿＿＿、4——驱动机构外壳、5——＿＿＿＿＿、6——＿＿＿＿＿、7——内齿轮、8——缓冲器壳、9——板垫圈、10——止动套圈、11——压板、12——＿＿＿＿＿、13——垫圈、14——中间轴承、15——＿＿＿＿＿、16——＿＿＿＿＿、17——卡环、18——换向器端盖、19——＿＿＿＿＿、20——＿＿＿＿＿、21——贯穿螺栓、22——＿＿＿＿＿、23——O 形环、24——＿＿＿＿＿等组成。

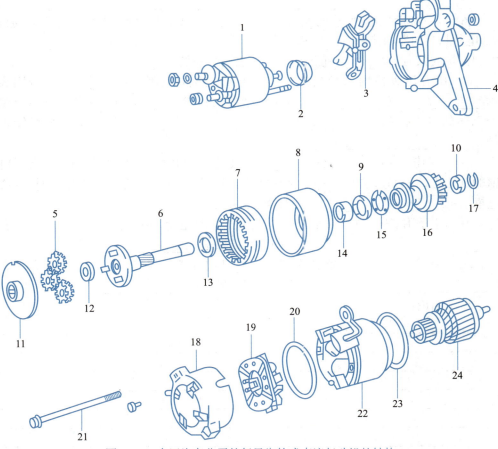

图 3-22　丰田汽车公司的行星齿轮式直流起动机的结构

(2) 如果出现起动运转无力,应首先检查_____,如果无问题,则应拆检_____。首先检查_____、_____的接触情况,其次检查_____和_____。

(3) 现代汽车起动系统多装用_____继电器,一般由起动继电器和保护继电器两部分组成。

(4) 用万用表检测电磁开关接线柱 50 与电磁开关壳体之间的电阻,应为_____;否则表示_____,应_____。你的检测结果是:_____。电磁开关接线柱 6 与接线柱 50 之间的电阻,应为_____;否则表示_____,应_____。你的检测结果是:_____。

(5) 写出起动机的拆解步骤:

_____

_____

_____

_____

_____

_____

(6) 拆下起动机电刷,换向器表面应无_____现象,电刷在电刷架内应活动自如,电刷与换向器的接触面积不应小于_____,电刷长度不应小于新电刷的_____。电刷弹簧的张力应在_____范围内。你的检测结果是:_____。

(7) 用万用表检测磁场线校正端与电刷之间的电阻,应为_____;否则表示_____。应_____。你的检测结果是:_____。磁场线校正端与定子壳体的电阻,应为_____;否则表示_____,应_____。你的检测结果是:_____。

(8) 起动机的电枢检查应在_____上进行,当测试仪通电后,将铁片置于电枢的铁心上,一边转动电枢,一边移动铁片,当铁片 3 在某一部位产生振动时,说明电枢_____,应_____。你的检测结果是:_____。

(9) 用万用表检测整流器铜条与轴之间的电阻,应为_____;否则表示_____,应_____。你的检测结果是:_____。

(10) 用万用表检测整流器铜条之间的电阻,应为_____;否则表示_____,应_____。你的检测结果是:_____。

(11) 结论:

_____

_____

_____

_____

_____

_____

――――――――――――――――――――――――――――――

――――――――――――――――――――――――――――――

――――――――――――――――――――――――――――――

――――――――――――――――――――――――――――――

――――――――――――――――――――――――――――――

 知识学习

1. 起动机的拆装注意事项

① 从车上拆卸起动机前,应先关闭点火开关后,将蓄电池的搭铁线拆除,再拆除电磁开关上的蓄电池正极线。尤其是 ECU 控制发动机的车辆更要注意这一点。

② 在安装起动机时,应先连接电磁开关上的蓄电池正极线,再接上蓄电池的正极线、负极线。接蓄电池正、负极线之前要确保点火开关处在关闭状态,这是保护车上电子装置的必要措施。

③ 起动机解体和组装时,对于配合较紧的部件,严禁生砸硬敲,应使用拉、压工具进行分离与装入,以防止部件的损坏。

④ 清洗起动机部件时,起动机电枢、励磁绕组和电磁开关总成只能用拧干汽油的棉纱进行擦拭,或用压缩空气吹净,以防止由于液体不干而造成短路或失火。其他部件均可用液体清洗剂清洗。

⑤ 起动机组装后,先进行其测量调整后再进行试验台上的运转试验。进行起动机运转试验时,要先进行空载试验,再进行全制动试验(24 V 起动机一般提倡先进行12 V 空载试验,再进行 24 V 空载试验),以防止因意外故障引起过载而烧坏实验设备或起动机本身。

2. 起动机的检修

1）不解体检测

在进行起动机的解体之前,通过不解体性能检测可以大致找出故障;起动机组装完毕后也应进行性能检测,以保证起动机正常运行。

（1）吸引线圈性能测试

将起动机励磁线圈的引线断开,按图 3-23所示连接蓄电池与电磁开关。

（2）保持线圈性能测试

按图 3-24 所示连接导线,在驱动齿轮移出后从端子 C 上拆下导线。

（3）驱动齿轮回位测试

驱动齿轮回位检测如图 3-25 所示。

（4）驱动齿轮间隙的检查

按图 3-26(a)所示连接蓄电池和电磁开关,并按图 3-26(b)所示进行驱动齿轮间隙的测量。

视频

检查与更换
起动机

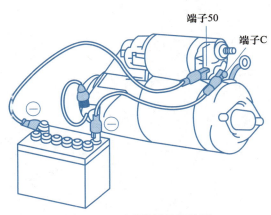

端子50

端子C

图 3-23　吸引线圈性能检测

（5）起动机空载试验

首先将起动机固定好，再按图 3-27 所示连接导线，起动机运转应平稳，同时驱动齿轮应移出。读取电流表的数值，应符合标准值。断开端子 50 后，起动机应立即停止转动，同时驱动齿轮缩回。

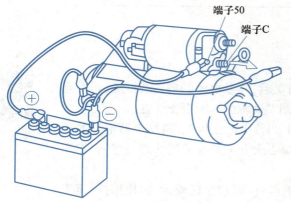

图 3-24　保持线圈性能检测

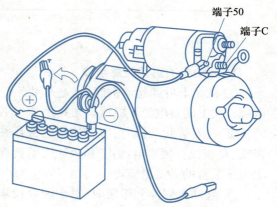

图 3-25　驱动齿轮回位检测

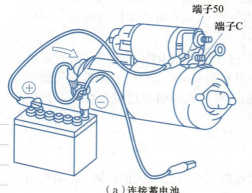

（a）连接蓄电池

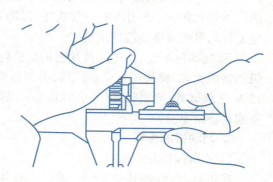

（b）驱动齿轮间隙

图 3-26　驱动齿轮间隙的检查

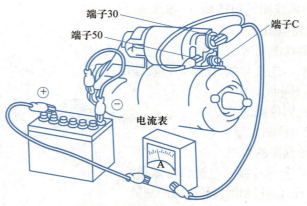

图 3-27　起动机空载测试

2）起动机的解体检测

（1）直流电动机的检测

① 磁场绕组的检测。将万用表放在电阻挡，检查励磁绕组和定子外壳时，不应导通；检查励磁绕组两电刷之间时，应导通，如图 3-28 所示。

视频
起动机解体检测

图 3-28   磁场绕组的检修

② 电枢的检查。将万用表放在 200 Ω 挡，换向器和电枢线圈铁心之间不应导通，如图 3-29 所示。

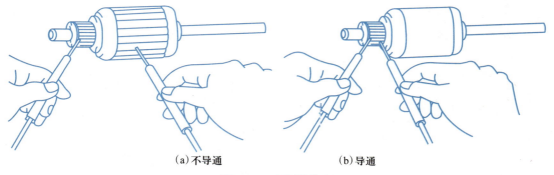

（a）不导通   （b）导通

图 3-29   电枢的检查

③ 将万用表放在 200 Ω 档位检查电枢绕组（换向片与换向片间），两表笔放在两个整流片上，应该导通。

④ 用百分表检查换向器失圆，其失圆（跳动量）不应超过 0.03 mm，最新的标准为 0.02 mm。

⑤ 用游标卡尺检查换向器最小直径。检查时应和标准值进行比较，若测得的直径小于最小值，应更换电枢。

⑥ 检查"+"电刷架和"-"电刷架之间不导通。若导通，应进行电刷架总成的更换，如图 3-30 所示。

⑦ 电刷、电刷架及电刷弹簧的检查。用游标卡尺测量电刷长度。测量电刷的长度时要结合具体的标准，不应小于最小长度标准，如图 3-31 所示。

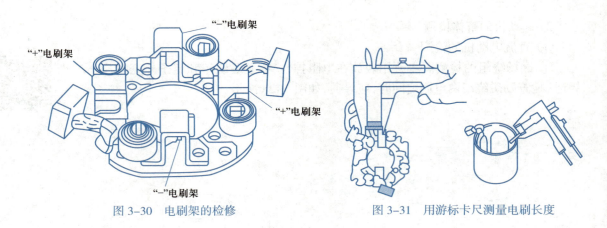

图 3-30　电刷架的检修　　　　　　　图 3-31　用游标卡尺测量电刷长度

（2）传动机构的检测

握住电枢，当转动单向离合器外座圈时，驱动齿轮总成应能沿电枢轴自如滑动，检查小齿轮和花键及飞轮齿圈有无磨损和损坏，在确保驱动齿轮无损坏的情况下，握住外座圈，转动驱动齿轮，应能自由转动；反转时应锁住，否则应更换单向离合器，如图 3-32 所示。

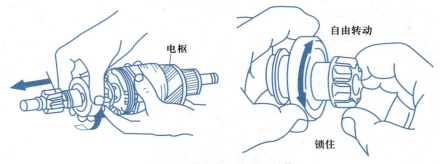

图 3-32　单向离合器的检修

（3）电磁开关的检修

① 起动继电器的检查。起动机构若带有起动继电器，则需要对其进行检查，其检查项目和方法：当给继电器线圈通电时，其触点吸合，此时用万用表检查时应导通；当给继电器线圈断电时，其触点打开，此时用万用表检查时应不导通。

② 电磁开关的检查。电磁开关在解体情况下检查的项目和方法如下：

a. 进行活动铁心的检查时，推入活动铁心，然后松开，活动铁心应能迅速复位，如图 3-33 所示。

b. 进行吸引线圈的开路检查时，用欧姆表连接端子 50 和端子 C 应导通，并且电阻的阻值应在标准范围内，可以进行不解体检查，如图 3-34 所示。

c. 进行保持线圈的开路检查时，用欧姆表连接端子 50 和搭铁，应导通，并且电阻的阻值应在标准范围内，可以进行不解体检查。

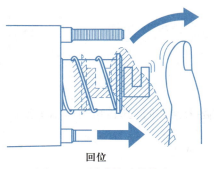

图 3-33 活动铁心的检查

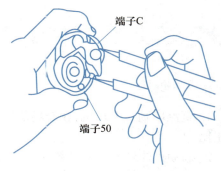

图 3-34 吸引线圈的检查

d. 最后,进行电磁开关接触片的检查时,可用手推动活动铁心,使其接触盘与两接线柱接触,然后用欧姆表连接端子 30 和端子 C 时应导通,并且在正常情况下电阻的阻值为 0。解体检查结束之后,按照起动机装复的步骤进行装复。在装复后,应进行性能测试。

3）起动继电器的检查

起动继电器是利用电磁现象,接通或切断一对或多对触点,以小电流控制大电流,从而减小控制开关的电流负荷,对控制开关起到保护作用,如图 3-35 所示。

① 检查触点是否脏污、烧蚀,打磨光洁。

② 检查继电器线圈是否有短路和断路故障,用万用表 $R \times 1$ 挡测量,电阻值为 10~25 Ω,如电阻过大或过小,表明线圈不正常,应修理或更换。

③ 测量继电器触点的闭合电阻,线圈通电,电阻值为 0~0.05 Ω。

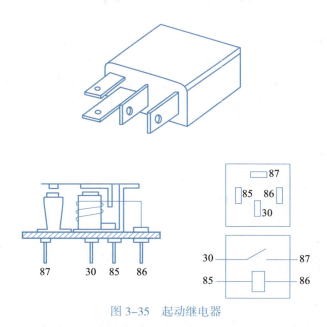

图 3-35 起动继电器

知识考核

(一) 判断题

1. 直流串励式电动机,在磁场绕组的磁路未饱和时,其转矩与电枢电流的平方成正比。(   )

2. 起动机的最大输出功率为起动机的额定功率。(   )

3. 弹簧式单向离合器由于结构简单,多用于小功率起动机。(   )

4. 摩擦片式单向离合器能够防止起动机过载。(   )

5. 起动中驱动齿轮与飞轮齿圈的啮合与分离是由拨叉动作完成的。(   )

(二) 选择题

1. 为了减小电火花,电刷与换向器之间的接触面积应在(   )以上,否则应进行修磨。

A. 50%   B. 65%   C. 75%   D. 80%

2. 电刷的高度,不应低于新电刷高度的(   ),电刷在电刷架内应活动自如,无卡滞的现象。

A. 1/2   B. 3/4   C. 2/3   D. 4/5

3. 常见的起动机驱动小齿轮与飞轮的啮合靠(   )强制拨动完成。

A. 拨叉   B. 离合器   C. 轴承   D. 齿轮

4. 起动机空转的原因之一是(   )。

A. 蓄电池亏电   B. 单向离合器打滑

C. 换向器脏污   D. 不确定

5. 在起动机运转无力的检查中,短接起动机的两主接线柱后,起动机运转仍无力,甲说起动机本身有故障,乙说蓄电池存电不足,你认为(   )。

A. 甲对   B. 乙对   C. 甲乙都对   D. 甲乙都不对

(三) 简答题

1. 起动机电磁开关的检查内容有哪些?

2. 如何检查单向离合器的性能?

3. 如何对起动机进行性能测试?

评价及总结

1. 自我评价

结合自己的学习过程及学习效果,对自己学习的主动性和效果进行自评,评价等级为优、良、合格和不合格,针对出现的失误进行反思,完善改进方向及改进措施。

评价维度		评价标准	评级
学习主动性	课前	课前预习,完成老师布置的课前任务	
	课中	积极思考、参与课堂互动,辅助老师完成教学演示或模拟练习	
	课后	及时总结,完成课后练习任务,并向老师反馈学习建议	
学习效果		① 掌握起动机拆装方法和步骤 ② 能够熟练对起动机各零部件进行检测	
		① 能够礼貌沟通 ② 会熟练拆装起动机 ③ 会用万用表等工具对起动机进行检修 ④ 会用万用表检修起动继电器	
任务实施过程中出现的失误			
改进的方向及措施			

2. 学生互评

通过提问、观察同学的演示以及上课的情况,对同学这次学习任务的效果开展评价,评价等级为优、良、合格和不合格,指出任务实施过程中出现的失误,给出改进建议。

小组成员姓名:_____

评价维度	评价标准	评级
学习效果	① 掌握起动机的拆装方法和步骤 ② 能够熟练对起动机各零部件进行检测	
	① 能够礼貌沟通 ② 会熟练拆装起动机 ③ 会用万用表等工具对起动机进行检修 ④ 会用万用表检修起动继电器	
任务实施过程中出现的失误		
建议		

任务三 排除起动系统控制电路故障

 任务描述

接待客户车辆时,能够向客户解释汽车无法起动的原因,并能解决汽车无法起动、起动机不转导致无法汽车起动等故障。

任务目标

实施步骤	教学目标		
	素养目标	知识目标	技能目标
起动系统常见故障排除	培养真诚、友爱、互助的良好品质,培养严谨的逻辑思维能力和实践创新精神	① 掌握起动系统电路图读图方法 ② 掌握起动系统控制电路及电流走向 ③ 掌握起动机不运转故障诊断与排除	① 会通过电路进行起动系统控制分析 ② 会写出起动系统电路控制过程 ③ 能绘制控制电路图 ④ 能排除起动不运转故障 ⑤ 能排除起动机无法运转故障

实施步骤

排除起动系统控制电路故障

技能实践

1. 根据图 3-36 所示的电路图,写出该电路的电流走向。

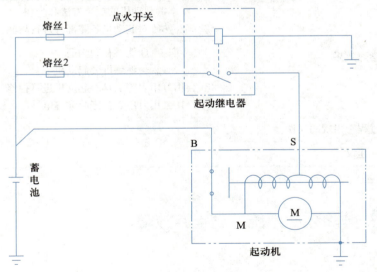

图 3-36　起动系统控制电路图

2. 对图 3-37 所示的电路图进行分析,拆画丰田卡罗拉起动系统控制电路。

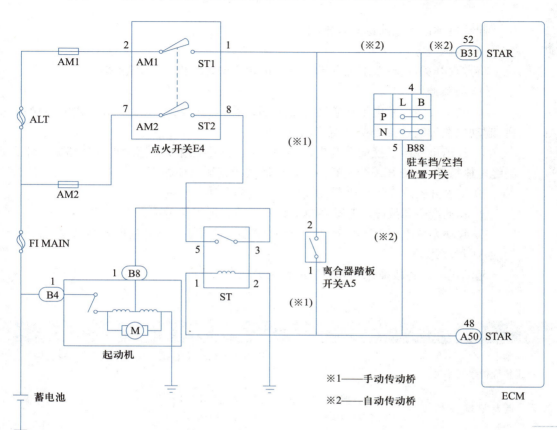

图 3-37 丰田卡罗拉起动系统控制电路图

视频
起动机不起动
故障检测

微课
汽车无法起动的
紧急处理方法

知识学习

起动机不运转故障诊断与排除

(1) 故障现象

将点火开关旋至起动挡,起动机驱动齿轮不向外伸出,起动机不转。

(2) 故障原因

① 电源故障。蓄电池严重亏电或极板硫化、短路等,蓄电池极桩与线夹接触不良,起动电路导线连接处松动而接触不良等。

② 起动机故障。换向器与电刷接触不良,励磁绕组或电枢绕组有断路或短路,绝缘电刷搭铁,电磁开关线圈断路、短路、搭铁或其触点烧蚀等。

③ 点火开关故障。点火开关接线松动或内部接触不良。

④ 起动继电器故障。起动继电器线圈断路或触点接触不良。

⑤ 起动系统电路故障。起动电路中有断路、导线接触不良或松脱等。

(3) 诊断思路

起动机不运转故障原因和相应的判断方法见表3-2。

表 3–2　起动机不运转故障原因和相应的判断方法

序号	故障原因	判断方法 1	判断方法 2	说明
1	蓄电池存电不足或正负极桩接触不良	开前照灯,按喇叭	用大功率的灯泡试灯检查	可能起动机会转,但运转无力
2	起动机端子 30 接触不良	人工检查接触情况,用大功率的灯泡试灯检查,在起动机端子 30 检查	起动状态用万用表测量,电压应大于 8 V,不起动时大于 12 V	
3	起动机内部电动机故障	将端子 30 和端子 C 短接		常见电刷接触不良
4	起动机内部电磁开关故障			常见接触盘接触不良
5	熔丝断	用试灯在熔断器两端检查	拔出熔断器检查	找出熔丝断的原因后更换
6	起动继电器故障	拔出起动继电器测量		
7	点火开关故障	将点火开关端子 30 和端子 ST 短接		
8	空挡开关故障或不在 P 挡和 N 挡	打开点火开关挡,用试灯测量	关闭点火开关挡,用万用表测量电阻	
9	电路断路或接触不良	用试灯逐点测量。亮与不亮之间是故障点		

（4）故障诊断

按照汽车故障诊断原则，汽车电气系统故障诊断没有统一的步骤。对于不同的车型、不同的电路诊断步骤有所不同。下面列出起动机在发动机舱内容易测量到的车型故障诊断步骤，如图 3-38 所示；如起动机在发动机舱内不容易测量到的地方，则可以优先诊断熔断器和起动继电器。

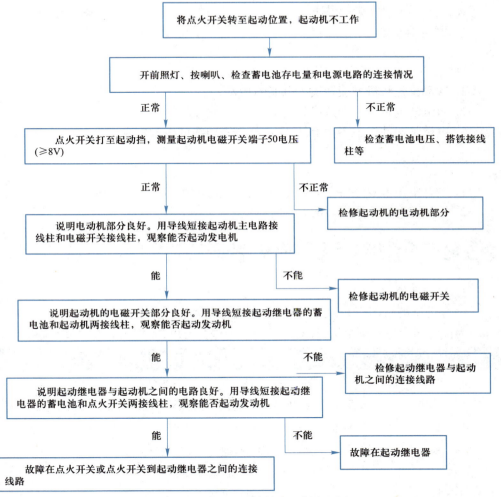

图 3-38　起动机不运转故障诊断流程图

 知识考核

（一）选择题

1. 起动时间和相邻两次起动之间停顿时间约为（　　　）s。

A. 30,5 　　　　　B. 15,30 　　　　　C. 5,30 　　　　　C. 5,15

2. 蓄电池充电不足可能产生的故障是（　　）。

A. 起动机不转 　　　　　　　　B. 起动机空转

C. 起动机转动无力 　　　　　　D. 存电足或者存电不足

3. 起动发动机时，起动机内发出周期性的敲击声，无法转动，原因可能是（　　）。

A. 电磁开关内保持线圈短路 　　B. 电磁开关内保持线圈断路

C. 蓄电池亏电 　　　　　　　　D. A 和 C 的情况都存在

（二）判断题

1. 起动机是将机械能转换为电能的装置。（　　）
2. 蓄电池电量不足会造成起动机运转无力。（　　）
3. 电枢是起动机中不动部件，它由绕有漆包线的极靴构成。（　　）

（三）简答题

1. 结合丰田卡罗拉轿车电路图，写出导致起动机不运转故障诊断步骤。
2. 导致起动机无法运转的原因有哪些？

评价及总结

1. 自我评价

结合自己的学习过程及学习效果，对自己学习的主动性和效果进行自评，评价等级为优、良、合格和不合格，针对出现的失误进行反思，完善改进方向及改进措施。

评价维度		评价标准	评级
学习主动性	课前	课前预习，完成老师布置的课前任务	
	课中	积极思考、参与课堂互动，辅助老师完成教学演示或模拟练习	
	课后	及时总结，完成课后练习任务，并向老师反馈学习建议	
学习效果		会通过电路进行起动系统控制分析	
		会排除起动机不运转的故障	
		① 能够礼貌沟通 ② 会绘制起动机控制电路图 ③ 会对起动系统常见故障进行排除	
任务实施过程中出现的失误			
改进的方向及措施			

2. 学生互评

通过提问、观察同学的演示以及上课的情况，对同学这次学习任务的效果开展评价,评价等级为优、良、合格和不合格,指出任务实施过程中出现的失误,给出改进建议。

小组成员姓名:_____

评价维度	评价标准	评级
学习效果	会通过电路进行起动系统控制分析	
	会排除起动机不运转的故障	
	① 能够礼貌沟通 ② 会绘制起动机控制电路图	
任务实施过程中出现的失误		
建议		

项目四 ▶▶▶

点火系统检修

▶ **项目描述**

　　点火系统要在合适的时刻产生合适的电火花才能点燃发动机的混合气体，汽车发动机才能正常工作。若点火系统有故障，会造成发动机不能正常运行，甚至无法起动。为了能够诊断与修复点火系统故障，就必须熟悉点火系统的组成和工作原理。本项目主要学习点火系统的结构与原理、点火线圈和火花塞的更换操作、点火系统的检查方法、点火系统的故障诊断等，本项目包含以下两个工作任务：

　　任务一　认识点火系统

　　任务二　检修点火系统

　　通过完成以上两个工作任务，能够向客户解释有关汽车点火系统的组成、作用及工作原理，点火系统检修的安全操作方法等问题，并能按照保养规范对点火系统进行检查，还能对点火系统故障进行诊断。

任务一　认识点火系统

动画
点火系统发展史

 任务描述

　　一辆丰田卡罗拉 2017 款轿车,车主发现动力下降,爬坡时动力明显不足,前往 4S 店进行维修检查,发现第 3 缸不点火,需要对点火系统进行维修,此时,你应该懂得点火系统的工作原理。

任务目标

实施步骤	教学目标		
	素养目标	知识目标	技能目标
识别点火系统在汽车上的位置	① 培养良好的沟通及社交礼仪 ② 树立规范意识、安全意识 ③ 培养求真务实、科学严谨的工作作风	掌握点火系统的作用、分类及各组成部件在汽车上的位置	能在整车上识别点火系统的作用、分类及各组成部件在汽车上的位置
认识点火系统的组成部分		掌握点火系统各组成部件的结构及其作用	能在整车上指出点火系统各组成部件的结构及其作用
说出点火系统的工作原理		掌握点火系统的工作原理	能说出点火系统的工作原理

 实施步骤

(一) 识别点火系统在汽车上的位置

技能实践

　(1) 识别点火系统
　① 在车上识别点火系统零部件,如图 4-1 所示。
　② 丰田卡罗拉汽车点火系统零部件安装的位置图如图 4-2 所示,请写出下列零部件的名称。
　(2) 点火系统的组成如图 4-3 所示,试完成下列填空。
　(3) 微机控制的点火系统主要由_____、电子控制单元(ECU)、执行器(点火器、点火线圈、火花塞等)组成。

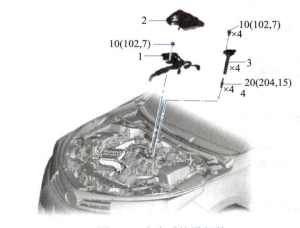

图 4-1　点火系统零部件

1—＿＿＿＿＿；2—＿＿＿＿＿；3—＿＿＿＿＿；4—＿＿＿＿＿。

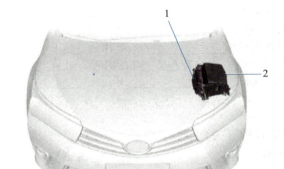

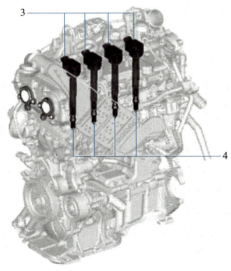

图 4-2　丰田卡罗拉汽车点火系统零部件安装的位置图

1—＿＿＿＿＿；2—＿＿＿＿＿；3—＿＿＿＿＿；4—＿＿＿＿＿。

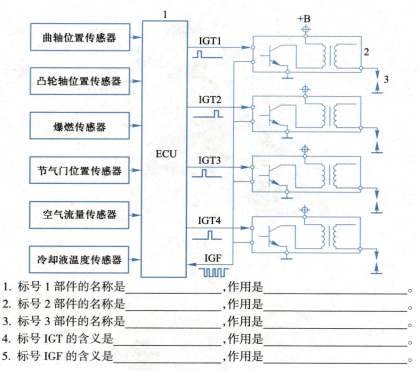

1. 标号 1 部件的名称是＿＿＿＿＿＿＿＿＿，作用是＿＿＿＿＿＿＿＿＿＿＿＿＿。
2. 标号 2 部件的名称是＿＿＿＿＿＿＿＿＿，作用是＿＿＿＿＿＿＿＿＿＿＿＿＿。
3. 标号 3 部件的名称是＿＿＿＿＿＿＿＿＿，作用是＿＿＿＿＿＿＿＿＿＿＿＿＿。
4. 标号 IGT 的含义是＿＿＿＿＿＿＿＿＿，作用是＿＿＿＿＿＿＿＿＿＿＿＿＿。
5. 标号 IGF 的含义是＿＿＿＿＿＿＿＿＿，作用是＿＿＿＿＿＿＿＿＿＿＿＿＿。

图 4-3　点火系统的组成

（4）传感器（包括各种开关）主要有＿＿＿＿＿＿、空气流量传感器（或绝对压力传感器）、冷却液温度传感器、＿＿＿＿＿＿、氧（O_2）传感器、节气门位置传感器、车速传感器、爆燃传感器、空调开关信号等。

（5）ECU 的作用是＿＿＿＿＿＿＿＿＿＿＿＿＿＿＿＿＿＿，进行运算、处理和判断，然后输出指令（信号）控制有关执行器（如点火器）动作，实现对点火系统的精确控制。

 知识学习

汽车点火系统随着科技的不断发展，以点火脉冲触发方式的不同，经历了触点式点火系统、电子点火系统和微机控制的电子点火系统三个阶段，目前用得最多的是微机控制的电子点火系统。为了不断地弥补缺陷，微机控制点火系统在发动机运转时，微机根据传感器信号，直接控制各个点火线圈产生高压电，直到相应火花塞跳火为止。这是响应国家"绿水青山就是金山银山"的环境保护政策，汽车点火系统的不断改善，以减少汽车尾气对自然环境的污染。

1. 微机控制点火系统的组成

微机控制的点火系统主要由传感器、ECU 和执行器（点火器、点火线圈、火花塞等）组成，微机控制点火系统的组成如图 4-3 所示。微机控制点火系统各组成部分的功能见表 4-1。

传感器（包括各种开关）主要有曲轴位置传感器、空气流量传感器（或绝对压力传感器）、冷却液温度传感器、进气温度传感器、氧（O_2）传感器、节气门位置传感器、车速传感器、爆燃传感器、空调开关信号等。

表 4–1 微机控制点火系统各组成部分的功能

组成部分		功能
传感器与信号开关	空气流量传感器	检测发动机进气量，判断发动机工作负荷，用于计算确定点火提前角
	进气歧管绝对压力传感器	检测节气门至进气歧管之间的进气压力，来反映发动机的负荷状况，用来计算确定喷油时间（即喷油量）和点火时间
	节气门位置传感器	向主 ECU 输入点火提前角修正信号，用于确定发动机工况
	冷却液温度传感器	检测发动机的冷却液温度，用于修正点火提前角
	起动开关	检测发动机是否正处于起动状态
	空挡起动开关	检测自动变速器的变速杆是否置于 N 位或 P 位
	车速传感器	检测车速，向主 ECU 输入车速信号，用于修正点火提前角
	空调开关 A/C	检测空调的工作状态（ON 或 OFF），用于修正点火提前角
	爆燃传感器	检测发动机爆燃信号，用于修正点火提前角
	电源电压传感器	向主 ECU 输入电源电压信号，用于修正点火提前角
	曲轴基准位置传感器	检测曲轴角度基准位置，产生 G1、G2 信号
	曲轴转角传感器	检测曲轴角度（发动机转速），产生 Ne 信号
点火执行器	点火控制器与点火线圈	根据主 ECU 输出的点火控制信号，控制点火线圈初级电路的通断，产生次级侧高压使火花塞点火，同时，把点火确认信号 IGf 反馈给 ECU
发动机 ECU		根据各传感器输入的信号，计算出最佳的点火提前角，并向点火控制器输送点火控制信号

ECU 的作用是根据发动机各传感器输入的信息及内存的数据，进行运算、处理和判断，然后输出指令（信号）控制有关执行器（如点火器）动作，实现对点火系统的精确控制。

执行器包括点火器、点火线圈和火花塞等，根据 ECU 或其他控制元件的指令（信号），执行各自的功能。

2. 微机控制点火系统的作用与分类

微机控制点火系统的功能主要包括点火提前角、通电时间及爆燃控制三个方面。

微机控制的点火系统按有无分电器，可分为有分电器的微机控制点火系统和无分电器的微机控制点火系统两大类。目前，有分电器的微机控制点火系统正被淘汰，而广泛应用无分电器的微机控制点火系统；按微机控制的方式分，可分为开环控制和闭环控制两种。

开环控制是指微机检测发动机各种工作状态信息，并根据这些信息从内部存储器中调出相应的点火提前角（这一点火提前角是综合经济性、动力性和排放等要求，

动画
微机控制点火系统组成与工作原理

并经过大量的试验优化的结果),然后输出控制信号对点火时刻进行控制。这种控制方式对控制结果不予以反馈。

闭环控制是指微机以一定的点火提前角控制发动机工作的同时,还不断地检测发动机的有关工作状态,然后将检测到的有关信息反馈给 ECU,ECU 根据需要对点火提前角进行修正。闭环控制的反馈信号可以有多种,如爆燃信号、转速信号、气缸压力信号等。目前,广泛采用的是通过检测爆燃传感器的爆燃信号,来判断点火时刻的早晚,进而实现点火提前角的最佳控制。

3. 点火系统在车上的位置

查阅丰田卡罗拉汽车维修手册,其点火系统在车上的位置如图 4-4 所示。

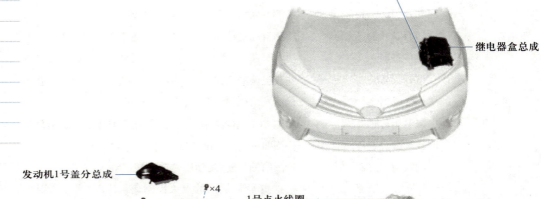

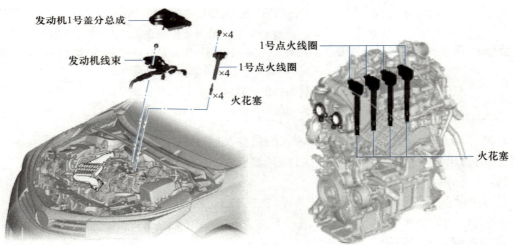

图 4-4　丰田卡罗拉汽车的点火系统在车上的位置

(二) 认识汽车点火系统的组成部件

技能实践

(1) 根据图 4-5 点火线圈的结构,查阅维修手册,识别下列序号名称。

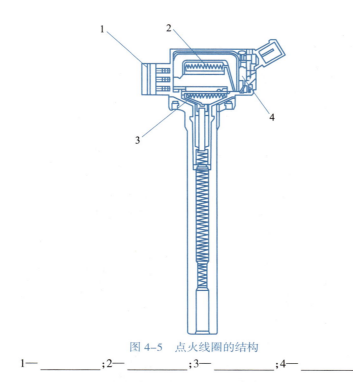

图 4-5 点火线圈的结构

1— _____ ;2— _____ ;3— _____ ;4— _____ 。

（2）根据图 4-6 火花塞的结构，查阅维修手册，识别下列序号名称。

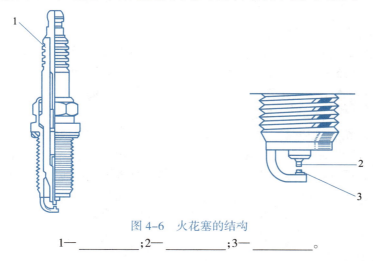

图 4-6 火花塞的结构

1— _____ ;2— _____ ;3— _____ 。

知识学习

1. 点火线圈

点火线圈又称为变压器，其作用是将 12 V 的低压电变成能击穿火花塞间隙的 15~30 kV 的高压电。它是点火系统中的核心部件，按磁路的形式，可分为开磁路点火线圈和闭磁路点火线圈。微机控制点火系统的发动机均采用闭磁路点火线圈，开磁路点火线圈已被淘汰。

1）点火线圈的结构

闭磁路点火线圈由一次绕组、二次绕组、铁心和接线柱等组成,如图4-7所示。铁心由浸有绝缘漆厚度为0.35~0.50 mm的硅钢片叠合成"口"字形或"日"字形;铁心上里层绕有直径为0.4~0.8 mm、匝数约为80~200匝的铜芯漆包线一次绕组,外层绕有直径为0.04~0.07 mm、匝数约为8 000~18 000匝的铜芯漆包线二次绕组;组装后,灌封环氧树脂。闭磁路点火线圈的铁心是封闭的,磁通全部经过铁心内部,铁心的导磁能力约为空气的10 000倍。目前,闭磁路式点火线圈已相当小型化,可与点火器合二为一,甚至可与火花塞连体化。由于闭磁路式点火线圈漏磁小,磁路的磁阻小,能量损失小,所以能量转换率高达75%,因此称其为高能点火线圈。

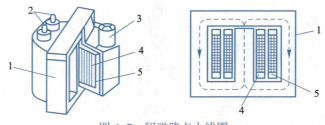

图4-7　闭磁路点火线圈
1—"日"字形铁心;2—一次绕组接线柱;
3—高压接线柱;4——一次绕组;5—二次绕组

2）点火线圈的工作原理

点火线圈之所以能将汽车电源的低压电变成高电压,是由于有与普通变压器相同的形式,一次绕组与二次绕组的匝数比大。但点火线圈工作方式与普通变压器不一样,普通变压器是连续工作的,而点火线圈是断续工作的,它根据发动机不同的转速,以不同的频率反复进行储能及放能。

当一次绕组接通电源时,随着电流的增大四周产生一个很强的磁场,铁心储存磁场能;当开关装置使一次电路断开时,一次绕组的磁场迅速衰减,根据楞次定律,二次绕组就会感应出很高的电压。一次绕组的磁场消失速度越快,电流断开瞬间的电流越大,两个绕组的匝比越大,则二次绕组感应出来的电压越高。

丰田卡罗拉汽车采用的是直接点火系统(DIS),采用四个点火线圈总成,每个气缸一个。与火花塞接触的火花塞帽与点火线圈总成集成于一体。此外,封闭的点火器简化了系统。

2. 火花塞

火花塞安装在燃烧室内,其功用是将高压电引入燃烧室内,在其电极间形成电火花,以点燃可燃混合气。

1）火花塞的结构

火花塞主要由中心电极、侧电极、钢壳和瓷绝缘体等组成。但结构形式有多种,火花塞的结构如图4-8所示。

微课
火花塞的保养
与维护

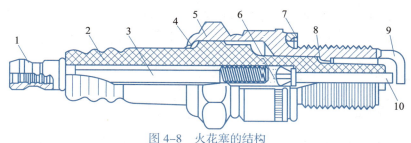

图 4-8　火花塞的结构
1—接线螺母；2—瓷绝缘体；3—金属杆；4、8—内密封垫圈；5—壳体；
6—导电玻璃；7—密封垫圈；9—侧电极；10—中心电极

2）火花塞的热特性与选用

火花塞的热特性是指火花塞发火部位吸收热量并向发动机冷却系统散热的能力。为了保证火花塞正常工作，其绝缘体裙部的温度应保持为 500~700℃，这样才能使落在绝缘体上的油滴立即被烧掉而不致形成积炭。通常将油滴落在绝缘体裙部上能被立即烧掉的温度称为火花塞的"自净温度"。如果绝缘体裙部的温度低于自净温度，就会引起火花塞积炭；若温度过高，则混合气与炽热的绝缘体接触时，会引起炽热点火而产生早燃、爆燃等现象。

绝缘体裙部的温度取决于裙部受热和散热情况。要使裙部经常保持在自净温度，就必须使火花塞吸收的热量与散发的热量处于平衡状态，并在发动机转速和功率正常变化的范围内保持稳定。火花塞壳体下部的内径越大、绝缘体裙部越长，吸收的热量就越多。绝缘体吸收的热量，除小部分（20% 左右）被进气时的新鲜混合气带走外，其余大部分都要经火花塞壳体与绝缘体之间的密封垫圈传给火花塞壳体，然后再传给发动机气缸盖，还有一小部分则由中心电极传出。所以裙部越长，传热路径就越长，散热就越困难。

影响火花塞裙部温度的主要因素是绝缘体裙部长度。绝缘体裙部越长，受热面积就越大，传热路径也越长，散热就越困难，裙部温度就越高，这种火花塞称为"热型"火花塞；反之，绝缘体裙部越短，受热面积就越小，传热路径也越短，散热就越容易，裙部温度就越低，这种火花塞称为"冷型"火花塞。热型火花塞适用于功率小、转速低和压缩比小的发动机中，冷型火花塞适用于功率大、转速高和压缩比大的发动机中。

3）火花塞的分类

火花塞热特性的标定方法各国不尽相同。我国是以绝缘体裙部的长度来标定火花塞的热特性的，并分别用热值来表示。火花塞的热值用 1、2、3、4、5、6、7、8、9、10、11、12 等数字表示。其中，当热值为 1、2、3 时，表示为低热值火花塞，该火花塞为热型；热值为 4、5、6 时，表示为中热值火花塞，该火花塞为中热型；热值为 7 以上时，表示为高热值火花塞，该火花塞为冷型。即数字越小，表示火花塞越热；数字越大，表示火花塞越冷。

丰田卡罗拉汽车采用铱尖火花塞，在确保与铂尖火花塞具有相同耐久性的同时，还提高了点火性能。

注意，采用以下措施以满足涡轮增压发动机所需的高压。优化绝缘体材料，以提高电阻、电压。优化中心电极尖部的复合剂，以提高火花塞燃烧性能和抗氧化燃烧性能。增大中心电极和搭铁电极尖部直径,以提高火花塞燃烧性能和抗氧化燃烧性能。搭铁电极配有铜芯,以增强热传导,并抑制搭铁电极温度升高。

(三) 说出汽车点火系统的工作原理

技能实践

点火系统的电路原理图如图 4-9 所示,试完成以下填空。

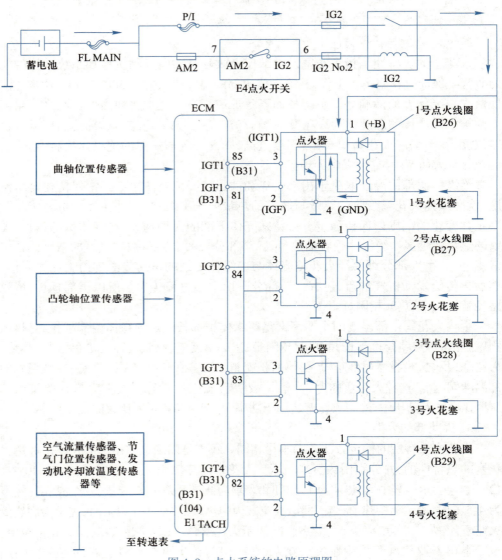

图 4-9　点火系统的电路原理图

① 低压电路。其路径是:蓄电池"正极"→_____→_____→IGT1 的
_____→点火线圈→_____→_____→_____→蓄电池"负极"。

② 高压电路。其路径是：点火线圈_____→点火线圈_____→_____→_____→_____→蓄电池→_____→火花塞侧电极→火花间隙→_____→点火线圈次级绕组。

③ 微机控制点火系统主要是由_____、_____和_____组成的。

④ 说出丰田卡罗拉点火系统的工作原理。

_____

_____

_____

_____。

知识学习

1. 点火系统的组成及工作原理

发动机运行时，ECU 不断地采集发动机的转逗、负荷、冷却液温度、进气温度等信号，并与微机内存储器中预先储存的最佳控制参数进行比较，确定出该工况下最佳点火提前角和最佳导通角，并以此向点火控制器发出 IGT（点火）指令。

点火控制器根据 ECU 的点火指令，控制点火线圈一次回路的导通和截止。当 IGT 信号为高电位时，大功率晶体管导通，点火线圈一次电路接通，点火线圈此时将点火能量以磁场的形式储存起来；当 IGT 信号为低电位时，大功率晶体管截止，点火线圈一次电路切断，二次绕组产生高压电（15~30 kV），送到工作气缸的火花塞，点火能量被瞬间释放，并迅速点燃气缸内的混合气。同时，触发点火确认反馈信号 IGF，并输出反馈信号 IGF 给 ECU。

此外，在带有爆燃传感器的点火提前角闭环控制系统中，ECU 还可根据爆燃传感器的输入信号来判断发动机的爆燃程度，并将点火提前角控制在爆燃界限的范围内，使发动机能获得最佳燃烧。

在电控燃油喷射系统中，由于喷油器的驱动信号来自曲轴位置传感器，所以当点火系统出现故障使火花塞不点火，而曲轴位置传感器正常工作时，喷油器会照常喷油，造成气缸内喷油过多，结果将导致车辆再起动困难或行车时三元催化转化器过热。为了避免这种现象的发生，当 IGF 信号连续 3~5 次无反馈信号送入 ECU 时，则 ECU 判断点火系统有故障，并强行中止喷油工作。

2. 微机控制点火系统的特点

① 发动机在各种工况下都有最佳的点火提前角，提高了发动机的动力性和经济性，且保证排放污染最小。

② 将点火提前到发动机刚好不至于产生爆燃的范围。

3. 直接点火系统（无分电器点火系统）

直接点火系统取消了分电器，该系统中点火线圈上的高压线直接与火花塞相连，工作时，点火线圈产生的高压电直接送至各火花塞，由微机根据各传感器输入的信息，依照发动机的点火顺序，适时地控制各缸火花塞点火。直接点火系统又可分为同时点火方式和单独点火方式两类。

① 同时点火方式：两个气缸合用一个点火线圈，对两个气缸同时点火。

② 单独点火方式：每个气缸的火花塞配一个点火线圈，单独对本缸点火。

4. 丰田卡罗拉汽车的点火系统工作原理

丰田汽车微机控制点火系统，其主要作用是控制大功率晶体管的导通和截止，丰田汽车微机控制点火系统原理图如图 4-10 所示。系统工作时，电子控制器根据传感器输入的发动机工作信息，经过计算、处理和判断，输出控制信号到点火器，适时地控制点火器中大功率晶体管的导通和截止，进而控制一次电流的通断，以达到点火的目的。该系统为直接点火系统，点火线圈产生的高压电直接送至各缸火花塞。

动画
同时点火方式点火系统组成与工作过程

动画
单独点火方式点火系统组成与工作过程

动画
单独点火方式用点火线圈结构

动画
单独点火方式用点火线圈工作原理

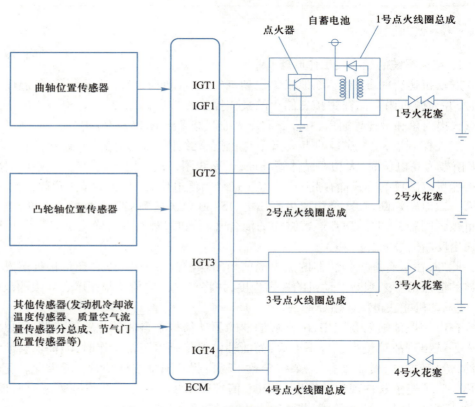

图 4-10　丰田汽车微机控制点火系统原理图

丰田卡罗拉车辆使用直接点火系统。

直接点火系统是单缸点火系统，其中各气缸由一个点火线圈总成和一个火花塞进行点火，各火花塞连接至各高压导线的末端。高压导线中产生的高电压直接作用到各火花塞上。火花塞产生的火花通过中心电极到达搭铁电极。

ECM 确定点火正时并为各气缸传输 IGT（点火）信号。ECM 根据 IGT 信号接通或断开点火器内的功率晶体管。功率晶体管进而接通和断开流向一次绕组的电流。一次绕组中的电流被切断时，二次绕组中产生高压。此高压被施加到火花塞上并使其在气缸内部产生火花。一旦 ECM 切断流向一次绕组的电流,点火器会将点火并确认 IGF 信号发送回 ECM,用于各气缸点火。

 知识拓展

1. 传统点火系统的组成及作用

传统点火系统的组成如图 4-11 所示。主要包括:

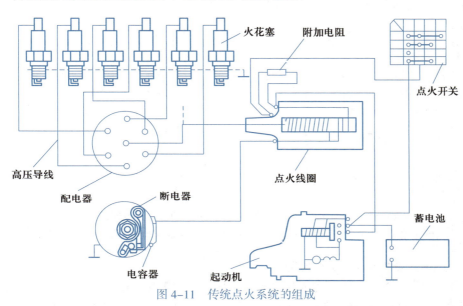

图 4-11 传统点火系统的组成

(1)电源

由蓄电池或发电机供给点火系统工作所需的电能。

(2)点火线圈

点火线圈将电源提供的 12 V 低压电变成 15~20 kV 的高压电。

(3)分电器

分电器由断电器、配电器、电容器和点火提前机构等部分组成。各部分作用如下:

① 断电器:接通与切断点火线圈一次电路。

② 配电器:将点火线圈产生的高压电按气缸的工作顺序送至各缸火花塞。

③ 电容器:减小断电器触点火花,延长触点使用寿命并提高二次电压。

④ 点火提前机构:随发动机转速、负荷和汽油辛烷值变化改变点火提前角。

(4)火花塞

火花塞产生电火花,点燃气缸内的可燃混合气。

(5)点火开关

点火开关控制点火线圈的一次电路。

(6)附加电阻

附加电阻稳定点火线圈的一次电流,以改善点火性能和起动性能。

2. 传统点火系统的组成及工作原理

（1）传统点火系统的组成

传统点火系统的组成如图 4-12 所示。

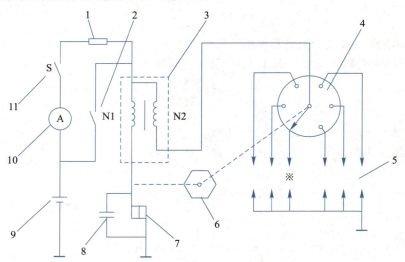

图 4-12　传统点火系统的组成

1—附加电阻；2—附加电阻短路开关；3—点火线圈；4—配电器；5—火花塞；
6—断电器凸轮；7—断电器触点；8—电容器；9—蓄电池；10—电流表；11—点火开关

（2）传统点火系统的工作原理

① 低压电路。其路径是：蓄电池"正极"→电流表→点火开关→点火线圈→"+ 开关"接线柱→附加电阻→点火线圈"开关"接线柱→点火线圈初级绕组→点火线圈"–"接线柱→断电器触点→搭铁→蓄电池"负极"。

② 高压电路。其路径是：点火线圈二次绕组→点火线圈"开关"接线柱→附加电阻→点火线圈"+ 开关"接线柱→点火开关→电流表→蓄电池→搭铁→火花塞侧电极→火花间隙→火花塞中心电极→高压导线→配电器的旁电极→分火头→配电器的中央电极→高压导线→点火线圈二次绕组。

 知识考核

（一）填空题

1. 点火系统主要由_____、_____、_____、_____和_____等部件组成。

2. 点火线圈按其磁路结构形式的不同，可分为_____式和_____式两种。

3. 电子点火系统中常见的点火信号发生器有_____式、_____式和_____式三种。

4. 霍尔式分电器总成主要由_____、_____和_____组成。

5. 发动机每完成一个工作循环,曲轴转＿＿＿＿周,分电器轴及触发叶轮转＿＿＿＿周,霍尔元件被交替地隔离＿＿＿＿次,因而随之产生＿＿＿＿次霍尔电压。

(二) 选择题

1. 一般把发动机发出最大功率或油耗最小的点火提前角称为最佳点火提前角,影响最佳点火提前角的主要因素是发动机的(　　　)和(　　　)。

A. 油耗　　　　　　　B. 发动机转速　　　　C. 时速　　　　　　D. 负荷

2. 在无分电器式电子点火系统中,点火提前角由(　　　)来确定。

A. 发动机 ECU　　　　　　　　　B. 点火模块

C. 真空提前装置　　　　　　　　D. 离心提前装置

3. 开磁路点火线圈高压绕组又称为(　　　)绕组,通常绕在(　　　)层;低压绕组称为(　　　)绕组,通常绕在(　　　)层。

A. 二次,外,一次,内　　　　　　　B. 二次,内,一次,外

C. 一次,外,二次,内　　　　　　　D. 一次,内,二次,外

4. 附加电阻通常与点火线圈(　　　)绕组相连,采用(　　　)连接方式。

A. 一次,并联　　　　　　　　　　B. 一次,串联

C. 二次,并联　　　　　　　　　　D. 二次,串联

评价及总结

1. 自我评价

结合自己的学习过程及学习效果,对自己学习的主动性和效果进行自评,评价等级为优、良、合格和不合格,针对出现的失误进行反思,完善改进方向及改进措施。

评价维度		评价标准	评级
学习主动性	课前	课前预习,完成老师布置的课前任务	
	课中	积极思考、参与课堂互动,辅助老师完成教学演示或模拟练习	
	课后	及时总结,完成课后练习任务,并向老师反馈学习建议	
学习效果		① 识别点火系统在汽车上的位置	
		② 认识汽车点火系统的组成部分	
		③ 说出汽车点火系统的工作原理	
任务实施过程中出现的失误			
改进的方向及措施			

2. 学生互评

通过提问、观察同学的演示以及上课的情况,对同学这次学习任务的效果开展评价,评价等级为优、良、合格和不合格,指出任务实施过程中出现的失误,给出改进建议。

小组成员姓名：_____

评价维度	评价标准	评级
学习效果	识别点火系统在汽车上的位置	
	认识汽车点火系统的组成部分	
	说出汽车点火系统的工作原理	
任务实施过程中出现的失误		
建议		

任务二　检修点火系统

 任务描述

一辆 2017 款丰田卡罗拉轿车，该车主发现动力下降，爬坡时动力明显不足，立即前往 4S 店。经检查发现，第 3 缸不点火，需要对点火系统进行维修，此时，你应该懂得点火系统的工作原理，并且能分析其故障原因。

 任务目标

实施步骤	教学目标		
	素养目标	知识目标	技能目标
检查维护点火系统	① 培养严谨规范的职业意识和精益求精的工匠精神 ② 树立团结合作、热心奉献的职业精神	掌握汽车点火系统的日常检查维护	能检查维护点火系统
更换火花塞和点火线圈		掌握更换火花塞、点火线圈的条件、流程、注意事项	能更换火花塞和点火线圈
检查诊断汽车点火系统的故障		掌握点火系统常见故障的诊断与排除	能诊断点火系统常见故障

 实施步骤

（一）检查维护点火系统

 技能实践

（1）根据丰田卡罗拉维修手册的点火系统安装图（图 4-13）相关内容，在横线处填空。

（2）检查火花塞，如图 4-14 和图 4-15 所示。

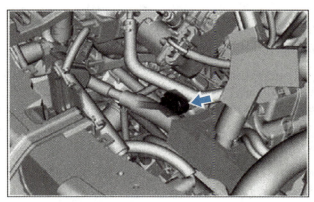

图 4-13　丰田卡罗拉点火系统安装图

执行火花测试，断开发动机_____号线束插接器

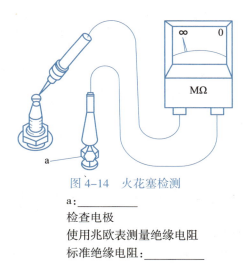

图 4-14　火花塞检测

a：_____

检查电极

使用兆欧表测量绝缘电阻

标准绝缘电阻：_____

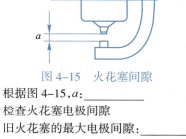

图 4-15　火花塞间隙

根据图 4-15，a：_____

检查火花塞电极间隙

旧火花塞的最大电极间隙：_____

新火花塞的标准电极间隙：_____

 知识学习

　　汽车发动机的点火系统一般由发动机 ECU、点火线圈、高压导线、火花塞和低压导线等组成，它的功能是通过在指定的时刻为可燃混合气提供足够能量的电火花，从而点燃可燃混合气进行燃烧做功。

　　点火系统的维护要点：点火能量的大小对发动机的工作状况有着很大的影响，不仅影响发动机的工作平稳性，而且还会影响发动机的工作效率，降低发动机功率，增大发动机油耗。为了使点火系统能稳定可靠地工作，平时的保养维护工作是十分重要的。

　　① 发动机的控制 ECU 的维护主要是注意保持其清洁和干燥。控制 ECU 属于电气元件，在工作时会产生热量，表面过多的灰尘会阻碍热量的散发，影响控制 ECU 的使用

寿命；如果进水受潮对控制 ECU 来说是致命的伤害，可造成控制 ECU 立即不能工作。

② 点火线圈在工作时会产生大量的热量，所以必须保持其清洁和良好的通风。有一点需要注意，点火线圈一般都安装在发动机外表面，在洗车时，如果汽车刚熄火，这时点火线圈会很热，如果此时用凉水一冲，对点火线圈的损害会很大，严重的会造成点火线圈的炸裂。所以最好等发动机温度降下来，再对发动机进行清洗。

点火线圈如果使用方法不当，会造成点火线圈损坏，因此应注意以下几点：防止点火线圈受热或受潮；发动机不运转时不要开点火开关；经常检查、清洁、紧固电路插头，避免其短路或搭铁；控制发动机性能，防止电压过高；火花塞不得长期"吊火"；点火线圈上的水分只能用布擦干，绝不能用火烘烤，否则会损坏点火线圈。

③ 高压导线较常见的故障是漏电，漏电的高压导线能在火花塞的陶瓷体表面击出小裂纹，可以从这一点判断其是否漏电。如果此时又有燃油渗漏，很可能会发生火灾，所以漏电的高压导线必须及时更换。

④ 火花塞工作于高温、高压十分恶劣的条件下，是汽油发动机的易损件之一。一般应每 15 000 km 对火花塞检查一次，如果发现有间隙过大、部分烧熔、陶瓷体裂纹等不正常现象必需更换火花塞；如果火花塞状态良好，可以对火花塞电极表面清洁一下，继续使用至 30 000 km。在使用 30 000 km 以后，虽然能用，但其性能就会下降非常明显，所以最好更换。

注意，火花塞的更换必须是成套的，即如果是四缸发动机，不管是哪一个火花塞出了问题，最好四个火花塞一起更换，而不能哪个坏了换哪个，不然影响其整体性能。

检查火花塞时，要十分注意：

a. 不要损坏铱尖和铂尖。

b. 由于铱尖可能损坏，因此目视检查铱尖。

c. 不要尝试调节旧火花塞的电极间隙。

d. 如果由于有沉积物等而使其过度脏污，则更换新的火花塞。如果损坏，则更换新的火花塞。

e. 如果火花塞曾卡滞或掉落，则更换新的火花塞。

f. 更换新的火花塞时，不要拆下保护火花塞端部的盖直至将其安装到发动机上。

g. 检查火花塞电极间隙，旧火花塞的最大电极间隙为 1.1 mm（0.043 3 in）。如果火花塞的电极间隙大于最大值，则更换火花塞。

新火花塞的标准电极间隙为 0.8~0.9 mm（0.031 5~0.035 4 in）。

（二）更换火花塞、点火线圈

技能实践

（1）查阅维修手册，填写下列序号名称（图4-16）。

（2）根据维修手册的相关内容，对点火线圈和火花塞进行更换。

① 使用_____mm 火花塞扳手，将_____个火花塞安装到气缸盖罩分总成上。扭矩：_____N·m。

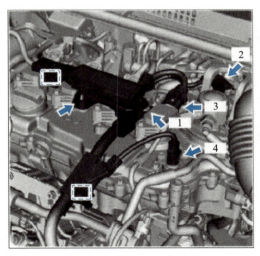

图 4-16　点火系统线束安装图

1: _____

2: _____

3: _____

4: _____

② 用_____个螺栓将_____个 1 号点火线圈安装到气缸盖罩分总成上。

扭矩:_____N·m。

③ 用螺母将发动机线束安装到气缸盖罩分总成上。

扭矩:_____N·m。

 知识学习

1. 火花塞的更换及检查

火花塞更换及检查过程的注意事项如下:

① 将火花塞上的高压分线依次拆下,并在原始位置做上标记,以免安装错位。在拆卸中注意事先清除火花塞孔处的灰尘及杂物,以防止杂物落入气缸。拆卸时用火花塞套筒套牢火花塞,转动套筒将其卸下,并依次排好。

② 火花塞的电极正常颜色为灰白色,如电极烧黑并附有积炭,则说明存在故障。检查时可将火花塞与缸体导通,用中央高压线接触火花塞的接线柱,然后打开点火开关,观察高压电跳位置。如电跳位置在火花塞间隙,则说明火花塞作用良好。

③ 各种车型的火花塞间隙均有差异,一般应为 0.9~1.2 mm,检查间隙大小,可用火花塞量规或薄的金属片进行。如间隙过大,可用螺钉旋具手柄轻轻敲打外电极,使其间隙正常;如间隙过小,则可利用螺钉旋具或金属片插入电极向外扳动。

④ 火花塞属易消耗件,一般行驶 20 000~30 000 km 即应更换。火花塞更换的标志是不跳火,或电极放电部分因烧蚀而呈圆形。另外,如在使用中发现火花塞经常积炭、断火,一般是因为火花塞太冷,需换用热型火花塞;若有炽热点火现象或气缸

中发出冲击声,则需选用冷型火花塞。

2. 点火线圈的检验

点火线圈的检验包括外部检验,初次级绕组断路、短路、搭铁检验以及发火强度检验。

(1) 外部检验

检查点火线圈的外表,若绝缘盖破裂或外壳碰裂,因容易受潮而失去点火能力,应予以更换。

(2) 一次、二次绕组断路、短路、搭铁检验

用万用表测量点火线圈的一次绕组、二次绕组及附加电阻的电阻值,且应符合技术标准;否则说明有故障,应予以更换。

① 测量电阻法:

a. 检验一次绕组电阻:用万用表电阻挡测量 "+" 与 "-" 端子间的电阻。

b. 检验二次绕组电阻:用万用表电阻挡测量 "+" 与中央高压端子间的电阻。

c. 检验电阻器的电阻:用万用表直接接于电阻器的两端子上。

② 试灯检验法:用 220 V 交流电试灯,接在一次绕组的接线柱上,灯亮则表示无断路故障;否则便是断路。当检查绕组是否有搭铁故障时,可将试灯的一端与一次绕组连接,另一端接外壳,如灯亮,表示有搭铁故障;否则为良好。短路故障试灯不易查出。

对于二次绕组,因为它的一端接于高压插孔,另一端与一次绕组相连,所以在检验中,当试灯的一个触针接高压插孔,另一触针接低压接柱时,若试灯发出亮光,则说明有短路故障;若试灯暗红,则说明无短路故障;若试灯根本不发红,则应注意观察,当将触针从接柱上移开时,看有无火花发生,如没有火花,则说明绕组已断路。因为二次绕组和一次绕组是二次绕组的检查相通的,若二次绕组有搭铁故障,在检查一次绕组时就已经反映出来了,无须检查。

(三) 检查诊断汽车点火系统故障

 技能实践

请根据丰田卡罗拉维修手册相关内容,绘制故障诊断流程图:

知识学习

1. 微机控制点火系统的故障诊断

微机控制点火系统与普通电子点火系统相比,在结构上多了一些传感器,在控制方式上由信号发生器的直接控制点火器,变为由 ECU 综合控制点火器。因此,在进行微机控制点火系统的故障诊断与排除时,应在变通电子点火系统故障诊断的基础上,增加传感器的检测与控制信号传输电路的检测。

需要指出,微机控制的点火系统主要是利用信号来控制执行元件的,这些信号在传输过程中的衰减和失真,对控制结果造成了较大的偏差。针对这样的故障,有时还需要用到一些特殊的方法来加以检测与诊断。

微机控制点火系统故障诊断的一般程序与方法如下:

(1)调取故障码

调取故障码的方法较多,可以就车调码,也可以借助一些检测设备(如故障诊断仪等)来获取储存在 ECU 中的故障码。

故障码给排除故障指明了方向,特别像信号断路或上下限超标等具有明显症状的故障,简直就是"手到病除"。

但也有部分故障是不具有故障码的,这就需要借助其他手段,做进一步的诊断。

(2)元器件性能检测

根据故障码的提示,针对有故障的元器件,需要进一步明确到底是元器件损坏还是电路(接触不良)所造成的故障,因此需要对元器件做进一步的检测。元器件的检测与普通电子点火系统的元器件检测方法基本一致,电路故障可以用万用表测量、观察插接器松旷情况等手段明确。

(3)故障模拟再现

对于某些间歇性故障,因受某种特殊环境因素的影响才会出现,当在失去这种环境因素时检测,肯定什么故障也检测不到。因此,应采用各种各样的办法,来模拟故障出现的环境因素,让故障再现。一般常用的模拟方法有振动法、加热法、水淋法、电器全部接通法和道路试验法等。

(4)波形分析

对于某些复杂的疑难杂症,往往要借助于高科技手段来记录、储存各元器件的工作波形,并与标准波形进行比对,最后综合各种因素来诊断故障的所在。

微机控制的点火系统因其在精确控制点火时刻所涉及的因素较多,控制过程复杂,给故障诊断带来了一定的难度,但只要用科学的态度和手段认真分析故障原因,综合考虑各种因素,再难的故障也就迎刃而解了。

2. 点火系统波形分析

对于丰田卡罗拉汽车,使用示波器进行检查。发动机怠速运转时,检查 ECM 插接器端子 IGT(1~4)和 E1 之间、IGF1 和 E1 之间的波形。

点火系统正常的波形图如图 4-17 所示。

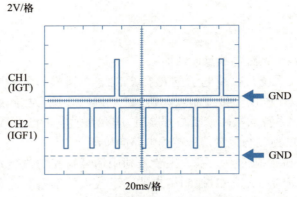

图 4-17 点火系统正常的波形图

ECM 端子名称	CH1：IGT（1～4）和 E1 之间 CH2：IGF1 和 E1 之间
检测仪分度值	2 V/ 格，20 ms/ 格
条件	发动机暖机时怠速运转

点火确认信号波形图如图 4-18 所示。

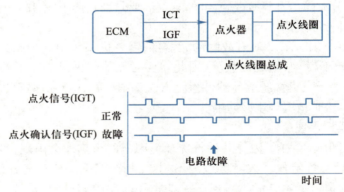

图 4-18 点火确认信号波形图

尽管 ECM 发送了 IGT（点火）信号，但未接收任何 IGF（点火反馈）信号，则将此视为点火器故障并储存 DTC（诊断故障代码）。

监视策略：

所需传感器 / 零部件（主要）	点火器
所需传感器 / 零部件（相关）	曲轴位置传感器
工作频率	持续

3. 点火系统检修故障的诊断与排除

微机控制的点火系统其实只是占发动机电子控制系统中比例较小的一部分，车载的电控故障自诊断系统为进行故障诊断与排除带来了许多方便。因此，在进行微机控制点火系统的故障诊断与排除时,要充分利用 ECU 的自诊断功能,快速地查找故障原因,及时排除故障。点火系统检修故障的诊断与排除流程如图 4-19 所示。

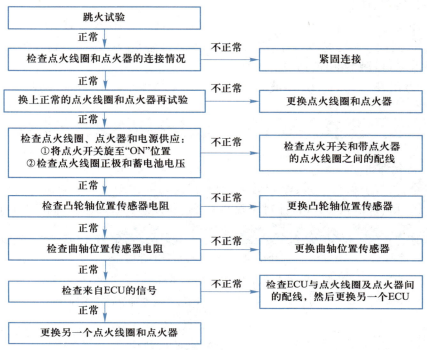

图 4-19　点火系统检修故障的诊断与排除流程

知识考核

选择题

1. 拆下火花塞观察,如为赤褐色或铁锈色,则表明火花塞(　　)。

A. 积炭　　　　　　B. 生锈　　　　　　C. 正常　　　　　　D. 腐蚀

2. 当 ECU 求出的振动频率与爆燃特征频率一致时,便判定发动机产生爆燃,立即发出指令(　　)点火时刻,直到消除爆燃为止。

A. 推迟　　　　　　　　　　　　B. 提前

C. 固定　　　　　　　　　　　　D. 以上答案都不正确

3. (　　)信号是发动机曲轴转角和原始点火时间的信号。

A. NSW　　　　　　B. G　　　　　　C. Fp　　　　　　D. Ne

4. 火花塞电极间隙一般为(　　)。

A. 0.3~0.4 mm　　　B. 0.6~0.8 mm　　　C. 1.0~1.5 mm

5. 发动机电子点火波形的低压波形,在充磁阶段电压没有上升,说明(　　)。

A. 电路限流作用失效　　　　　　B. 点火线圈损坏

C. 高压线损坏   D. 传感器有故障

6. 如果 ECM 发送了 IGT 信号，但未接收任何（　　　）信号，则其将此视为点火器故障并储存 DTC。

A. IGF   B. NE   C. IGT   D. B+

7. 根据（　　　）的提示，针对有故障的元器件，需要进一步明确到底是元器件损坏还是电路（接触不良）所造成的故障。

A. 万用表   B. 示波器   C. 故障码   D. 仪表

 评价及总结

1. 自我评价

结合自己的学习过程及学习效果，对自己学习的主动性和效果进行自评，评价等级为优、良、合格和不合格，针对出现的失误进行反思，完善改进方向及改进措施。

评价维度		评价标准	评级
学习主动性	课前	课前预习，完成老师布置的课前任务	
	课中	积极思考、参与课堂互动，辅助老师完成教学演示或模拟练习	
	课后	及时总结，完成课后练习任务，并向老师反馈学习建议	
学习效果		检查维修点火系统	
		更换火花塞、点火线圈	
		检查诊断汽车点火系统故障	
任务实施过程中出现的失误			
改进的方向及措施			

2. 学生互评

通过提问、观察同学的演示以及上课的情况，对同学这次学习任务的效果开展评价，评价等级为优、良、合格和不合格，指出任务实施过程中出现的失误，给出改进建议。

小组成员姓名：_____

评价维度	评价标准	评级
学习效果	检查维修点火系统	
	更换火花塞、点火线圈	
	检查诊断汽车点火系统故障	
任务实施过程中出现的失误		
建议		

项目五 ▶▶▶

照明与信号系统检修

▶ **项目描述**

汽车的照明与信号系统由电源、照明灯具及控制装置等组成。其作用是保证汽车车夜间、昏暗天气或雨雾天气等情况下安全行驶并能提醒其他车辆或行人汽车的行驶状况，保证车辆和行人的安全。

对照明与信号系统检修是汽车售后服务岗位常见的工作任务。本项目主要有照明系统与信号系统的基础知识及检修方法。本项目包含以下三个工作任务：

任务一　识别照明系统与信号系统

任务二　检查照明系统

任务三　检查信号系统

通过完成以上三个工作任务，能够充分掌握照明系统与信号系统的组成、汽车照明系统的检修、汽车信号系统的检修等问题，并能按照维修规范对照明系统与信号系统进行故障诊断与排除。

任务一　识别照明系统与信号系统

 任务描述

　　一辆 2017 款丰田卡罗拉轿车到 4S 店进行常规保养，车主近期夜间用车时间较多，要求重点检查车辆照明系统与信号系统。维修技师在检查车辆照明系统与信号系统前，需要先掌握照明系统与信号系统的基础知识，同时能操作照明系统与信号系统。

 任务目标

实施步骤	教学目标		
	素养目标	知识目标	技能目标
认识汽车照明系统	① 培养沟通表达能力 ② 树立爱岗敬业的职业精神 ③ 树立团队协作精神	① 掌握汽车照明系统的分类 ② 掌握前照灯的组成和功用 ③ 掌握照明系统开关位置	① 了解使用照明系统的相关交通法规和技术规格 ② 能够正确地认识汽车照明系统 ③ 能够描述各种灯的安装位置 ④ 能操作照明系统开关
认识汽车信号系统		① 掌握汽车信号系统的组成和功用 ② 掌握信号系统开关位置	① 了解使用信号系统的相关交通法规和技术规格 ② 能描述汽车信号系统的安装位置 ③ 能操作信号系统开关

 实施步骤

（一）认识汽车照明系统

 技能实践

　　（1）根据一汽丰田卡罗拉轿车零部件安装的位置（图 5-1），指出下列零部件的名称及在照明系统中的作用。

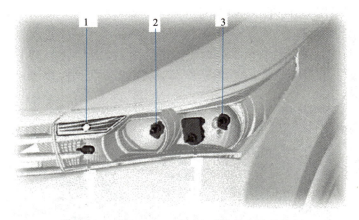

图 5-1 一汽丰田卡罗拉轿车零部件安装的位置

序号	零部件名称	作用
1		
2		
3		

（2）根据车辆照明系统的特点，完成下列填空。

种类	外照明灯			内照明灯		
	前照灯	前雾灯	牌照灯	阅读灯	仪表灯	行李舱灯
发光颜色						
主要用途						

（3）在下面图标旁写出对应的名称。

 _____

▷≡ _____

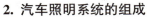 _____

⋛OO⋚ _____

📖 知识学习

1. 汽车照明系统的作用

汽车照明系统的作用是在夜间或能见度低的天气情况下行车，向驾驶人和乘客提供照明，同时对其他车辆和行人起到提示及警告的作用。汽车照明系统是汽车夜间行驶必不可少的设备，为了提高汽车的行驶速度确保行车的安全，汽车上应装有多种照明设备。

2. 汽车照明系统的组成

汽车照明系统由电源、照明装置和控制部分组成。照明装置包括车外照明系统

❀ 微课
汽车车灯的认知

和车内照明系统,控制部分包括各种灯光开关和继电器等。

1)车外照明系统

车外照明系统又称为外照灯,车外照明系统包括前照灯、雾灯和牌照灯等。车上使用的照明装置的数量、结构形式以及安装位置因车型而异,如图 5-2 所示。

图 5-2   丰田卡罗拉轿车组合前照灯

轿车常将示宽灯和远近光灯组装在一起,称为组合前灯;如图 5-3 所示,将后转向灯、制动灯、尾灯、后雾灯和倒车灯等组装在一起,称为组合后灯。

图 5-3   丰田卡罗拉轿车组合后灯

(1)前照灯(远 / 近光)

前照灯安装于汽车头部两侧,用于夜间行车道路的照明,有两灯制和四灯制之分。每辆车安装两只或四只,例如丰田卡罗拉装于外侧的一对应为近光灯,如图 5-4 所示,装于内侧的一对应为远光灯,如图 5-5 所示。前照灯灯光光色为白色,灯泡功率远光灯为 45~60 W,近光灯为 25~55 W。由于前照灯的照明效果直接影响夜间行车驾驶的操作和交通安全,交通法规要求前照灯应能保证提供车前 100 m 以上路面明亮、均匀的照明,并且不应对迎面来车的驾驶人造成眩目。随着车速的不断提高,汽车上前照灯的照明距离可达到 200~300 m。

图 5-4　丰田卡罗拉轿车近光灯

图 5-5　丰田卡罗拉轿车远光灯

（2）雾灯

雾灯安装于汽车的前部和后部,用于在雨雾天气行车时照明道路和为迎面来车及后面来车提供信号。图 5-6 所示为丰田卡罗拉前雾灯,它安装在前照灯附近,一般比前照灯的位置稍低,因为雾天能见度低,驾驶人视线受到限制。合理地利用灯光可增加行车安全,红色和黄色是穿透力最强的颜色,它可提高驾驶人与周围交通参与者的能见度,使车辆和行人在较远处发现对方。所以汽车前雾灯的光色为黄色,这是因为黄色光光波较长,具有良好的透雾性能,灯泡功率一般为 35 W。图 5-7 所示为丰田卡罗拉后雾灯,当后雾灯采用单边安装时,应安装在车辆纵向平面的左侧,与制动灯间的距离应大于 100 mm,后雾灯灯光光色为红色,以警示尾随车辆保持安全距离,灯泡功率一般为 21 W。

（3）牌照灯

牌照灯如图 5-8 所示,用于照亮车辆牌照,要求夜间在车后 20 m 处能看清牌照号码。牌照灯装在汽车尾部牌照的上方或左右两侧,灯光光色为白色,灯泡功率为 8~10 W。它没有单独的开关控制,受示宽灯或前照灯开关控制。

图 5-6　丰田卡罗拉轿车前雾灯

图 5-7　丰田卡罗拉轿车后雾灯

图 5-8　牌照灯

2）车内照明系统

车内照明系统如图 5-9 所示，主要包括仪表灯、阅读灯和行李舱灯等。

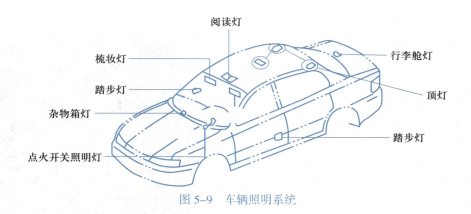

图 5-9　车辆照明系统

（1）阅读灯

阅读灯安装在驾驶室或车厢内顶部，如图 5-10 所示，为驾驶室或车厢提供照明。阅读灯开启时不会造成驾驶人产生眩目的感觉，它照明范围较小，有的还有光轴方向调节机构灯，灯光颜色一般为白色。

图 5-10　阅读灯

（2）仪表灯

仪表灯安装于仪表盘内，如图 5-11 所示，它用来照明汽车仪表，当车辆打开灯光后自动亮起。灯光颜色一般为白色或黄色。

图 5-11　仪表灯

（3）行李舱灯

图 5-12 所示为轿车行李舱内的灯具，当车辆行李舱解锁后自动亮起，灯光颜色为白色或黄色。

图 5-12　轿车行李舱内的灯具

3. 前照灯的组成

前照灯主要由发光源、反射镜和配光镜三部分组成。

微课

汽车前照灯技术
的认知

1）发光源

常见的发光源有灯泡和 LED 灯。灯泡有白炽灯泡［图 5-13（a）］、卤钨灯泡［图 5-13（b）］和新型高压放电氙气灯等几种类型。随着汽车技术的不断发展，白炽灯已先后被淘汰。现代汽车的前照灯以卤素灯、氙气灯和 LED 灯为主。

（1）卤素灯

卤素灯泡，就是在灯泡内惰性气体中渗入某种卤族元素，如碘、溴等，利用卤素灯通电后，灯丝由于发热蒸发出来的钨原子与碘原子相遇反应形成一种具有挥发性的碘化钨化合物。当碘化钨化合物扩散接触白热化的灯丝（温度超过 1 450 ℃）时，再受热分解使钨又重新回到灯丝中，碘则重新进入气体中。如此循环不已，灯丝几乎不会烧断，灯泡也不会发黑，所以它要比传统的白炽前照灯寿命更长，亮度更大。现在的汽车普遍采用的都是这种前照灯。

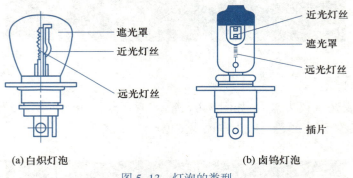

(a) 白炽灯泡　　　　　　　　(b) 卤钨灯泡

图 5-13　灯泡的类型

（2）氙气灯

新型高压放电氙气灯的组件系统由弧光灯组件、电子控制器和升压器三大部件组成，如图 5-14 所示。该类灯泡发出的光色和日光灯非常相似，几万伏的高压使其光亮强度增加，亮度是目前卤素灯泡的三倍左右，完全满足汽车夜间高速行驶的需要。这种灯的灯泡里没有传统灯泡的灯丝，取而代之的是装在石英管内的两个电极，管内充有氙气及微量金属。氙气灯极大地增加了驾驶的安全性与舒适性，还有助于缓解人们夜间行驶的紧张与疲劳。目前,国内推出的全新奥迪、帕萨特、别克君威、马自达等豪华款均配备了氙气前照灯。从市场上看,氙气前照灯已成为市场的主流。

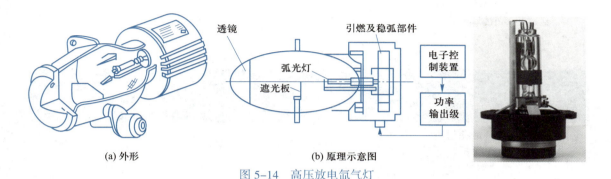

(a) 外形　　　　　　　　(b) 原理示意图

图 5-14　高压放电氙气灯

（3）LED 灯

LED 是一种电质发光器件,利用固体半导体芯片作为发光材料,通过载流子发生复合引起光子发射而直接发光。LED 前照灯如图 5-15 所示,就是利用 LED 作为光源制造出的照明器具。LED 灯相对于卤素灯与氙气灯主要表现为亮度高、颜色种类丰富、低功耗、寿命长、更加节能、环保的特点。节能、环保是汽车应用未来发展的方向。

2）反射镜

前照灯灯泡的光度不大,如果没有反射镜,驾驶人只能辨清车前 6 m 处有无障碍物。反射镜的作用是将灯泡的光线聚合并导向远方,如图 5-16 所示。反射镜材料有薄钢板、玻璃和塑料等,其表面形状是旋转抛物面,内表面镀银、铝或铬,再进行抛光。

图 5-15　LED 前照灯

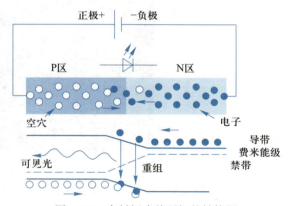

图 5-16　全封闭式前照灯的结构图

3）配光镜

配光镜是由透镜和棱镜组合而成的散光塑料,其外形一般为圆形或方形。配光镜的作用是将反射镜反射出的平行光束折射,使车前路面和路线均有很好的照明效果。

4. 汽车照明系统的特点

车辆照明系统的工作特点见表5-1。

表 5-1 车辆照明系统的工作特点

种类	车外照明系统			车内照明系统		
	前照灯	雾灯	牌照灯	阅读灯	仪表灯	行李舱灯
发光颜色	白色常亮远近光灯变化	黄色或白的单丝常亮	白色常亮	白色常亮	白色常亮	白色常亮
主要用途	为驾驶人安全行车提供保障	雨雾天保证有效照明及提供信号	用于照亮汽车尾部牌照	用于夜间车内照明	用于夜间观察仪表时的照明	用于夜间拿取行李物品时的照明

5. 外部照明系统的操作

丰田卡罗拉轿车灯光开关如图5-17所示:灯光开关在转向盘左侧拨杆,转至示宽灯的位置,即可打开示宽灯、尾灯、牌照灯和仪表板照明;转动近光灯位置,前照灯、示宽灯、尾灯、牌照灯和仪表板照明灯等均打开;转到AUTO自动灯光挡,汽车前照灯根据外界的光照条件自行判断前照灯自动点亮和熄灭;近光灯打开时,将灯光拨杆往发动机舱位置推动一格可以打开远光灯,远光灯一直开启;将灯光拨杆拉回中间位置关闭远光,恢复近光灯。

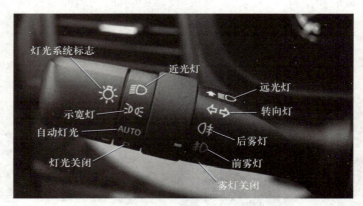

图 5-17 丰田卡罗拉轿车灯光开关

近光灯打开时,将灯光拨杆向驾驶人方向拉动一下可以闪烁一下远光灯,松开开关后,开关自动恢复到近光灯挡位,这个通常用来提醒对面车道车辆。

夜间路灯开启期间,或者遇有雾、雨、雪、沙尘、冰雹等低能见度情况下行驶时,应当开启前照灯、示宽灯和后位灯。在开启路灯或者其他照明较好的道路上行车不应开启远光灯。当周围没有任何灯光,远处看不见时,则要及时开启远光灯。

（二）认识汽车外部信号系统

技能实践

（1）根据丰田卡罗拉轿车零部件安装的位置（图5-18），指出下列零部件的名称及在信号系统中的作用。

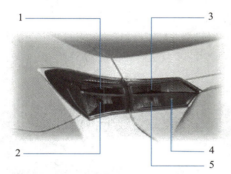

图5-18　丰田卡罗拉轿车零部件安装的位置

序号	部件名称	作用
1		
2		
3		
4		
5		

（2）汽车转向灯的指示距离，要求前、后转向灯白天距离_____以外可见，侧转向信号灯白天距离_____以外可见。转向信号灯的闪光频率应控制在____Hz。

（3）超声波雷达在空气中超声波的传播速度是_____，一般来说超声波雷达的最大探测距离约为_____，最小探测距离约为_____。

（4）在以下图标旁写出对应的名称

 _____　　　　　　　　　 _____

知识学习

1. 汽车信号系统的作用

汽车信号系统就是能对车辆之外的其他车辆、人或动物进行提醒和警示的电气系统。其主要目的是向外界提供行车信息，以提高行车安全，减少交通事故的发生。

2. 汽车信号系统的类型

汽车信号系统根据其类型主要分为灯光信号和音响信号。

1）灯光信号的组成

灯光信号主要包括车外灯光信号和仪表指示灯信号，车外灯光信号主要有转向灯、危险警告灯、制动灯、示宽灯、倒车灯等。

（1）转向灯

转向灯常安装在汽车前后部左右两角和外后视镜上，如图 5-19 所示，用于汽车转弯时发出明暗交替的闪光信号，提示前后车辆和行人其行驶方向。转向灯的灯光光色为琥珀色，灯泡功率一般为 21 W。汽车转向灯的指示距离，要求前、后转向灯白天距 100 m 以外可见，侧转向灯白天距 30 m 以外可见。转向灯的闪光频率应控制在 1.0~2 Hz。

图 5-19　转向灯

（2）危险警告灯

如图 5-20 所示，危险警告灯用于车辆遇到紧急危险情况时，同时点亮车辆前后部左右转向灯，以发出警告信号，提醒往来车辆和行人注意避让。它的工作特点与转向信号灯的要求相同。

图 5-20　危险警告灯

（3）制动灯

制动灯用于提示车辆的制动或减速信号，如图 5-21 所示。制动灯安装在车尾两侧和后风窗玻璃上方，两制动灯应与汽车的纵轴线对称并在同一高度上，制动灯灯光光色为红光，灯泡功率为 5 W，应保证白天距 100 m 以外可见。

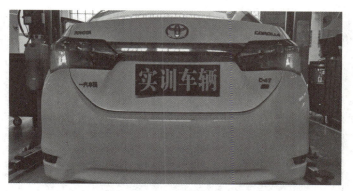

图 5-21 制动灯

（4）示宽灯

示宽灯安装在汽车前后部左右两侧，如图 5-22 所示。用于汽车夜间行车时标志汽车的宽度和高度，因此也相应地被称"示廓灯"和"示高灯"。示宽灯灯光标志在夜间 300 m 以外可见。前示宽灯的灯光光色为白色，后示宽灯的灯光光色多为红色，灯泡功率为 5 W。

图 5-22 示宽灯

（5）倒车灯

汽车倒车灯安装在汽车的尾部，如图 5-23 所示，用于在倒车时照亮车后的路面，并起到警示车后的车辆和行人的作用。倒车灯光色为白色，灯泡功率为 16 W，应保证距离 300 m 以外可见。

现代轿车常见只安装一个倒车灯，我国从 2001 年开始，修改了国家交通法规定,要求每辆车上至少装有一个倒车灯。单个倒车灯的安装位置国家也是有规定的,倒车灯一般都安装在车辆尾部的右侧。

图 5-23　倒车灯

（6）仪表指示灯

汽车仪表指示灯安装在组合仪表板上,如图 5-24 所示,数量和种类多少因车而异。用于指示有关工作系统的技术状况,并对异常情况发出警报灯光信号。

图 5-24　仪表指示灯

2）音响信号的组成

汽车音响信号的组成主要包括喇叭和超声波雷达等。

（1）喇叭

喇叭是汽车的音响信号装置,如图 5-25 所示。在汽车的行驶过程中,驾驶人根据需要和规定发出必需的音响信号,警告行人和引起其他车辆注意,保证交通安全,同时还用于催行与传递信号。

图 5-25　喇叭

（2）超声波雷达

超声波雷达如图 5-26 所示，能以声音直观地告知驾驶人周围障碍物的情况，消除了驾驶人泊车、倒车和起动车辆时需要前后、左右探视所引起的困扰，并帮助驾驶人扫除了视野死角和视线模糊的缺陷，提高驾驶的安全性。

动画
超声波雷达结构
与工作原理

动画
车载超声波雷达
位置及作用

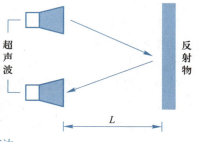

图 5-26　超声波雷达

动画
超声波雷达在
自动泊车辅助
系统中的应用

超声波雷达在空气中超声波的传播速度是 340 m/s，一般来说超声波雷达的最大探测距离约为 2.5~5 m，最小探测距离约为 25~35 cm。

3. 信号系统的操作

丰田卡罗拉轿车灯光开关如图 5-17 所示。灯光开关在转向盘左侧拨杆上，向上拨动拨杆可以打开右转向灯，向下拨动拨杆则可以打开左转向灯。转向灯也有"一触三闪"的快拨功能。驾驶人只要轻轻"点"一下拨杆，转向灯就会闪三下然后自动熄灭。这样车主在变线超车时，就可以免去熄灭转向灯操作的麻烦。

 知识考核

选择题

1. 前照灯灯光光色为（　　　）。

A. 红色　　　　　　B. 黄色　　　　　　C. 白色　　　　　　D. 琥珀色

2. 一汽丰田卡罗拉的近光灯灯泡功率为（　　　）。

A. 25 W　　　　　　B. 35 W　　　　　　C. 45 W　　　　　　D. 55 W

3. 交通法规要求汽车前照灯应能保证提供车前（　　　）以上路面明亮、均匀的照明。

A. 50 m　　　　　　B. 100 m　　　　　　C. 200 m　　　　　　D. 300 m

4. 汽车前雾灯光色为（　　　），后雾灯光色为（　　　）。

A. 红色，黄色　　　B. 黄色，黄色　　　C. 黄色，红色　　　D. 红色，红色

5. 下列关于转向灯描述错误的是（　　　）。

A. 提示前后车辆和行人其行驶方向

B. 灯光光色为琥珀色

C. 转向灯的闪光频率应控制在 1.0~2 Hz

D. 灯泡功率一般为 55 W

6. 下列不属于照明灯的是（　　）。

A. 雾灯　　　　　　B. 制动灯　　　　　　C. 近光灯　　　　　　D. 阅读灯

7. 下列不属于信号灯的是（　　）。

A. 转向灯　　　　　　B. 示宽灯　　　　　　C. 远光灯　　　　　　D. 故障灯

8. 灯光开关转到（　　）挡，汽车前照灯根据外界的光照条件自行判断前照灯自动点亮和熄灭。

A. 示宽灯　　　　　　B. AUTO　　　　　　C. 前雾灯　　　　　　D. OFF

9. 近光灯打开时，将灯光拨杆往发动机舱位置推动一格可以打开（　　）。

A. 前雾灯　　　　　　B. 左转向灯　　　　　　C. 闪光　　　　　　D. 远光灯

10. 当轿车只安装一个倒车灯时，位置应安装在车辆后部（　　）。

A. 左边　　　　　　B. 中间　　　　　　C. 右边　　　　　　D. 任意位置

评价及总结

1. 自我评价

结合自己的学习过程及学习效果，对自己学习的主动性和效果进行自评，评价等级为优、良、合格和不合格，针对出现的失误进行反思，完善改进方向及改进措施。

评价维度		评价标准	评级
学习主动性	课前	课前预习，完成老师布置的课前任务	
	课中	积极思考、参与课堂互动，辅助老师完成教学演示或模拟练习	
	课后	及时总结，完成课后练习任务，并向老师反馈学习建议	
学习效果		熟悉实训用车照明与信号系统的组成、作用和安装位置	
		熟悉实训用车照明与信号系统技术要求和规格	
		能够正确操作照明与信号系统	
任务实施过程中出现的失误			
改进的方向及措施			

2. 学生互评

通过提问、观察同学的演示以及上课的情况，对同学这次学习任务的效果开展评价，评价等级为优、良、合格和不合格，指出任务实施过程中出现的失误，给出改进建议。

小组成员姓名：＿＿＿＿＿＿＿＿＿＿＿＿＿＿＿＿＿＿＿＿＿＿

评价维度	评价标准	评级
学习效果	掌握实训用车照明与信号系统的组成、作用和安装位置	
	掌握实训用车照明与信号系统技术要求和规格	
	能够正确操作照明与信号系统	
任务实施过程中出现的失误		
建议		

任务二 检查照明系统

 任务描述

一辆 2017 款丰田卡罗拉轿车到 4S 店进行维修,该车主反映,该车前照灯光照强度不足,光轴偏斜较大,左前照灯近光灯不亮。维修技师在对车辆的照明系统进行维修前,需要先掌握照明系统的拆装,掌握照明系统的工作原理,同时能按照法规要求对前照灯进行调整。

任务目标

实施步骤	教学目标		
	素养目标	知识目标	技能目标
更换前照灯灯泡	① 培养团队协作的能力 ② 树立爱岗敬业的职业精神 ③ 培养"5S"管理能力	① 了解实训车辆前照灯的灯泡类型 ② 掌握更换前照灯灯泡的流程	① 能单独拆装前照灯灯泡 ② 能按照技术要求选配前照灯灯泡
前照灯的调整		① 了解前照灯相关技术法规 ② 掌握远近光灯的配光特性 ③ 掌握远近光灯的调整流程	① 能查找维修手册找出相关技术法规 ② 能按照相关法规对远近光灯进行调整
检查与诊断前照灯系统		① 掌握前照灯的工作原理 ② 掌握前照灯故障检测方法	① 能对前照灯电路进行分析 ② 能对前照灯不亮进行故障诊断

实施步骤

（一）更换前照灯灯泡

 技能实践

（1）查阅实习车辆维修手册，填写下列信息。

灯泡类型	型号	功率
近光灯		
远光灯		
雾灯		
阅读灯		

（2）HB3 更换灯泡流程。

_____

_____

_____

_____

动画
氙气灯结构

动画
配光镜作用

 知识学习

1. 前照灯灯泡型号

汽车前照灯包括远光灯、近光灯和雾灯，不同车型各灯灯泡型号也有所差异。汽车前照灯灯泡型号有很多，常见的型号有 H1、H3、H4、H7、H11、HB3 等，如图 5-27 所示，不同型号的灯泡有不同的特点，可以从以下三种方法查询到：

① 观察原车灯泡标注，在灯泡底部一般会有具体的型号标注，如图 5-28 所示。

② 翻看车辆保养手册，车型保养手册的易损件灯泡列表里都有注明各灯使用的灯泡型号。

③ 查看车辆维修手册，维修手册均有注明不同配置的车辆各灯使用的灯泡型号。各型号灯泡的特点见表 5-2。

图 5-27 常见的灯泡型号

图 5-28 灯泡型号标注

表 5-2 各型号灯泡的特点

灯泡类型	灯脚与限位	车上应用	功率
H1		远光灯、雾灯	12 V,55 W
H3		雾灯	12 V,55 W
H4		远近一体灯	12 V,55/60 W
H7		近光灯、雾灯	12 V,55 W
H11		近光灯	12 V,55 W
HB3		远光灯、雾灯	12 V,60 W

视频
前照灯的更换

2. 前照灯更换灯泡流程

汽车前照灯的卤素灯泡都有一定的使用年限,当使用时间长了以后,灯泡会发生老化或损坏的现象,此时需要更换灯泡,其实前照灯灯泡更换的操作并没有想象中的那么复杂,只需要一些简单的工具车主自行也能自行更换。由于 H1、H3、H4 和 H7 的更换步骤与方法类似,同时 H11 和 HB3 的更换步骤与方法也相同,下面以 H7 和 HB3 为例讲解更换灯泡流程。在更换前照灯灯泡之前,为避免在更换灯泡时被烫伤,要确认车辆已经熄火,并且是在凉车状态。

1)H7 更换灯泡流程

① 首先打开发动机舱盖,在发动机舱内靠近示宽灯的位置找到前照灯的灯座。

② 取下前照灯的灯座防尘罩,如图 5-29(a)所示。

③ 拔下 H7 灯泡插头,如图 5-29(b)所示。

④ 松开灯泡的弹簧卡扣,如图 5-29(c)所示。

⑤ 拿住灯泡底座,水平后移取下灯泡,如图 5-29(d)所示。

⑥ 更换同一型号的灯泡,固定灯泡,如图 5-29(e)所示。

⑦ 利用弹簧卡扣压紧底座,连接插头,如图 5-29(f)所示。

⑧ 安装前照灯的灯座防尘罩,如图 5-29(g)所示。

(a)取下前照灯的灯座防尘罩

(b)拔下 H7 灯泡插头

(c)松开灯泡的弹簧卡扣

(d)拿住灯泡底座,水平后移取下灯泡

（e）更换同一型号的灯泡，固定灯泡

（f）利用弹簧卡扣压紧底座，连接插头

（g）安装前照灯的灯座防尘罩

图 5-29　H7 更换灯泡流程

2）HB3 更换灯泡流程

① 取下前照灯的灯座防尘罩，如图 5-30（a）所示。

② 逆时针旋转灯座，松开灯座，如图 5-30（b）所示。

③ 水平后移取下灯泡，取下 HB3 灯泡，如图 5-30（c）所示。

④ 拔下 HB3 灯泡插头，如图 5-30（d）所示。

⑤ 更换同一型号的灯泡，连接 HB3 插头，如图 5-30（e）所示。

⑥ 顺时针旋转灯座，固定灯座，如图 5-30（f）所示。

⑦ 安装前照灯的灯座防尘罩，如图 5-30（g）所示。

3. 更换灯泡流程注意事项

① 接触灯泡时需要戴手套，以防污损玻璃外壳而缩短灯泡使用寿命。

② 更换灯泡前，用酒精擦拭灯泡外壳，可防止因指印弄污外壳而缩短灯泡使用寿命。

③ 汽车灯泡使用两年后，建议更换一次车灯。

④ 更换灯泡时建议成对更换汽车前照灯，确保安全驾驶。

⑤ 灯泡都有光衰现象，亮度会随着使用而逐步降低，为了保证驾驭的安全性，建议车灯一旦变暗应及时更换。

（a）取下前照灯的灯座防尘罩

（b）逆时针旋转灯座，松开灯座

（c）水平后移取下灯泡，取下 HB3 灯泡

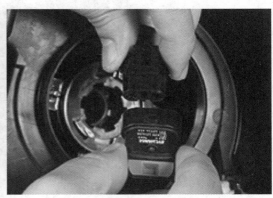

（d）拔下 HB3 灯泡插头

（e）更换同一型号的灯泡，连接 HB3 插头

（f）顺时针旋转灯座，固定灯座

(g)安装前照灯的灯座防尘罩

图 5-30　HB3 更换灯泡流程

(二)前照灯调整

 技能实践

1. 根据实习车辆,测量并填写下列信息

灯泡类型	灯高度	两灯距离
近光灯		
远光灯		
雾灯		

2. 两灯制的汽车前照灯,远光每只灯的发光强度应大于＿＿＿＿＿＿cd,新车远光应为＿＿＿＿＿＿cd。四灯制的汽车前照灯,每只灯的发光强度应大于＿＿＿＿＿＿cd。

3. 前照灯距离屏幕 10 m 处,若 H 为前照灯基准中心高度,光束明暗截止线转角或中点的高度应为＿＿＿＿＿＿H,其水平位置向左不得大于＿＿＿＿＿＿mm,向右均不得大于＿＿＿＿＿＿mm。

 知识学习

1. 前照灯的技术要求

前照灯应保证车前有明亮而均匀的照明,使驾驶人能看清车前 100 m 内路面上的障碍物。如果前照灯光束调整不当对夜间行车安全有重大影响,按规定机动车年检时必须进行检验,国家标准对汽车前照灯的发光强度和光束照射位置有具体规定,并将其列为汽车安全性能的必检项目。要求用前照灯检验仪来检测前照灯,其主要技术指标要求如下。

(1)前照灯远光光束发光强度

发光强度简称为光强,国际单位是 candela(坎德拉),简写 cd。在汽车检测中,两

动画
前照灯作用

灯制的汽车前照灯,远光每只灯的发光强度应大于 15 000 cd,新车远光应为 18 000 cd。四灯制的汽车前照灯,每只灯的发光强度应大于 12 000 cd,两灯制的汽车在使用前照灯时,要求汽车的电源应处于充电状态。

(2) 前照灯光束照射位置

检测机动车前照灯的近光束照射位置时,车辆应空载,允许乘坐一名驾驶人。前照灯距离屏幕 10 m 处,若 H 为前照灯基准中心高度,光束明暗截止线转角或中点的高度应为 0.70 H~0.90 H,其水平位置向左不得大于 170 mm,向右均不得大于 350 mm。

四灯制的前照灯,其远光单光束灯在屏幕上的调整,要求光束中心离地面高度为 0.9 H~1.0 H。水平位置要求左灯向左偏不得大于 170 mm,向右偏不得大于 350 mm,右灯向左或向右偏均不得大于 350 mm。

2. 前照灯的检查方法

前照灯的检验可以采用仪器检验法或屏幕检验法。下面以丰田卡罗拉前照灯为例进行屏幕检验法检验:

(1) 前照灯对光调节的车辆准备工作

① 确保前照灯周围的车身没有损坏或变形。

② 将轮胎充气至适当压力。

③ 将行李舱和车辆空载,确保备胎、工具和千斤顶在原来的位置。

④ 让一个体重中等(约 75 kg)的人坐在驾驶人座椅上。

⑤ 带有手动前照灯灯光高度调节控制系统的车辆应设为"0",如图 5-31 所示。

(2) 前照灯对光调节的准备工作

① 将车辆放置在足够黑暗的环境中,以便清晰观察明暗截止线。明暗截止线是一条分界线,在其下面可以观察到前照灯的灯光,而在其上面则观察不到。将车辆与墙壁成 90° 角停放,确保车辆处在水平表面上。

② 如图 5-32 所示,在车辆(前照灯灯泡中心或前照灯中心标记)与墙壁之间空出 10 m 的距离,如果没有足够的距离,应保证有 3 m 的距离,以进行前照灯对光检查和调节。

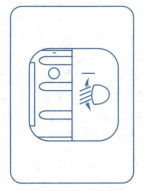

图 5-31　前照灯灯光高度调节

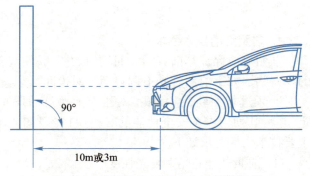

图 5-32　前照灯灯泡中心与墙壁的距离

③ 准备一张约 2 m 高、4 m 宽的厚白纸作为屏幕，如图 5-33 所示，放置屏幕，沿屏幕中心向下画一条垂直的 V 线。将屏幕上的 V 线与车辆中心对准。在屏幕上标记出左右近光灯的中心点，在中心点分别画两条垂线左 V 线和右 V 线。

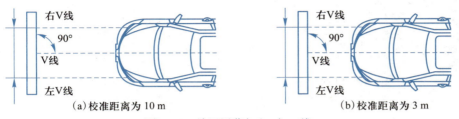

图 5-33　放置屏幕与左、右 V 线

④ 由于"近光检查"和"远光检查"使用的基线不同，在屏幕上做出前照灯中心标记。在屏幕上通过中心标记画一条水平 H 线，如图 5-34 所示。H 线应与近光前照灯的中心标记等高。

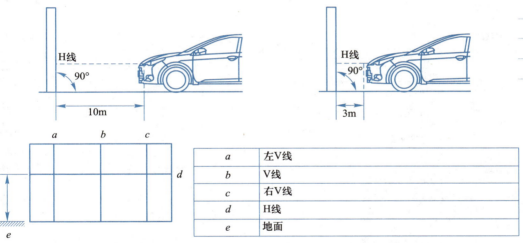

a	左V线
b	V线
c	右V线
d	H线
e	地面

图 5-34　水平 H 线示意图

（3）检查前照灯对光

① 遮住前照灯或断开另一侧的插接器，以防止未接受检查的前照灯灯光影响前照灯对光检查。

② 打开前照灯并检查各近光灯明暗截止线是否与图 5-35 所示的标准明暗截止线吻合。

校准距离为 10 m：近光明暗截止线的水平线应在 H 线以下 73 mm 和 220 mm 之间。近光明暗截止线的 A 点应在左 V 线或右 V 线以左 169 mm 和以右 349 mm 的范围内。

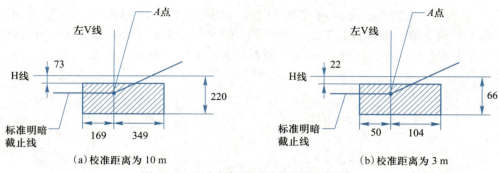

图 5-35　近光灯标准明暗截止线(单位:mm)

校准距离为 3 m:近光明暗截止线的水平线应在 H 线以下 22 mm 和 66 mm 之间。近光明暗截止线的 A 点应在左 V 线或右 V 线以左 50 mm 和以右 104 mm 的范围内。

③打开远光并检查各远光的强度中心是否与图 5-36 所示的强度中心吻合。

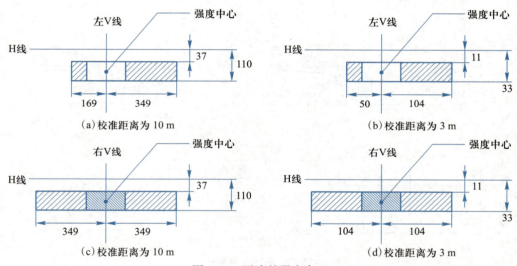

图 5-36　远光的强度中心

校准距离为 10 m:远光的强度中心应在 H 线以下 37 mm 和 110 mm 之间。左侧前照灯总成的远光强度中心应在左 V 线以左 169 mm 及以右 349 mm 之间。右侧前照灯总成的远光强度中心应在右 V 线以左或以右 349 mm 的范围内。

校准距离为 3 m:远光的强度中心应在 H 线以下 11 mm 和 33 mm 之间。左侧前照灯总成的远光强度中心应在左 V 线以左 50 mm 及以右 104 mm 之间。右侧前照灯总成的远光强度中心应在右 V 线以左或以右 104 mm 的范围内。

3. 前照灯调节

(1)垂直调节对光

如图 5-37 所示,用螺钉旋具转动垂直调节螺钉 a 将各前照灯的垂直调节到规定范围内。垂直调节螺钉的最后一转应该是按顺时针方向。如果螺钉紧固过度,则应将其拧松后再次紧固,从而使螺钉的最后一转为顺时针方向。

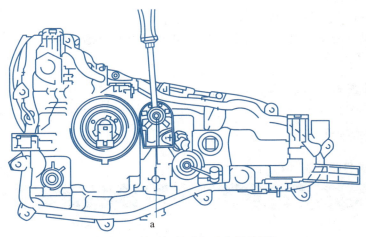

图 5-37 前照灯总成与垂直调节螺钉

（2）水平调节对光

如图 5-38 所示,用螺钉旋具转动水平调节螺钉 a 将各前照灯的水平调节到规定范围内。水平调节螺钉的最后一转应该是按顺时针方向。如果螺钉紧固过度,则应将其拧松后再次紧固,从而使螺钉的最后一转为顺时针方向。

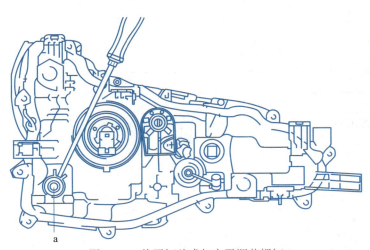

图 5-38 前照灯总成与水平调节螺钉

4. 前照灯调整的注意事项

① 在调整前照灯时需要起动发动机,保证灯光供电能力充足。

② 在调整遮住前照灯的时间不要超过 3 min。前照灯透镜由合成树脂材料制成,容易因过热而熔化或损坏。

③ 因为近光灯和远光灯为一个单元,所以如果近光对光正确,则远光也应正确。但是要检查两种光,以进行确认。

④ 对光螺钉的最后一转应该是按顺时针方向。如果螺钉紧固过度,则应将其拧松后再次紧固,从而使螺钉的最后一转为顺时针方向。

⑤ 如果不能正确调节前照灯对光,则检查前照灯灯泡、前照灯单元和前照灯单元反射器的安装情况。

(三) 检查与诊断前照灯系统

 技能实践

(1) 根据实训车辆,填写下列信息

元件	名称	用途

(2) 近光灯常见的故障类型

_____

_____

(3) 查看电路图,写出丰田卡罗拉轿车近光灯的控制电路

_____

_____

_____

动画
前照灯工作电路
分析

📝 知识学习

1. 前照灯控制电路的组成

汽车前照灯的控制电路由点火开关、灯光总开关、变光开关、继电器、熔丝、前照灯和导线插接器等组成。丰田卡罗拉轿车灯光开关和变光开关安装在一起为组合式开关。

2. 前照灯的电路分析

丰田卡罗拉轿车(不带灯光自行熄灭)远近光灯电路图如图 5-39 所示,其近光灯的控制电路为:蓄电池正极→H-LP-MAIN 熔丝→H-LP 继电器 1、5 号端子→H-LP 继电器 2 号端子→前照灯变光开关 17、19 号端子→负极,H-LP 继电器触点闭合→H-LP 继电器 1 号端子→H-LP 继电器 3 号端子→H-LP LH-LO、H-LP RH-LO 熔丝→左、右近光灯→负极,近光灯点亮;其远光灯的控制电路为:蓄电池正极 H-LP-MAIN 熔丝→H-LP 继电器 5 号端子→H-LP 继电器 3 号端子→DIMMER 继电器 2 号端子→DIMMER 继电器 1 号端子→前照灯变光开关 14 号端子(变光开关)→负极,DIMMER 继电器触点闭合→DIMMER 继电器 3 号端子→DIMMER 继电器 5 号端子→H-LP LH-HI、H-LP RH-HI 熔丝→左、右远光灯→负极,远光灯点亮。

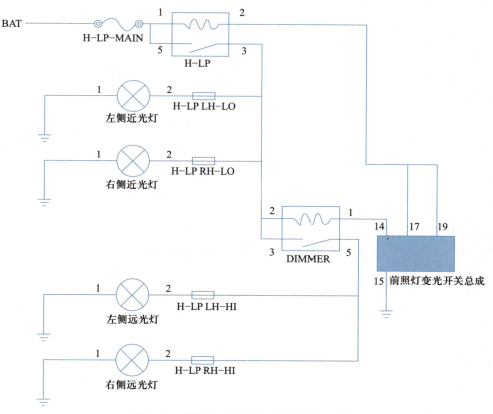

图 5-39　丰田卡罗拉轿车远近光灯电路图

3. 前照灯常见故障

前照灯常见故障现象和可能的原因见表 5-3。近光灯不亮故障排除流程如图 5-40 所示,远光灯不亮故障排除流程如图 5-41 所示。

表 5-3　前照灯常见故障现象和可能的原因

故障现象	前照灯不亮	前照灯灯光暗淡	前照灯灯泡经常烧坏	前照灯只有一只灯不亮
故障可能的原因	① 前照灯熔丝烧断 ② 前照灯变光开关有故障 ③ 前照灯配线或搭铁有故障 ④ 电源线松动和脱落断路	① 蓄电池容量不足,端电压降低 ② 发动机不发电或发电量不足,输出电压低 ③ 前照灯散光玻璃或反射镜上有尘埃 ④ 前照灯电路接线插头灯座松动和锈蚀,使电阻增大	电压调节器调整不当或失调,使发电机输出电压过高	① 灯泡烧毁 ② 接线板或插接器到灯泡的导线断路 ③ 灯泡与灯座之间接触不良

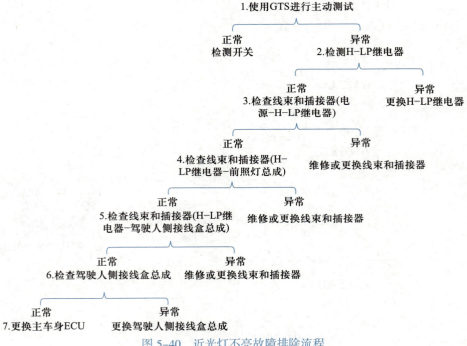

图 5-40　近光灯不亮故障排除流程

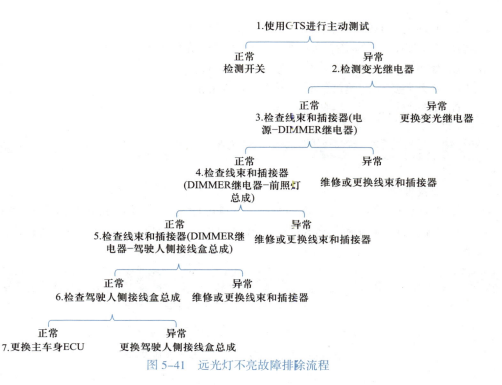

图 5-41　远光灯不亮故障排除流程

知识考核

选择题

1. H1 灯泡一般可用在（　　　）。

A. 转向灯　　　　　　B. 制动灯　　　　　　C. 远光灯　　　　　　D. 阅读灯

2. 前照灯更换流程中错误的是（　　　）。

A. 安装前需要用水清洁灯泡表面

B. 接触灯泡时需要戴手套，以防污损玻璃外壳而缩短灯泡使用寿命

C. 汽车灯泡使用两年后，建议更换一次车灯

D. 更换灯泡时建议成对更换汽车前照灯，确保安全驾驶

3. 远光灯灯泡的功率一般为（　　　）。

A. 45 W　　　　　　B. 55 W　　　　　　C. 60 M　　　　　　D. 100 M

4. 前照灯对光调节错误的操作是（　　　）。

A. 检查前照灯周围的车身确保没有损坏或变形

B. 不能让人坐在驾驶人座椅上

C. 带有手动前照灯灯光高度调节控制系统的车辆应设为"0"

D. 将轮胎充气至标准压力

5. 下列关于前照灯调整的注意事项描述错误的是（　　）。

A. 在调整前照灯时需要起动发动机,保证灯光供电能力充足

B. 如果不能正确调节前照灯对光,则更换前照灯总成

C. 在调整遮住前照灯的时间不要超过 3 min

D. 前照灯灯泡功率一般为 55 W

评价及总结

1. 自我评价

结合自己的学习过程及学习效果,对自己学习的主动性和效果进行自评,评价等级为优、良、合格和不合格,针对出现的失误进行反思,完善改进方向及改进措施。

评价维度		评价标准	评级
学习主动性	课前	课前预习,完成老师布置的课前任务	
	课中	积极思考、参与课堂互动,辅助老师完成教学演示或模拟练习	
	课后	及时总结,完成课后练习任务,并向老师反馈学习建议	
学习效果		熟悉实训用车各灯灯泡的类型	
		熟悉实训用车灯泡的更换流程	
		能够正确对实训车辆前照灯系统进行检修	
任务实施过程中出现的失误			
改进的方向及措施			

2. 学生互评

通过提问、观察同学的演示以及上课的情况,对同学这次学习任务的效果开展评价,评价等级为优、良、合格和不合格,指出任务实施过程中出现的失误,给出改进建议。

小组成员姓名:_____

评价维度	评价标准	评级
学习效果	掌握实训用车各灯灯泡的类型	
	熟悉实训用车灯泡的更换流程	
	能够正确对实训车辆前照灯系统进行检修	
任务实施过程中出现的失误		
建议		

任务三　检查信号系统

 任务描述

　　一辆 2017 款丰田卡罗拉汽车到 4S 店进行维修，其车主反映，该车左转向灯闪烁频率过快，喇叭不响。维修技师需要对车辆的信号系统进行维修，维修前需要先掌握转向灯和喇叭的工作原理和常见的故障类型。

 任务目标

实施步骤	教学目标		
	素养目标	知识目标	技能目标
检查与诊断转向灯系统	① 培养团队协作的能力 ② 树立爱岗敬业的职业精神 ③ 培养"5S"管理能力	① 掌握实训车辆转向灯的组成和工作原理 ② 掌握转向灯的故障类型及排除方法	① 能单独分析转向灯的控制电路 ② 能按技术要求排除转向灯故障
检查与诊断喇叭系统		① 掌握实训车辆喇叭的组成和工作原理 ② 掌握喇叭的故障类型及排除方法	① 能单独分析喇叭的控制电路 ② 能按技术要求排除喇叭故障

 实施步骤

（一）检查与诊断转向灯系统

 技能实践

（1）根据实训车辆，填写下列信息。

元件	名称	用途

续表

元件	名称	用途

（2）根据卡罗拉灯光系统路线，分析转向灯不亮的检修流程。

_____

_____

_____

_____

_____

知识学习

1. 转向信号装置的结构

转向信号装置由转向信号灯、转向灯开关和闪光器等组成。

转向信号灯用以显示车辆行驶方向，以通知交通警察、行人和其他汽车上的驾驶人。为了在白天能引人注意，转向信号灯的亮度很强，转向信号灯一般有 4 只或 6 只，功率一般为 20 W，转向信号灯应具有一定的频闪，国家标准中规定闪烁频率为 60~120 次 /min。

闪光器的工作原理是当汽车要向左或者向右转向时，通过操作转向灯开关，使车辆左边或右边的转向信号灯经闪光器通电而闪光发光。转向后，回转转向盘，转向盘控制装置可自动使转向灯开关回位，转向灯熄灭。

常见的闪光器有电热式、电容式和集成电路（电子式）3 种类型，电热式闪光器虽然结构简单、制造成本低，但是闪光频率不够稳定，使用寿命短，已被淘汰。电容式闪光器闪光频率稳定，但已被电子式闪光器所取代。电子式闪光器具有性能稳定、可靠等优点，在现代汽车上已广泛使用。电子式闪光器的电路如图 5-42 所示。

电子式闪光器通过集成电路控制继电器触点反复开、闭，于是转向信号灯和转向指示灯便以一定的频率闪光，如果一只转向信号灯烧坏，集成电路检测至电压的变化，改变振荡（即闪光）频率，则转向指示灯的闪光频率加快一倍，以示需要检修更换灯泡。

汽车利用闪光器还可以用作危险报警之用，当汽车出现危险情况时，只要接通危险警告灯开关，则汽车前、后、左、右的转向信号灯同时闪烁，以示危险。

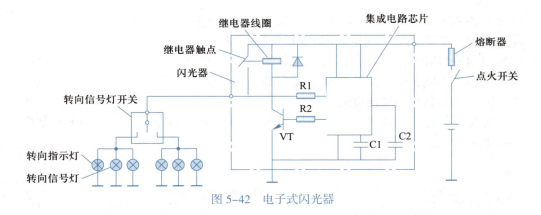

图 5-42　电子式闪光器

2. 转向灯的工作原理

打开点火开关,将转向灯开关置于左侧或右侧,转向信号灯闪烁。丰田卡罗拉转向信号灯控制电路如图 5-43 所示,当转向灯开关位于左侧位置时,仪表总成控制单元 10 号端子接收到负极信号,使闪光器控制左侧转向信号灯工作,此时转向信号灯控制电路为:蓄电池正极→点火开关→ 10 A 熔丝→仪表控制单元 40 号端子→闪光器→左侧转向灯→蓄电池负极,左侧转向信号灯闪亮。

动画
转向灯电路原理

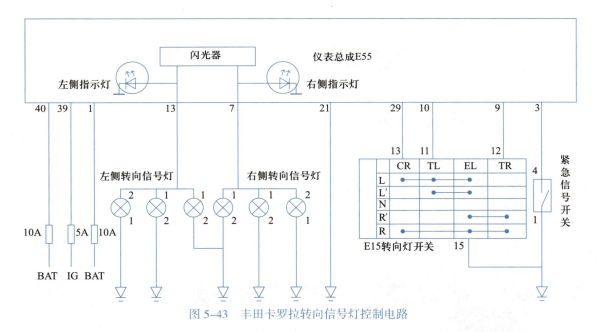

图 5-43　丰田卡罗拉转向信号灯控制电路

当转向灯开关位于右侧位置时,仪表总成控制单元 9 号端子接收到负极信号,使闪光器控制左侧转向信号灯工作,此时转向信号灯控制电路为:蓄电池正极→点火开关→ 10 A 熔丝→仪表控制单元 40 号端子→闪光器→右侧转向灯→蓄电池负极,右侧转向灯闪亮。

当打开危险警告灯开关时,仪表控制单元 3 号端子接收到负极信号,从而控制闪光器给左右转向信号灯供电,危险警告灯控制电路为:蓄电池正极→10 A 熔丝→仪表控制单元 1 号端子→闪光器→仪表控制单元 13 号端子和 7 号端子→左侧转向信号灯和右侧转向信号灯→蓄电池负极,危险警告灯闪亮。转向信号灯的控制电路是经过点火开关供电的,而危险警告灯控制电路则是经过常电源供电的。

3. 转向灯常见的故障类型

转向灯常见故障现象及可能的原因见表 5-4。转向灯不亮故障排除流程如图 5-44 所示。

表 5-4　转向灯常见故障现象及可能的原因

故障现象	单侧转向信号灯不工作	单个转向信号灯不工作
故障可能的原因	① 熔断器熔断、电源电路断路或灯系中有短路 ② 闪光器损坏 ③ 转向信号灯开关损坏	① 单个转向信号灯损坏 ② 单个转向信号灯搭铁故障 ③ 单个转向信号灯供电故障

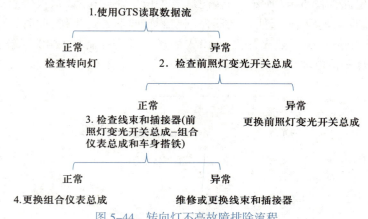

图 5-44　转向灯不亮故障排除流程

(二)检查与诊断喇叭系统

 技能实践

(1) 根据实训车辆,填写下列信息

元件	名称	用途

（2）试写出喇叭不响的检修流程

_____

_____

_____

_____

_____

 知识学习

1. 汽车喇叭的作用与分类

（1）汽车喇叭的作用

汽车喇叭是用来在汽车运行中警示行人和其他车辆注意交通安全的声响信号装置。按使用能源的不同,汽车喇叭可分为气喇叭和电喇叭两种。

（2）气喇叭

气喇叭按结构和外形的不同可分为螺旋形和长筒形两种,如图 5-45 所示,气喇叭的声响强度和声音指向性好,适于山区使用。为了减少城市噪声污染,各个国家的交通法规均规定禁止在市区使用气喇叭。

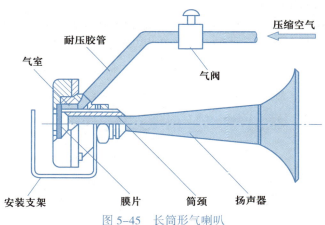

图 5-45　长筒形气喇叭

（3）电喇叭

电喇叭的特点是以蓄电池为电源,通过电磁线圈或电子电路激励喇叭膜片振动而发出声音。按其外部形状的不同可分为螺旋形和盆形。

① 螺旋形电喇叭。螺旋形电喇叭声音和谐清脆,比较悦耳,广泛应用于各种车辆上,如图 5-46 所示。

② 盆形电喇叭。盆形电喇叭的声音指向性好,可以减小城市噪声污染,还具有耗电量小、结构简单、外形尺寸小、安装方便等特点,在中、小型客车和轿车上应用十分广泛。盆形电喇叭以共鸣板作为共鸣装置,不需要扬声筒,如图 5-47 所示。

图 5-46   螺旋形电喇叭

图 5-47   盆形电喇叭

为了使喇叭的声音更加悦耳,汽车上一般装有高、低音两个音调的喇叭。按照国际标准规定,汽车声音信号装置发出的声响应均匀,声音频谱在工作时不得有明显变化。人耳最敏感的声响频率为 1 000~5 000 Hz,生产厂家在制作汽车喇叭时,通常喜欢把汽车喇叭的声响频率集中在 2 000~4 000 Hz 频段上,并且有一个频率具有较强的声响峰值,其噪声比其他声响高 15~20 dB。另外,该峰值的声响频率与城市道路上主要噪声频率相差甚远,有利于人耳能分辨出警告的汽车喇叭声。

2. 电喇叭的工作原理

动画
电喇叭电路原理

电喇叭的结构如图 5-48 所示,当电路接通时,线圈产生吸力,上铁心被吸引与下铁心碰撞,并激励与膜片一体的共鸣片产生共鸣,从而发出声音。

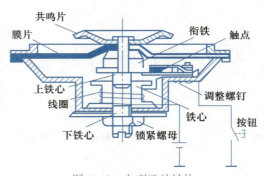

图 5-48   电喇叭的结构

丰田卡罗拉喇叭控制电路如图 5-49 所示,其工作原理为:当按下喇叭时,蓄电池→ HORN 10A 熔丝→喇叭继电器→喇叭开关→搭铁,继电器闭合,蓄电池→HORN 10A 熔丝→喇叭继电器→高、低音喇叭→搭铁,喇叭响起。

3. 电喇叭的调整

当电喇叭声响不符合要求时,则需要对电喇叭进行调整,如图 5-50 所示,电喇叭调整方式主要有音调调整和音量调整。

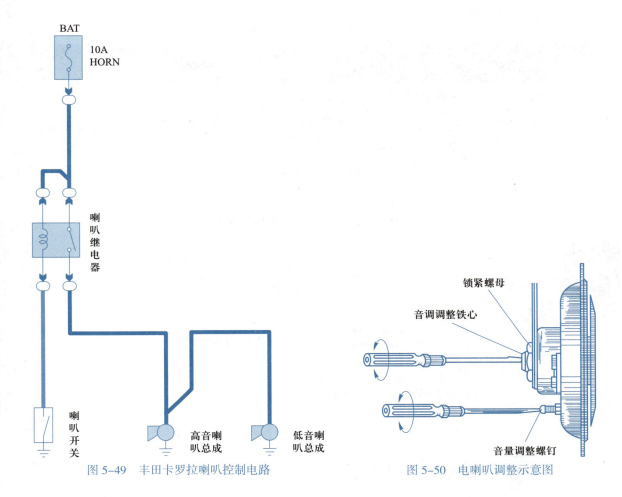

图 5-49　丰田卡罗拉喇叭控制电路　　　　　　图 5-50　电喇叭调整示意图

（1）音调调整

音调的高低取决于膜片的振动频率。盆形电喇叭通过改变上、下铁心之间的间隙就可以改变膜片的振动频率。将上、下铁心之间的间隙调小，可提高电喇叭的音调。调整方法：松开锁紧螺母，旋转铁心，调至合适的音调时，旋紧锁紧螺母即可。

（2）音量调整

电喇叭的音量与通过电喇叭线圈的电流大小有关，电喇叭的工作电流大，电喇叭发出的音量也就大，电喇叭线圈电流可以通过改变电喇叭触点的接触压力来调整，压力增大，流过电喇叭线圈的电流增大，电喇叭音量增大；反之音量减小，调整时不要过急，每次调整 1/10 圈。

4. 喇叭常见的故障

喇叭常见故障的现象及可能原因见表 5-5。喇叭不响故障排除流程如图 5-51 所示。

表 5-5　喇叭常见故障的现象及可能原因

故障现象	喇叭不响	喇叭一直鸣响	低音喇叭工作但高音喇叭不工作	高音喇叭工作,但低音喇叭不工作
可能原因	① HORN 熔丝 ② 喇叭继电器 ③ 喇叭按钮总成 ④ 线束和插接器	① 喇叭按钮总成 ② 喇叭继电器 ③ 线束和插接器	① 低音喇叭总成 ② 线束和插接器	① 高音喇叭总成 ② 线束和插接器

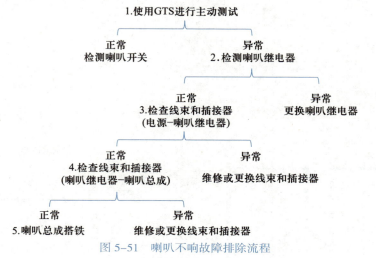

图 5-51　喇叭不响故障排除流程

视频

检查与更换汽车喇叭

知识考核

选择题

1. 汽车喇叭的声能集中在(　　)频段上。

A. 1 000~2 000 Hz　B. 2 000~4 000 Hz　C. 3 000~4 000 Hz　D. 4 000~5 000 Hz

2. 下列不属于转向信号装置组成部件的是(　　)。

A. 转向灯　　　　B. 转向灯开关　　　C. 前照灯开关　　　D. 闪光器

3. 电喇叭音调的高低与铁心气隙有关,铁心气隙小,膜片的振动频率(　　),气隙大,膜片的振动频率(　　)。

A. 高　　　　　　B. 低　　　　　　　C. 大　　　　　　　D. 小

4. 电喇叭音量的大小与通过喇叭线圈的(　　)大小有关。

A. 电流　　　　　B. 电压　　　　　　C. 电磁　　　　　　D. 电阻

5. 下列不属于汽车信号灯具的是(　　)。

A. 近光灯　　　　B. 制动灯　　　　　C. 示宽灯　　　　　D. 转向灯

评价及总结

1. 自我评价

结合自己的学习过程及学习效果,对自己学习的主动性和效果进行自评,评价等级为优、良、合格和不合格,针对出现的失误进行反思,完善改进方向及改进措施。

评价维度		评价标准	评级
学习主动性	课前	课前预习,完成老师布置的课前任务	
	课中	积极思考、参与课堂互动,辅助老师完成教学演示或模拟练习	
	课后	及时总结,完成课后练习任务,并向老师反馈学习建议	
学习效果		熟悉转向灯不亮的故障类型	
		熟悉喇叭不响的故障类型	
		能够正确对实训车辆转向灯系统进行检修	
		能够正确对实训车辆喇叭系统进行检修	
任务实施过程中出现的失误			
改进的方向及措施			

2. 学生互评

通过提问、观察同学的演示以及上课的情况,对同学这次学习任务的效果开展评价,评价等级为优、良、合格和不合格,指出任务实施过程中出现的失误,给出改进建议。

小组成员姓名:_____

评价维度	评价标准	评级
学习效果	掌握转向灯不亮的故障类型	
	掌握喇叭不响的故障类型	
	能够正确对实训车辆转向灯系统和喇叭系统进行检修	
任务实施过程中出现的失误		
建议		

项目六 ▶▶▶

辅助电气设备检修

▶ 项目描述

汽车电气设备中的辅助电器包括电动车窗、电动后视镜、电动座椅、刮水器及洗涤器、中控锁和后窗除雾等舒适便捷系统,随着汽车上电气设备功能的增加,电气设备的种类繁多,维护、保养和故障检修等工作难度也相应增加。因此售后岗位技术人员,必须了解这些电气设备的构造和工作原理,掌握电路的组成和控制原理,学会规范使用各种仪器设备对故障设备进行检修。本项目包含以下四个工作任务:

任务一　检修前风窗玻璃刮水器
任务二　检修电动车窗
任务三　检修中控门锁
任务四　检修电动后视镜

通过完成以上四个工作任务,了解辅助电气设备的结构总成和工作原理,能通过查阅维修手册,找出安装位置和控制电路图,能读懂控制电路原理,学会规范使用仪器检修故障,通过学习,积累理论基础,锻炼实操技能,逐渐形成一定的故障分析逻辑思维,为走上工作岗位夯实基础。

 **任务一   检修前风窗玻璃刮水器**

 任务描述

　　一辆 2017 款丰田卡罗拉轿车,该车主发现前风窗玻璃刮水器工作不正常,前往 4S 店维修。经过 4S 店维修技师检测为前风窗玻璃刮水器控制电路出现故障,需要进行全面检修。如果你是一名维修人员,将会怎样进行故障排除呢?

 任务目标

实施步骤	教学目标		
	素养目标	知识目标	技能目标
认识刮水器系统的组成	① 培养良好的沟通表达能力和社交礼仪	① 认识刮水器系统的组成 ② 熟悉刮水器系统元器件拆装步骤	① 在实车上找到并指出刮水器系统组成部件 ② 能规范拆装刮水器电动机及连杆总成
检修刮水器系统开关总成	② 树立科学、规范和安全生产等劳动意识	① 描述刮水器系统开关的控制原理 ② 掌握刮水器系统开关的检测方法	① 学会绘制开关电路图 ② 能规范检测开关及连接电路
检修刮水器系统电动机总成	③ 培养求真务实、一丝不苟的工作作风	① 描述刮水器系统电动机总成的控制原理 ② 掌握刮水器系统电动机总成的检测方法	① 查阅手册,找出电动机总成电路 ② 能规范检测电动机总成及连接电路

 实施步骤

(一)认识刮水器系统的组成

 技能实践

　　(1) 查阅维修手册,指出图 6-1 中 1 为(　　　),2 为(　　　),3 为(　　　),4 为(　　　),5 为(　　　)。

　　(2) 查阅维修手册,并观看刮水器电动机总成拆装微课视频,填写下面的内容。

　　① 在表 6-1 中,写出拆装刮水器电动机及连杆总成的主要步骤。

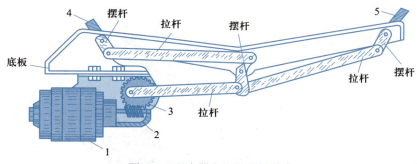

图 6-1　刮水器电机及连杆总成

表 6-1　刮水器总成拆装的主要步骤

序号	主要拆装步骤内容	注意事项(如没有,则忽略)

② 检查刮水器电动机及连杆总成。

a. 检查刮水器电动机及连杆总成的外观情况,并填写表 6-2。

表 6-2　刮水器电动机及连杆总成检查

外观检查项目	是否正常	存在异常的原因	备注
电动机连接线束			
电动机外观			
连杆连接			

b. 润滑图 6-2 中箭头所示的部件位置。

选用润滑脂型号为＿＿＿＿＿＿润滑的目的是＿＿＿＿＿＿＿＿＿＿＿＿＿＿＿。

图 6-2　刮水器电机及连杆总成

 知识学习

1. 电动刮水器的组成及工作原理

普通电动刮水器系统主要由操纵开关、刮水器连杆总成、刮水器电动机总成、刮水器片等部分组成。操纵开关主要用于实现刮水器不同的工作模式,如高速、低速、点动及间歇工作,操纵开关总成一般安装于转向柱上,如图 6-3 所示。

微课
刮水器的认知

图 6-3　刮水器操纵开关

动画
刮水器洗涤系统
作用与操作

刮水器电动机一般有永磁式和电磁式两种,永磁式电动机结构简单、体积小、可靠性好,应用广泛,电动机安装于前风窗玻璃下侧。

刮水器连杆总成主要由蜗轮、拉杆、摆杆和摆臂等组成。一般电动机和蜗杆结合成一体组成刮水器电动机总成,拉杆和摆杆等杆件可以把蜗轮的旋转运动转变为摆臂的往复摆动,使摆臂上的刮水器片实现刮水器动作,如图 6-4 所示。

2. 刮水器洗涤系统的组成

如图 6-5 所示,储液罐内装有洗涤液,当储液罐内无洗涤液时,禁止操作洗涤器。洗涤泵由永磁电动机和离心式叶片泵组成一体。洗涤泵一般直接安装在储液罐上,在离心泵进口处设置有滤清器。喷嘴安装在风窗玻璃下面,其喷嘴方向可以调整,使水喷射在风窗玻璃的适当的位置,更换洗涤液需要专门回收处理洗涤液。

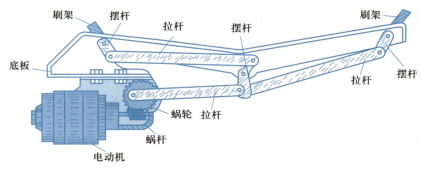

图6-4　刮水器电动机及连杆总成

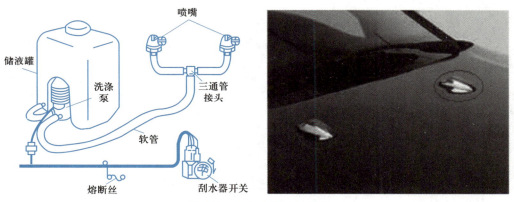

图6-5　汽车玻璃洗涤系统

(二) 检修刮水器系统开关总成

技能实践

(1) 如图6-6所示,找出刮水器开关电路的各个端子定义

+B 的定义是_____,+1 的定义是_____,+2 的定义是_____,+S 的定义是_____。

(2) 检查刮水器开关

① 检测刮水器开关电源,如图6-6所示,填写表6-3。

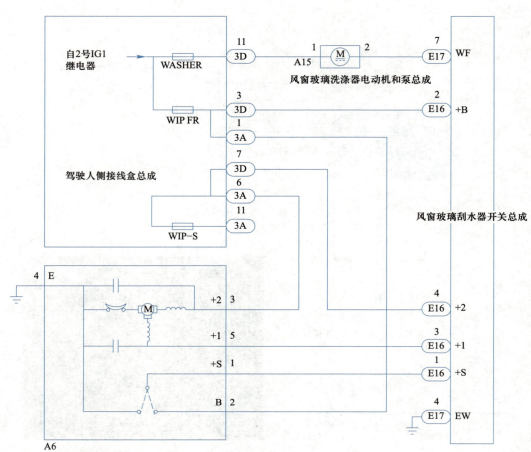

自2号IG1继电器

WASHER

WIP FR

WIP−S

驾驶人侧接线盒总成

11
3D

3
3D

1
3A

7
3D

6
3A

11
3A

A15

1　　2
M

风窗玻璃洗涤器电动机和泵总成

7
E17　WF

2
E16　+B

风窗玻璃刮水器开关总成

4
E
M

+2　3

+1　5

+S　1

B　2

A6
风窗玻璃刮水器电动机总成

4
E16　+2

3
E16　+1

1
E16　+S

4
E17　EW

（a）刮水器电路

+B	+2	+1	+S	INT1	INT2	
○—————○		○				MIST
○		○———○			○	OFF
		○———○		○———○		INT
○		○———○				LO
○———○						HI

前刮水器开关

（b）丰田卡罗拉轿车刮水器电路

图6−6　刮水器电路和丰田卡罗拉轿车刮水器电路

表 6-3　刮水器开关电源的检测

检测端子名称	测量条件	正常值/V	实测值	判断是否异常
E16/2-E17/4	点火开关打开	12		
E17/7-E16/4	点火开关打开	12		

② 如图 6-7 所示,测量刮水器开关各挡的电阻值,并填写表 6-4。

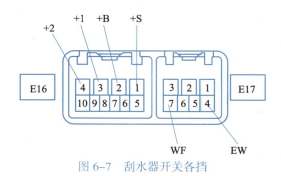

图 6-7　刮水器开关各挡

表 6-4　测量刮水器开关各挡的电阻值

检测端子名称	测量条件	正常值	实测值	判断是否异常
E16/2-E16/3	MIST			
E16/3-E16/1	OFF			
	INT			
E16/2-E16/3	LO			
E16/2-E16/4	HI			

📖 知识学习

(1) 丰田卡罗拉刮水器开关总成的控制电路及原理

如图 6-8 所示,刮水器开关总成主要由刮水器开关、刮水器继电器、洗涤器开关和间歇定时器等组成,其中刮水器开关的挡位有点动(MIST)、关闭(OFF)、间歇(INT)、低速(LO)、高速(HI),间歇挡位的刮水速度由间歇定时器和刮水器继电器控制,间歇定时器在驾驶人转动调节环后,由内部电阻器连接成不同的阻值与刮水器继电器内部的电容充放电时间的配合,得到不同继电器闭合间隔时间。

驾驶人可以调节间歇挡的刮水间隔时间,如图 6-9 所示。

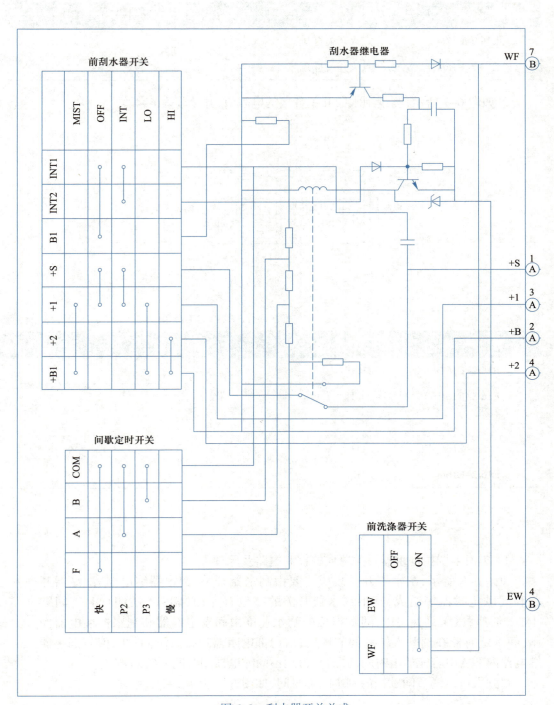

图 6-8 刮水器开关总成

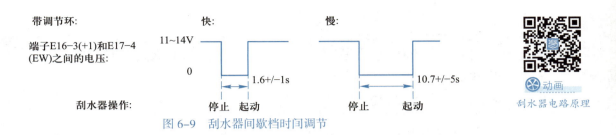

图 6-9　刮水器间歇档时间调节

（2）刮水器开关的外部连接电路

刮水器开关外部连接端子定义见表 6-5。

表 6-5　刮水器开关外部连接端子定义

端子	定义	备注
WF	洗涤泵接地线	
+B	蓄电池电源正极	
+1	低速电源线	
+2	高速电源线	
+S	复位电源线	
EW	开关接地线	

（三）检修刮水器系统电动机总成

技能实践

（1）根据图 6-6 所示，刮水器电动机总成控制电路图，填写表 6-6 中插接器端子定义。

表 6-6　插接器端子定义

端子	定义	备注
+B		
+1		
+2		
+S		
EW		

（2）检测复位开关，并填写表 6-7。

表 6–7　卡罗拉轿车刮水器复位开关检测

检测端子名称	测量条件	正常电阻值	实测电阻值	判断是否异常
+B—+S	未复位			
+B—+S	复位			

（3）检测电动机高低速功能，并填写表 6–8。

表 6–8　卡罗拉轿车刮水器电动机高低速功能检测

检测端子名称	测量条件	正常（低速或高速）	实测（低速或高速）	判断是否异常
1（正极）—	施加蓄电池电压			
2（正极）—	施加蓄电池电压			

 知识学习

1. 电动风窗刮水器执行装置的工作原理

刮水器电动机按其磁场结构来分，有励磁式和永磁式两种。目前采用永磁式直流电动机的较多，如图 6–10 所示，永磁式直流电动机因它的磁极为永久磁铁，具有体积小、质量轻、噪声小、结构简单、价格低廉等特点，因而得到了广泛使用。

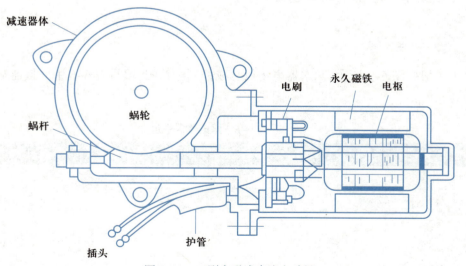

图 6–10　三刷永磁式直流电动机

三刷永磁式直流电动机因带有三个电刷而得名，由永久磁铁（磁极）、电枢（转子）、三个电刷、壳体及驱动端盖（与减速器连为一体）等组成，如图 6–11 所示。磁极一般为铁氧体材料制成的永久磁铁，数量为一对。电刷 C 为高速电刷，也称为第三电刷,它与电刷 B 的夹角为 30° 或 60°。搭铁电刷 A 可以直接搭铁,也可以经刮水器开关搭铁。

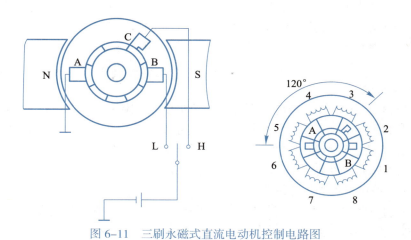

图 6-11 三刷永磁式直流电动机控制电路图

2. 变速原理

三刷永磁式直流电动机是利用正、负和偏置三个电刷在电路中改变正、负电刷之间串联的线圈数目而实现变速的。电动机在运转过程中,电枢绕组除了通电产生磁场,与永久磁场的相互作用转动外,电枢绕组还做切割永磁体的磁力线运动,将在绕组内部产生反电动势,如图 6-12 所示,蓝色箭头是反电动势方向,其方向与电枢外加电源通电的电流相反。红色箭头是外加电源的电流方向。

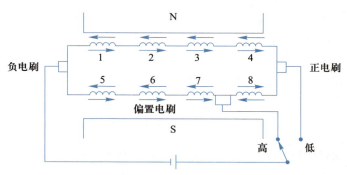

图 6-12 三刷永磁式直流电动机控制原理

电动机刚起动时,转速低,反电动势小,磁场相互作用产生的转矩大,有利于电动机起动。

当电动机转速提高后,由于电枢绕组切割磁力线速度提高,产生的反电动势也增加。当电枢转动力矩等于运转阻力后,电枢转速稳定不变,反电动势不再增加。

当直流电动机稳定运转时,外加电源电压应等于电枢绕组的电压降与反电动势之和。由于电源电压基本恒定不变,当绕组反电动势与电机内部电压降之和小于电源电压,电动机将会提高转速,反电动势与电动机的转速成正比,反电动势也不断增加,一直到外加电源电压应等于电枢绕组的电压降与反电动势之和,以达到新的平衡状态。这样,三刷永磁式直流电动机就会以不同的转速来工作。

如图 6-12 所示,当电动机的电刷接的是低速正电刷和负电刷,电枢绕组两条支线的每一个绕组都对应产生一个反电动势,随着电动机转速提高,很快达到平衡。电动机转速比较慢。

当电动机的电刷接的是高速正电刷和负电刷,电枢绕组是分成 1、2、3、4 绕组和 5、6、7、8 绕组两条线,其中 8 和 4 绕组的反电动势相反,相互抵消,根据平衡状态的需要,应提高电动机转速,增加剩余的 6 个反电动势,才能达到新的平衡,因此电动机转速比较快,得到快速挡。

3. 自动停位机构的工作原理

自动停位机构的作用是:当驾驶人关闭刮水器开关,刮水器停止工作时,刮水器片应能回到其行程的末端,而不是在中间位置。为此刮水器中安装了复位开关,如图 6-13 所示,复位开关由刮水器电动机的变速器控制,使开关只在刮水器片到达其行程末端时才断开。当驾驶人在刮水器片处于中间位置断开控制开关时,由于复位开关仍闭合,故仍能连续给电动机电流,直到刮水器片到达下限位置时凸轮才能将复位开关顶开,使电动机停止。

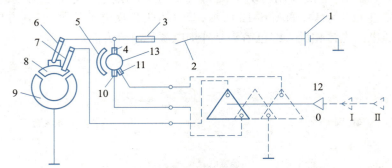

图 6-13　刮水器复位开关工作原理

在减速蜗轮的端面上,镶嵌着接触片 8、9,它们随蜗轮一起转动,接触片 9 与电动机的外壳连接搭铁,触点臂上铆接着触点 6、7,由于触点臂的弹性作用,使触点 6、7 始终保持与接触片有很好的接触。

当电源开关 2 接通,并把刮水器开关拉到"Ⅰ"挡时,其工作电路为:蓄电池正极→电源开关 2 →熔断丝 3 →电刷 4 →电枢绕组→电刷 10 →开关→搭铁→蓄电池负极,形成回路,此时刮水器电动机低速运转,每分钟运行 50 次。

当电源开关 2 接通,并把刮水器开关拉到"Ⅱ"挡时,其工作电路为:蓄电池正极→电源开关 2 →熔断丝 3 →电刷 4 →电枢绕组→电刷 11 →开关→搭铁→蓄电池负极,形成回路,此时刮水器电动机高速运转,每分钟运行 70 次。

当驾驶人将刮水器开关推到"0"挡，想要关闭刮水器时，若刮水器片不在停止位置，蜗轮端面电路的连接如图 6–13 所示，触点 7 与接触片 9 保持接触，其工作电路为：蓄电池正极→电源开关 2 →熔断丝 3 →电刷 4 →电枢绕组→电刷 10 →开关→触点 7 →接触片 9 →搭铁→蓄电池负极，形成回路，这样电机会继续运转，刮水器片继续转动，使触点 7 接触到接触片 8，电动机被制动停止在图 6–13 所示的位置。

4. 传动机构工作过程

如图 6–14 所示，电动机的旋转运动由轴端的蜗杆传给蜗轮并转换为往复运动。蜗轮转动时，通过拉杆带动摆杆摆动，刮水器臂带动刮水器片架，刮水器片摆动刮水器。

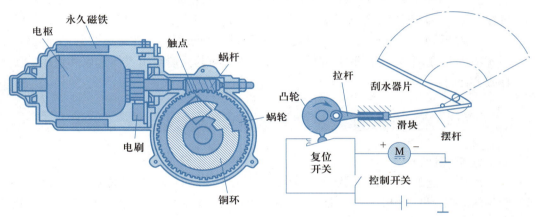

图 6–14　永磁式刮水器电动机传动原理

 知识考核

（一）单项选择题

1. 一般轿车刮水器采用的是（　　　）式直流电动机。
A. 励磁　　　　　　B. 同步　　　　　　C. 异步　　　　　　D. 永磁

2. 一般轿车刮水器低速挡每分钟刮水（　　　）次。
A. 70　　　　　　　B. 80　　　　　　　C. 60　　　　　　　D. 50

3. 一般轿车刮水器高速挡每分钟刮水（　　　）次。
A. 70　　　　　　　B. 80　　　　　　　C. 60　　　　　　　D. 50

4. 刮水器片需要定时更换，一般是（　　　）才需要更换。
A. 一年　　　　　　　　　　　B. 两年
C. 刮不干净　　　　　　　　　D. 永久使用，无须更换

5. 刮水器间歇继电器的作用是（　　　）。

A. 实现低速刮水　　　　　　　　B. 可以自动复位

C. 实现高速刮水　　　　　　　　D. 实现间歇刮水

6. 当需要喷水清洗前风窗玻璃时,只听到喷水电动机在转的"呜呜"声,却没有水从喷头喷出来,最可能的原因是(　　　　)。

A. 喷水电机损坏　　　　　　　　B. 喷水电机电路故障

C. 水管堵或者漏　　　　　　　　D. 喷水开关损坏

(二) 简答题

1. 小李同学按照刮水器总成拆装示范视频装回部件后,发现刮水器臂和刮水器片没停在原先的位置,停在前风窗玻璃的中间,请帮他分析其原因。

2. 小刘同学拆装刮水器总成也出现了问题,他发现打开刮水器后,刮水器电动机在"呜呜"地转,但是刮水器臂和刮水器片纹丝不动,请分析原因。

3. 在拆卸刮水器臂时,因为很长时间没有拆,刮水器臂与花键齿会紧密地固定,不容易拆下,这个时候需要使用哪些方法来解决问题? 请给出具体建议和使用的工具或者耗材。

评价及总结

1. 自我评价

结合自己的学习过程及学习效果,对自己学习的主动性和效果进行自评,评价等级为优、良、合格和不合格,针对出现的失误进行反思,完善改进方向及改进措施。

评价维度		评价标准	评级
学习主动性	课前	课前预习,完成老师布置的课前任务	
	课中	积极思考、参与课堂互动,按照教学任务要求完成演示或练习	
	课后	及时总结,完成课后练习任务,并向老师反馈学习建议	
学习效果		认识刮水器系统的组成	
		能查阅相关资料,并绘制刮水器电路图	
		能排除刮水器系统机械或电路故障	
任务实施过程中出现的失误			
改进的方向及措施			

2. 学生互评

通过提问、观察同学的演示以及上课的情况,对同学这次学习任务的效果开展评价,评价等级为优、良、合格和不合格,指出任务实施过程中出现的失误,给出改进建议。

小组成员姓名：＿＿＿＿＿＿＿＿＿＿＿＿＿＿＿＿＿＿＿＿＿＿＿＿

评价维度	评价标准	评级
学习效果	认识刮水器系统的组成	
	能查阅相关资料，并绘制刮水器电路图	
	能排除刮水器系统电路故障	
任务实施过程中出现的失误		
建议		

 检修电动车窗

 任务描述

　　一辆 2017 款丰田卡罗拉轿车，该车主发现驾驶人侧车门电动车窗工作不正常，前往 4S 店维修。经过 4S 店维修技师的检测发现，驾驶人侧车门电动车窗控制电路出现故障，需要进行全面检修。如果你是一名维修人员，将会怎样进行故障排除呢？

任务目标

实施步骤	教学目标		
	素养目标	知识目标	技能目标
认识电动车窗系统的组成	① 培养良好的沟通表达和团队协作能力 ② 树立科学、规范和安全生产等劳动意识 ③ 培养求真务实、一丝不苟的工作作风	① 认识电动车窗系统的组成 ② 了解电动车窗元器件拆装的方法	① 会查阅电动车窗的维修资料 ② 能规范拆装电动车窗升降器总成
检修电动车窗开关总成		① 掌握电动车窗主开关总成的控制原理 ② 掌握电动车窗主开关总成电路的检测方法	① 会查阅电路 ② 能准确检测车窗主开关总成电路
检修电动车窗电动机		① 掌握车窗电动机的组成及原理 ② 掌握车窗电动机及连接电路的检测方法	① 查阅手册，找出车窗电动机电路 ② 能准确检测车窗电动机电路

实施步骤

（一）认识电动车窗系统的组成

 技能实践

（1）查阅维修手册，找出图 6-15 中零部件的名称。

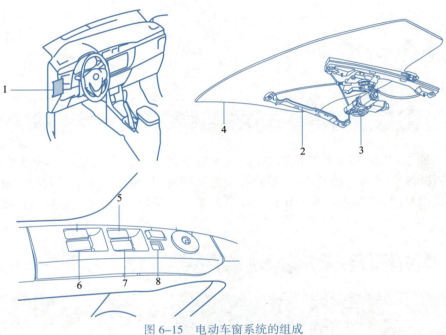

图 6-15　电动车窗系统的组成

　　　1 指的是（　　　），2 指的是（　　　），3 指的是（　　　），4 指的是（　　　），5 指的是（　　　），6 指的是（　　　），7 指的是（　　　），8 指的是（　　　）。

　　　（2）观看电动车窗电动机总成拆装微课视频。在表 6-9 中，写出电动车窗电动机总成拆装的主要步骤。

表 6-9　电动车窗电动机总成拆装的主要步骤

拆装步骤	拆装主要内容	注意事项（如没有，则忽略）

知识学习

1. 电动车窗的组成

电动门窗玻璃升降器有油压式和机械式两大类。目前机械式升降器应用广泛。机械式升降器的结构形式有绳轮式、交叉臂式和软轴式。

如图6-16所示,绳轮式电动车窗主要由升降器总成、橡胶缓冲块、电动机、六角头螺栓、垫圈、六角螺母和碟形弹簧垫圈等组成。

如图6-16所示,门窗电动机内部一般都装有抑制无线电干扰装置,以防止在使用玻璃升降器时对车内无线电的接收形成干扰。旦动机内部还装有电流保护装置,电动机运动受阻时能自动切断电源,从而避免电动机的烧毁。门窗电动机一般设计成正、反旋转,具有较高输出转矩、噪声低、体积小、扁平外形,并对尘埃及洗涤液具有密封防护性能。

动画
电动车窗结构组成

动画
电动车窗工作原理

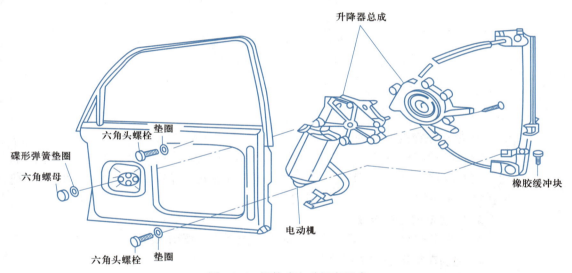

图6-16 绳轮式电动门窗组成

绳轮式电动门窗玻璃升降器由滑轮、钢丝绳、张力器、张力滑轮等组成,它通过驱动电动机拉钢丝绳来控制门窗玻璃的升降,电动机的输出部分是一个塑料绳轮,绳轮上绕上钢丝绳,钢丝绳上装有滑块,电动机驱动绳轮,带动钢丝绳卷绕,钢丝绳上的滑块带动玻璃,使之沿导轨做上下运动。

如图6-17所示为常见的交叉臂式玻璃升降器,它主要由扇形齿板、玻璃导轨及调节器等组成。其工作原理是:扇形齿板利用驱动电动机的棘轮进行转动,从而带动交叉臂运动,使风窗玻璃做上下

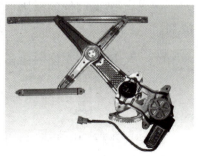

图6-17 交叉臂式玻璃升降器

移动。

如图 6-18 所示为软轴式门窗玻璃升降器,它主要由软轴和小齿轮等组成。电动机的输出部分是一个小齿轮,通过与软轴上的齿(近似于齿条)相啮合,驱动软轴卷绕,带动玻璃沿导轨做上下运动。

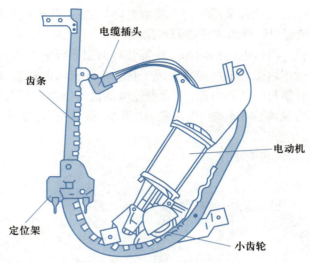

图 6-18　软轴式门窗玻璃升降器

2. 电动车窗控制开关

所有电动门窗系统均装有两套控制开关:一套为总开关,装在驾驶人侧车门电动车窗升降器主开关上,驾驶人可通过该开关控制每个车窗;另一套为分开关,分别装在每个车窗的中下部,由乘坐人操控。

3. 电动车窗控制电路

电动车窗控制电路主要由电源、易熔线、断路器和指示灯等组成。

4. 电动车窗系统的常见故障

① 电动开关车门窗动作不顺畅的原因多为升降器里的润滑油缺失,应取下车门内饰板涂上润滑油。

② 若是玻璃完全不能动作,则有可能是控制电路故障。

③ 支撑玻璃两侧的滑块也需要检查,玻璃与导轨的滑动阻力变大时,可涂上润滑剂。

(二)检修电动车窗升降器开关

🖳 技能实践

(1) 根据图 6-19 所示,找出电动车窗控制开关各个端子的定义。

U 的定义为_____,D 的定义为_____,B 的定义为_____,E 的定义为_____,

RR DOOR 的定义为_____,RL DOOR 的定义为_____,FR DOOR 的定义为_____。

（2）检查电动车窗升降器开关。

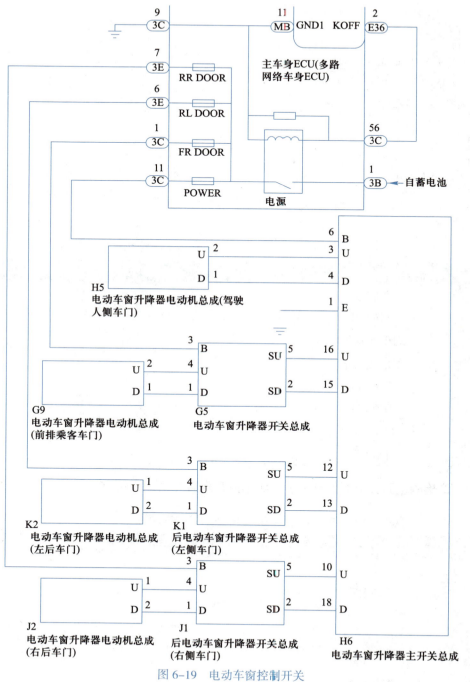

图 6-19　电动车窗控制开关

①检测驾驶人侧电动车窗升降器主开关,如图 6-20 所示,填写表 6-10。

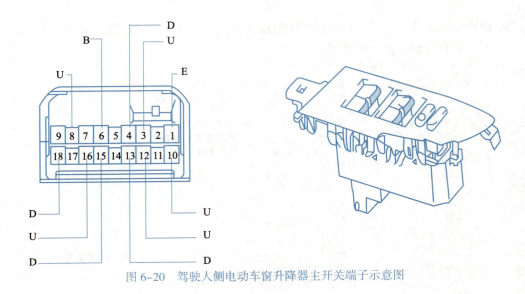

图 6-20   驾驶人侧电动车窗升降器主开关端子示意图

表 6-10   检测驾驶人侧电动车窗升降器主开关

检测端子名称	测量条件	正常值	实测值	判断是否异常
3-6	手动上升			
4-1	手动上升			
3-1	关闭（无动作）			
4-1	关闭（无动作）			
4-6	手动下降			
3-1	手动下降			
4-6	自动下降			
3-1	自动下降			

② 检测主开关上的前排乘坐人侧车窗升降器开关，填写表6-11。

表 6-11   检测主开关上的前排乘客侧车窗升降器开关

检测端子名称	测量条件	正常值	实测值	判断是否异常
6-16	手动上升			
15-1	手动上升			
15-1	关闭（无动作）			
16-1	关闭（无动作）			
1-16	手动下降			
6-15	手动下降			

③ 检测前排乘坐人侧车窗升降器开关,根据图 6-21 所示,填写表 6-12。

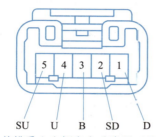

图 6-21　前排乘坐人侧车窗升降器开关端子示意图

表 6-12　检测前排乘客侧车窗升降器开关

检测端子名称	测量条件	正常电阻值	实测电阻值	判断是否异常
4-3	手动上升			
2-1	手动上升			
1-2	关闭(无动作)			
4-5	关闭(无动作)			
4-5	手动下降			
1-3	手动下降			

📝 知识学习

（1）电动车窗的控制开关功能

① 电动车窗的控制开关可以将电动车窗手动上升和下降,拉起和按下开关,电动车窗上升和下降,松开开关,车窗立即停止移动。

② 驾驶人侧电动车窗的控制开关可以将电动车窗自动上升和下降,拉起和按下开关,电动车窗会自动上升和下降(具备一键升降车窗功能的车型)。

③ 车窗锁止功能是禁止电动车窗开关总成和后电动车窗开关总成的操作,只允许驾驶人侧的电动车窗开关进行操作。再次按下窗锁开关,功能恢复。

④ 防夹功能是在手动或者自动上升过程中,如果有异物卡滞在门窗内,该功能使电动车窗自动停止并往下运动。

（2）电动车窗升降控制开关

图 6-20 所示为驾驶人侧电动车窗升降器主开关端子示意图。

U 的定义为升起玻璃;D 的定义为降下玻璃;B 的定义为电源正极;E 的定义为接地。

① 驾驶人侧电动车窗升降器主开关检测,如图 6-20 所示,填表 6-13。

视频
电动车窗天窗防
夹功能

表 6-13　检测驾驶人侧电动车窗升降器主开关

万用表连接	条件	规定状态
3-6	手动上升	小于 1 Ω
4-1	手动上升	小于 1 Ω
3-1	关闭	小于 1 Ω
4-1	关闭	小于 1 Ω
4-6	手动下降	小于 1 Ω
3-1	手动下降	小于 1 Ω
4-6	自动下降	小于 1 Ω
3-1	自动下降	小于 1 Ω

②前排乘客侧电动车窗升降器开关检测，如图 6-21 所示，填写表 6-14。

表 6-14　检测前排乘客侧电动车窗升降器开关

万用表连接	条件	规定状态
6-16	手动上升	小于 1 Ω
1-15	手动上升	小于 1 Ω
1-16	关闭	小于 1 Ω
1-15	关闭	小于 1 Ω
1-16	手动下降	小于 1 Ω
6-15	手动下降	小于 1 Ω

（三）检修车门电动车窗的电动机

技能实践

根据图 6-19 中电动车窗升降器电动机总成电路，填写表 6-15。

表 6-15　升降电动机总成端子定义

端子	定义	备注
1		
2		

检测车窗升降器电动机总成，填写表 6-16。

表 6-16　车窗升降器电动机总成的检测

检测端子名称	测量条件	正常运转情况	实测运转情况	判断是否异常
1	施加蓄电池电压正极			
2	施加蓄电池电压负极			

知识学习

如图 6-22 所示,电动玻璃升降器结构的关键是电动机和减速器,这两者是组装成一体的,其中采用可逆性永磁式直流电动机,电动机内有磁场线圈,通过开关的控制线圈的正、负极性,电机可正转和反转,也就是说可以控制门窗玻璃的上升或下降。电动机是由双联开关按钮控制的,设有升、降、关等三个工作状态,开关不操纵时自动停在"关"的位置上。操纵电路设有总开关(中央控制)和分开关,两者电路并联。总开关由驾驶人,控制全部门窗玻璃的开闭,而各车门内把手上的分开关由乘坐人分别控制各个门窗玻璃的开闭,操作十分便利。

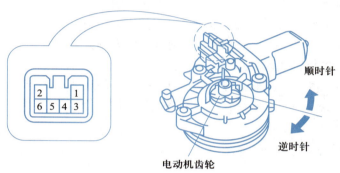

图 6-22　车窗升降器电动机总成

见表 6-17,对电动机施加不同方向的电压,电动机会顺时针和逆时针方向旋转。

表 6-17　电动机功能检测

电池连接情况	规定状态	备注
蓄电池正极 – 端子(1) 蓄电池负极 – 端子(2)	电动机齿轮顺时针运转,且无卡滞和异响	
蓄电池正极 – 端子(2) 蓄电池负极 – 端子(1)	电动机齿轮逆时针运转,且无卡滞和异响	

知识考核

(一) 单项选择题

1. 一般轿车玻璃升降电动机采用的励磁方式是(　　　　)。

A. 串励　　　　　　B. 永磁　　　　　　C. 自励　　　　　　D. 他励

2. 一般轿车玻璃升降的电动机采用的减速机构是为了(　　　　)。

A. 增速增扭　　　B. 降速增扭　　　C. 增速减扭　　　D. 降速减扭

3. 一键升降功能指的是（　　）。

A. 手动升降　　　B. 自动升降　　　C. 手动升　　　D. 自动降

4. 一般轿车玻璃升降的儿童锁开关是为了（　　）。

A. 防止儿童出现危险

B. 锁车门

C. 锁住车窗不给除驾驶人侧以外的车窗实现升降

5. 2017 款卡罗拉轿车是采用（　　）车窗升降。

A. 绳轮式　　　　　　　B. 交叉臂式　　　　　　　C. 软轴式

（二）简答题

1. 小李同学按照升降器总成拆装示范视频装回部件后，发现玻璃在升降的过程中有"嘶嘶"的异响，请帮他分析是什么原因导致的。

2. 小刘同学遇到一位车主的私家车前排乘坐人侧玻璃只能升不能降，请分析原因，并提出自己的维修建议（方案）。

3. 小王同学遇到一位车主的私家车前排乘坐人侧玻璃不能升降，但是能听到有电机"嗡嗡"转动的声音，请分析原因，并提出自己的维修建议（方案）。

📋 评价及总结

1. 自我评价

结合自己的学习过程及学习效果，对自己学习的主动性和效果进行自评，评价等级为优、良、合格和不合格，针对出现的失误进行反思，完善改进方向及改进措施。

评价维度		评价标准	评级
学习主动性	课前	课前预习，完成老师布置的课前任务	
	课中	积极思考、参与课堂互动，按照教学任务要求完成演示或练习	
	课后	及时总结，完成课后练习任务，并向老师反馈学习建议	
学习效果		认识玻璃升降器系统的组成	
		能查阅相关资料，并绘制升降器的电路图	
		能排除升降器系统机械或电路故障	
任务实施过程中出现的失误			
改进的方向及措施			

2. 学生互评

通过提问、观察同学的演示以及上课的情况，对同学这次学习任务的效果开展评价，评价等级为优、良、合格和不合格，指出任务实施过程中出现的失误，给出改进建议。

小组成员姓名：＿＿＿＿＿＿＿＿＿＿＿＿＿＿＿＿＿＿＿＿＿＿＿＿＿

评价维度	评价标准	评级
学习效果	认识玻璃升降器系统的组成	
	能查阅相关资料，并绘制升降器的电路图	
	能排除升降器系统机械或电路故障	
任务实施过程中出现的失误		
建议		

任务三　检修中控门锁

 任务描述

　　一辆 2017 款丰田卡罗拉轿车，该车主发现中控门锁工作不正常，前往 4S 店维修。经过 4S 店维修技师检测，发现中控门锁控制电路出现故障，需要进行全面检修。如果你是一名维修人员，将会怎样进行故障排除呢？

任务目标

实施步骤	教学目标		
	素养目标	知识目标	技能目标
认识中控门锁的组成	① 培养良好的沟通表达和团队协作能力 ② 树立科学、规范和安全生产等劳动意识 ③ 培养求真务实、一丝不苟的工作作风	① 认识中控门锁的组成 ② 掌握车门门锁更换的方法	① 会查阅中控门锁的维修资料 ② 能规范拆装车门门锁总成
检修门锁控制开关		① 掌握门锁开关的控制原理 ② 掌握门锁控制开关电路的检测方法	① 会查阅电路 ② 能准确检测门锁控制开关电路
检修带电动机的门锁总成		① 掌握带电动机的门锁组成及原理 ② 掌握门锁总成及连接电路的检测方法	① 查阅手册，找出车门门锁电路 ② 能准确检测车门门锁电路

实施步骤

(一) 认识中控门锁的组成

技能实践

(1) 查阅维修手册,找出图6-23中零部件的名称。

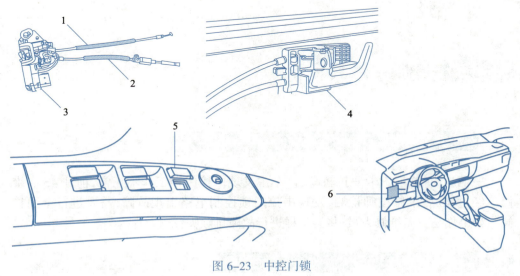

图6-23 中控门锁

1指的是(　　　),2指的是(　　　),3指的是(　　　),4指的是(　　　),5指的是(　　),6指的是(　　)。

(2) 观看车门门锁总成拆装微课视频。在表6-18中,写出车门门锁总成拆装的主要步骤。

表6-18 车门门锁总成拆装的主要步骤

拆装步骤	拆装内容	注意事项(如没有,则忽略)

续表

拆装步骤	拆装内容	注意事项(如没有,则忽略)

 知识学习

为了提高使用的便利性和安全性,现代汽车一般配备了中央控制门锁系统,简称为中控门锁。汽车中控门锁可实现下列功能:按下驾驶人车门锁杆时,所有车门及行李舱门自动锁定;拉起车门锁杆时,所有车门及行李舱门都能同时打开;如使用遥控器或钥匙锁门、开门,也可实现门锁控制。如需从车内打开个别车门时,可分别操作各自的锁扣实现开锁。中控门锁配合车辆防盗系统,还可实现防盗报警功能。

中控门锁主要由门锁、门锁按钮、门锁控制开关、控制执行元件、联动机构和门锁继电器等组成,如图 6-24 所示。可以由驾驶人集中开闭汽车的前左、后左、前右、后右及行李舱等五个门锁。

微课
中控门锁闭锁器
的检查与更换

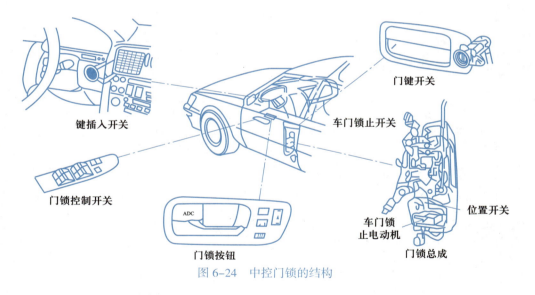

动画
无线遥控门锁的
工作原理

图 6-24　中控门锁的结构

(二)检修中控门锁控制开关

 技能实践

(1)根据车门控制电路图(图 6-25),找出车门控制开关各个端子的定义。

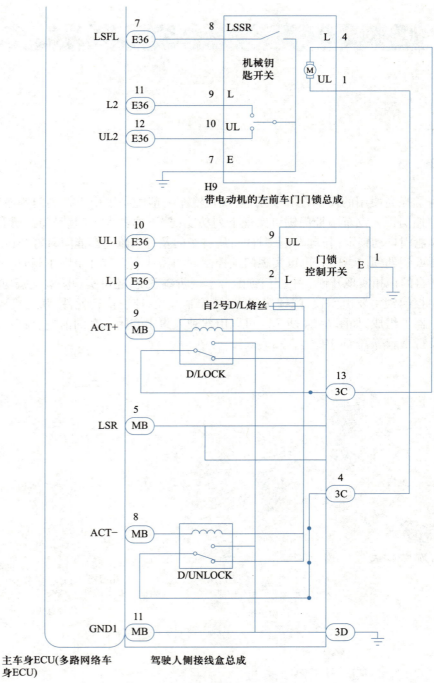

图 6-25　车门门锁控制电路图

门锁控制开关上的 UL 的定义为_____,L 的定义为_____,E 的定义为_____。

继电器 D/LOCK 的定义为_____,继电器 D/UNLOCK 的定义为_____。

（2）检查车门控制开关

① 如图 6-26 所示，检查车门门锁控制开关，完成表 6-19 的填写。

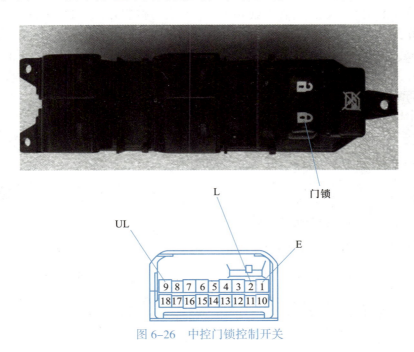

图 6-26　中控门锁控制开关

表 6-19　检查车门门锁控制开关

检测端子名称	测量条件	正常电阻值	实测电阻值	判断是否异常
2（L）-1（E）	车门关闭，门控灯未点亮			
9（UL）-1（E）	车门关闭，门控灯未点亮			

② 检查车门控制开关的电压信号，完成表 6-20 的填写。

表 6-20　检查车门控制开关信号电压

检测端子名称	测量条件	正常值	实测值	判断是否异常
2（L）对车身搭铁	钥匙 OFF			
9（UL）对车身搭铁	钥匙 OFF			

 知识学习

1. 中控门锁控制开关的作用

中控门锁控制开关的作用是驾驶人可以通过控制开关的锁止和解锁，把信号传递给主车身 ECU,主车身 ECU 负责处理信号后,控制锁止和解锁继电器的线圈负极搭铁,控制继电器触点闭合,实现车门门锁电动机的正反转,从而锁止和解锁车门。大多数汽车的中控门锁系统在驾驶人车门上设有总控制开关,如图 6-26 所示,当驾驶人操作此开关时,所有车门将同时上锁或开锁。另外,前车门钥匙锁芯内部(通常只在驾驶人侧车门)内置门锁开关。当用钥匙通过锁芯打开车门或给车门上锁时,触发此开关,使所有车门实现中控开锁或上锁。

2. 车门控制开关控制电路

以丰田卡罗拉为例,其车门控制开关控制电路如图 6-26 所示。

表 6-21 所示为检查车门控制开关。

表 6-21　检查车门控制开关

万用表连接	条件	规定状态
2-1	车门控制开关锁止侧按下	小于 1 Ω
2-1	车门控制开关锁止侧未按下	10 kΩ 或者更大
9-1	车门控制开关解锁侧按下	小于 1 Ω
9-1	车门控制开关解锁侧未按下	10 kΩ 或者更大

(三) 检修车门门锁

技能实践

(1) 根据图 6-27 车门门锁总成,完成表 6-22 的填写。

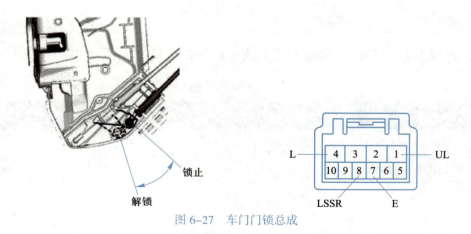

图 6-27　车门门锁总成

(2) 检查车门门锁总成,完成表 6-23 的填写。

(3) 检查车门解锁检测开关,完成表 6-24 的填写。

表 6-22　车门门锁端子定义

端子	定义	备注
4 号		
1 号		
8 号		
7 号		

表 6-23　车门门锁功能检查

蓄电池通电连接	条件	结果（锁止或解锁）
蓄电池正极连接 4 号 蓄电池负极连接 1 号	通电	
蓄电池正极连接 1 号 蓄电池负极连接 4 号	通电	

表 6-24　车门解锁功能检查

万用表连接端子	条件	电阻测量结果
7–8	锁止	
7–8	解锁	

（4）检查车门门锁机械钥匙锁止和解锁功能，完成表 6-25 的填写。

表 6-25　车门门锁机械钥匙功能检查

万用表连接端子	条件	电阻测量结果
9–7	固定在锁止状态	
9–7	中间位置或解锁	
10–7	固定在解锁状态	
10–7	中间位置或锁止	

 知识学习

门锁执行机构驱动的形式有电磁线圈和直流电动机两种。不论采用何种形式，都是通过改变流经电流方向，以转换其运动方向，从而完成上锁或开锁的动作。

以常用的直流电动机式门锁执行机构为例，直流电动机式门锁执行机构如图 6-28 所示。

直流电动机式门锁执行机构的驱动力由可逆转的直流电动机提供。电动机的旋转方向由经过电动机电枢的电流方向决定。若车门上锁时电动机电枢流过的是正向电流，车门开锁时电动机电枢流过的则是反向电流，电动机即反向旋转。这样，利用电动机的正转和反转，就可以完成车门的上锁和开锁。

如图 6-27 所示，门锁电动机连接电路原理。

门锁电动机通电之后，锁止和解锁的电路连接见表 6-26。

门锁总成

单独锁块

单独电机

图 6-28　直流电动机式门锁执行机构

表 6-26　车门门锁电动机通电后锁止和解锁的电路连接

电池连接情况	规定状态	备注
蓄电池正极连接端子(4) 蓄电池负极连接端子(1)	锁止	
蓄电池正极连接端子(1) 蓄电池负极连接端子(4)	解锁	

 知识考核

(一) 单项选择题

1. 一般轿车门锁解锁的方式包括(　　　)。
A. 遥控钥匙解锁　　　　　　B. 无钥匙进入解锁　　　　　　C. 机械钥匙解锁

2. 一般轿车车门门锁电动机采用(　　)转来实现锁止和解锁。
A. 正反　　　　　　　　　　B. 逆时针　　　　　　　　　　C. 顺时针

3. 中控门锁控制开关信号传递给(　　　),从而控制电动机正反转来解锁和锁止。
A. 电动机　　　　　　　　　B. 控制单元　　　　　　　　　C. 门锁总成

4. 门锁电动机的工作电压是(　　　)。
A. 5 V　　　　　　　　　　B. 12 V　　　　　　　　　　　C. 24 V

5. 门锁控制开关失灵,可以使用(　　　)来锁止、解锁车门。
A. 遥控钥匙　　　　　　　　B. 故障诊断仪　　　　　　　　C. 万用表

(二) 简答题

1. 小李同学按照右前门锁总成拆装示范视频装回部件后,发现使用车门内拉手无法打开车门,请帮他分析是什么原因导致的。

2. 小刘同学遇到一位车主的私家车全车车门能解锁不能上锁,请分析原因,并提出自己的维修建议（方案）。

3. 小王同学遇到一位车主的私家车前排乘坐人侧车门不能锁，但是能听到有电动机"咔嗒"转动的声音，请分析原因，并提出自己的维修建议（方案）。

 评价及总结

1. 自我评价

结合自己的学习过程及学习效果，对自己学习的主动性和效果进行自评，评价等级为优、良、合格和不合格，针对出现的失误进行反思，完善改进方向及改进措施。

评价维度		评价标准	评级
学习主动性	课前	课前预习，完成老师布置的课前任务	
	课中	积极思考、参与课堂互动，按照教学任务要求完成演示或练习	
	课后	及时总结，完成课后练习任务，并向老师反馈学习建议	
学习效果		认识中控门锁系统的组成	
		能查阅相关资料，并绘制中控门锁的电路图	
		能排除中控门锁系统机械或电路故障	
任务实施过程中出现的失误			
改进的方向及措施			

2. 学生互评

通过提问、观察同学的演示以及上课的情况，对同学这次学习任务的效果开展评价，评价等级为优、良、合格和不合格，指出任务实施过程中出现的失误，给出改进建议。

小组成员姓名：＿＿＿＿＿＿＿＿＿＿＿＿＿＿＿＿＿＿＿＿＿＿＿＿

评价维度	评价标准	评级
学习效果	认识中控门锁系统的组成	
	能查阅相关资料，并绘制中控门锁的电路图	
	能排除中控门锁系统机械或电路故障	
任务实施过程中出现的失误		
建议		

 # 任务四　检修电动后视镜

 任务描述

一辆 2017 款丰田卡罗拉轿车，该车主发现电动后视镜工作不正常，前往 4S 店维修。经过 4S 店维修技师检测发现,电动后视镜控制电路出现故障,需要进行全面检修。如果你是一名维修人员,将会怎样进行故障排除呢?

任务目标

实施步骤	教学目标		
	素养目标	知识目标	技能目标
掌握电动后视镜系统的组成及工作原理	① 培养良好的沟通表达和团队协作能力 ② 树立科学、规范和安全生产等劳动意识 ③ 培养求真务实、一丝不苟的工作作风	① 掌握电动后视镜的组成 ② 掌握电动后视镜调节的工作原理	① 会查阅电动后视镜的维修资料 ② 能规范拆装电动后视镜及调节开关总成
检修后视镜及开关电路		① 掌握电动后视镜调节开关的控制原理 ② 掌握电动后视镜调节开关和总成的检测方法	① 会查阅电路 ② 能准确检测后视镜调节开关及总成电路

实施步骤

(一)认识电动后视镜系统的组成

技能实践

(1)结合图 6–29 电动后视镜系统指出各零部件名称。

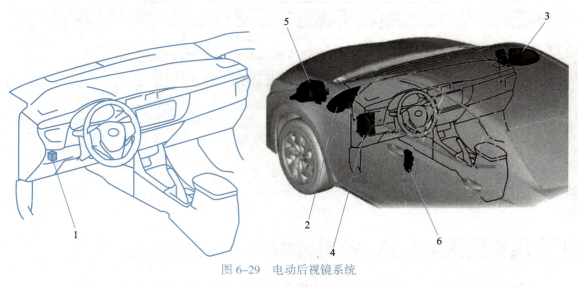

图 6–29　电动后视镜系统

1—＿＿＿＿;2—＿＿＿＿;3—＿＿＿＿;4—＿＿＿＿;5—＿＿＿＿;6—＿＿＿＿。

（2）根据电动后视镜系统电路图（图6-30），写出电动后视镜各方向调节时的电流走向。

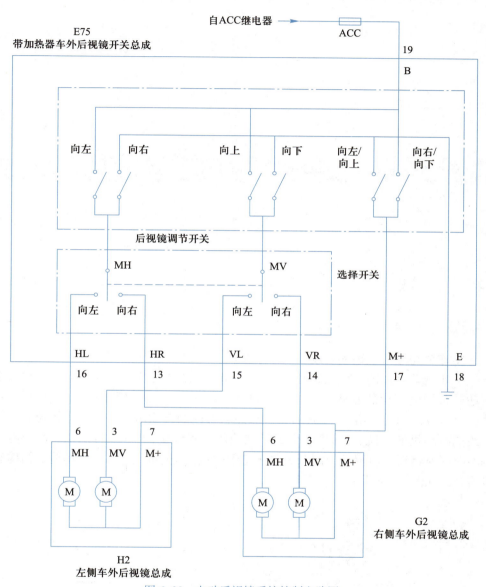

图6-30 电动后视镜系统控制电路图

① 根据左侧后视镜调节的电流走向，填写表6-27。
② 根据右侧后视镜调节的电流走向，填写表6-28。

表 6-27 左侧后视镜调节

调节方向	电流从正极经过调节电动机流向负极的路径描述
向左	
向右	
向上	
向下	

表 6-28 右侧后视镜调节

调节方向	电流从正极经过调节电动机流向负极的路径描述
向左	
向右	
向上	
向下	

知识学习

1. 车外电动后视镜的组成及工作原理

车外电动后视镜一般由镜片、驱动电动机、控制电路及控制开关组成。在每个电动后视镜的背后装有两个可逆电动机和驱动机构,可调整后视镜上下及左右转动。上下方向的转动由一个电动机控制,左右方向的转动由另一个电动机控制。通过改变电动机的电流方向,即可完成后视镜的位置调整,但一个后视镜的两个电动机不能同时运行。后视镜控制开关位于主驾驶室门把手附近,车外后视镜的结构和典型开关如图 6-31 所示。

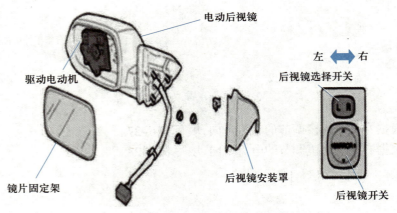

图 6-31 车外后视镜的结构和典型开关

为了使车能够获得最大的驻车间隙,通过尽可能狭小的路段,有的电动后视镜还带有伸缩功能,由伸缩开关控制伸缩电动机工作,使两个后视镜整体回转伸出或缩回。除此之外,有些电动后视镜还带有加热功能,当点火开关接通并且后视镜加热器打开时,后视镜被加热,可以使后视镜在寒冷的季节不结霜,不起雾,保持良好的后视线,从而提高行车的安全性,如图 6-32 所示。

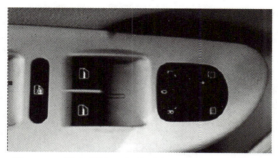

图 6-32　带有伸缩和加热功能的电动后视镜开关

2. 车内后视镜

自动防眩目后视镜一般安装在车厢内,是由一面特殊镜子和两个光敏二极管组成的。当强光照在后视镜上时,镜上的光敏二极管把光信号传给微机,经过信号处理,控制电路使镜面变色,以吸收强光,削弱强光的反射,避免反射的强光照在驾驶人的眼睛上,防止产生眩目,如图 6-33 所示。

高档汽车防眩目或非防眩目交替切换不用人工操作,反光镜本体的一部分装有光敏二极管的照度传感器,能检测随后车的前照度并可进行切换控制。

图 6-33　车内后视镜

(二) 检修后视镜及开关电路

　技能实践

(1) 如图 6-34 所示,断开右侧电动后视镜总成插头,检查电动后视镜总成的电路连接情况。

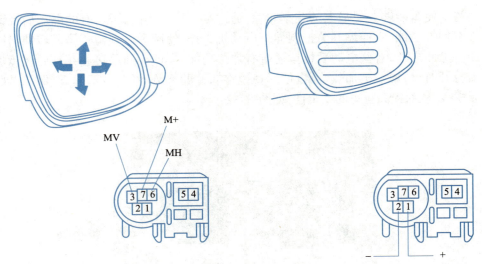

图 6-34 右侧电动后视镜

根据图 6-34,对右侧电动后视镜总成施加蓄电池电压,检查电动后视镜镜片的调节动作,完成表 6-29 的填写。

表 6-29 右侧电动后视镜检测

蓄电池连接端子	检测结果(向左、右、上、下调节)	判断是否正常
蓄电池正极→3(MV) 蓄电池负极→7(M+)		
蓄电池正极→7(M+) 蓄电池负极→3(MV)		
蓄电池正极→6(MH) 蓄电池负极→7(M+)		
蓄电池正极→7(M+) 蓄电池负极→6(MH)		

(2) 如图 6-35 所示,断开电动后视镜开关插头,检查电动后视镜开关的情况。

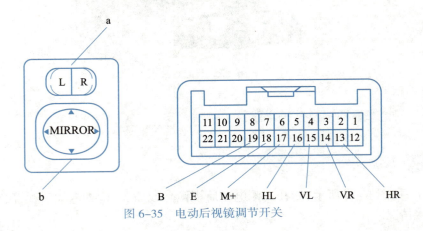

图 6-35 电动后视镜调节开关

根据电路图，对后视镜调节开关进行检查，完成表 6–30 和表 6–31 的填写。

表 6–30　后视镜调节开关位于 R 位置时检测

开关位于 R 位置时测量电阻		检测结果	判断是否正常
14 → 19 电源电路 17 → 18 搭铁电路	向上		
14 → 18 搭铁电路 17 → 19 电源电路	向下		
13 → 19 电源电路 17 → 18 搭铁电路	向左		
13 → 18 搭铁电路 17 → 19 电源电路	向右		

表 6–31　后视镜调节开关位于 L 位置时检测

开关位于 L 位置时测量电阻		检测结果	判断是否正常
15 → 19 电源电路 17 → 18 搭铁电路	向上		
15 → 18 搭铁电路 17 → 19 电源电路	向下		
16 → 19 电源电路 17 → 18 搭铁电路	向左		
16 → 18 搭铁电路 17 → 19 电源电路	向右		

知识学习

1. 电动后视镜的工作原理

电动后视镜能够上、下、左、右地自由摆动主要因为这些后视镜内装有两个微型电动机，用控制按钮可使电动机驱动后视镜进行上、下、左、右摆动。

若想要右侧后视镜向上摆动，则先把电动后视镜调节开关从中央位置拨到右边，再按下控制按钮的上端。此时电流的通路为：电源正极→点火开关→熔断器→向右后视镜镜面调节开关→选择开关向右 MH → HR →右侧后视镜电动机→搭铁→电源负极。

2. 电动后视镜的检修

检查右侧后视镜总成，如图 6–36 所示。

视频
卡罗拉汽车电动
后视镜正确使用

视频
帕萨特电动后视
镜熔断器检查

动画

电动后视镜
调节原理

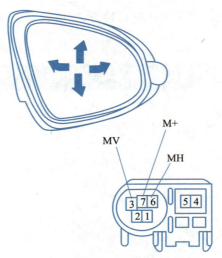

图 6-36　带加热后视镜总成插接器

（1）检查后视镜镜面的工作情况

① 断开右侧车外后视镜插接器。

② 施加蓄电池电压，并检查后视镜镜面的工作情况，正常值见表 6-32。

表 6-32　后视镜总成镜片调节

蓄电池连接	规定状态
蓄电池正极（+）→端子 5（MV），蓄电池负极（−）→端子 4（M+）	上倾
蓄电池正极（+）→端子 4（M+），蓄电池负极（−）→端子 5（MV）	下倾
蓄电池正极（+）→端子 3（MH），蓄电池负极（−）→端子 4（M+）	左倾
蓄电池正极（+）→端子 4（M+），蓄电池负极（−）→端子 3（MH）	右倾

注：如果不符合规定，则更换右侧后视镜总成。

③ 检查除雾加热丝电阻值，见表 6-33。

表 6-33　加热丝电阻值检测

连接端子	电阻值（25° 常温下）	备注
1 号 –2 号	3.57~4.83 Ω	

（2）检查后视镜调节开关的情况

① 将选择开关位于 L 位置，检查开关内部连接情况，见表 6-34。

表 6-34　开关位于 L 位置时,开关的检查情况

开关位于 L 位置时测量电阻	条件	规定状态
15→19 电源电路 17→18 搭铁电路	上	小于 1 Ω
	关闭	10 kΩ 或更大
15→18 搭铁电路 17→19 电源电路	下	小于 1 Ω
	关闭	10 kΩ 或更大
16→19 电源电路 17→18 搭铁电路	左	小于 1 Ω
	关闭	10 kΩ 或更大
16→18 搭铁电路 17→19 电源电路	右	小于 1 Ω
	关闭	10 kΩ 或更大

② 将选择开关位于 R 位置,检查开关内部连接情况,见表 6-35。

表 6-35　开关位于 R 位置时,开关的检查情况

开关位于 R 位置时测量电阻	条件	规定状态
14→19 电源电路 17→18 搭铁电路	上	小于 1 Ω
	关闭	10 kΩ 或更大
14→18 搭铁电路 17→19 电源电路	下	小于 1 Ω
	关闭	10 kΩ 或更大
13→19 电源电路 17→18 搭铁电路	左	小于 1 Ω
	关闭	10 kΩ 或更大
13→18 搭铁电路 17→19 电源电路	右	小于 1 Ω
	关闭	10 kΩ 或更大

知识考核

(一) 单项选择题

1. 一般轿车电动后视镜采用每边(　　)电动机控制四个方向的调节。
A. 4　　　　　　　　B. 2　　　　　　　　C. 3　　　　　　　　D. 1

2. 一般轿车电动后视镜需要除雾,必须在镜片后面安装(　　)。
A. 加热线　　　　　　　B. 除雾器　　　　　　　C. 除霜器

3. 一般轿车电动后视镜调节之前,必需先选择(　　)键。
A. 上下　　　　　　　　B. 左右　　　　　　　　C. L 或 R

4. 一般轿车电动后视镜调节必须要打开点火开关（　　）。

A. ACC 挡　　　　　　　B. ST 挡　　　　　　C. ON 挡

5. 一般轿车电动后视镜不可以同时调节（　　）个方向。

A. 1　　　　　　　　　B. 2　　　　　　　　C. 3

（二）简答题

1. 小李同学更换右侧外后视镜总成部件后，发现开关调节右侧外后视镜总成无反应，请帮他分析是什么原因导致的。

2. 小刘同学遇到一位车主的私家车右侧外后视镜只能上下调节，无法左右调节，请分析原因，并提出自己的维修建议（方案）。

📖 评价及总结

1. 自我评价

结合自己的学习过程及学习效果，对自己学习的主动性和效果进行自评，评价等级为优、良、合格和不合格，针对出现的失误进行反思，完善改进方向及改进措施。

评价维度		评价标准	评级
学习主动性	课前	课前预习，完成老师布置的课前任务	
	课中	积极思考、参与课堂互动，按照教学任务要求完成演示或练习	
	课后	及时总结，完成课后练习任务，并向老师反馈学习建议	
学习效果		认识车外后视镜系统的组成	
		能查阅相关资料，并绘制车外后视镜的电路图	
		能排除车外后视镜系统机械或电路故障	
任务实施过程中出现的失误			
改进的方向及措施			

2. 学生互评

通过提问、观察同学的演示以及上课的情况，对同学这次学习任务的效果开展评价，评价等级为优、良、合格和不合格，指出任务实施过程中出现的失误，给出改进建议。

小组成员姓名：＿＿＿＿＿＿＿＿＿＿＿＿＿＿＿＿＿＿＿＿＿

评价维度	评价标准	评级
学习效果	认识车外后视镜系统的组成	
	能查阅相关资料，并绘制车外后视镜的电路图	
	能排除车外后视镜系统机械或电路故障	
任务实施过程中出现的失误		
建议		

项目七 ▶▶▶

仪表与报警系统检修

▶ **项目描述**

为了使驾驶人随时掌握车辆的各种工作状况,保证行车安全,并及时发现和排除车辆存在的故障,现代汽车上都安装有多种监控仪表和报警装置。如汽车发动机转速表、车速里程表、燃油表、冷却液温度表等仪表,以及机油压力报警指示灯、EPC 灯、安全气囊报警指示灯等报警系统。当出现可能妨碍汽车继续安全、可靠行驶的情况时进行报警,能使驾驶人随时掌握车辆的工作状况,保证行车安全,并及时发现和排除车辆存在的故障。本项目主要学习内容包括汽车仪表系统的组成和工作原理的认识、汽车报警指示灯的含义和诊断汽车仪表的常见故障等,本项目包含以下两个工作任务:

任务一 认识仪表与报警系统

任务二 检修仪表与报警系统

通过完成以上两个工作任务的学习,能够掌握汽车仪表的组成和工作原理,学会识读和更换汽车仪表,并能具备对汽车仪表系统常见故障进行分析和处理等能力。

任务一　认识仪表与报警系统

任务描述

　　小王作为新驾驶人,在学习驾驶汽车的时候发现汽车仪表上有几个指针表以及不同的指示灯,在不同的工况下,不同的指示灯亮起来,他很想了解这些仪表和指示灯有什么作用,亮起或者熄灭告诉驾驶人表示什么意思。

任务目标

实施步骤	教学目标		
	素养目标	知识目标	技能目标
判定仪表板仪表和指示(警告)灯的工作情况	① 培养良好的沟通表达能力和良好的社交礼仪 ② 树立科学、规范和安全生产等劳动意识 ③ 培养求真务实、防微杜渐、一丝不苟的工作作风	熟悉仪表板仪表和指示(警告)灯的工作情况	能在整车上指出仪表板仪表和指示(警告)灯的名称
读取多信息显示屏信息		① 能够描述多信息显示屏信息的组成 ② 掌握多功能显示屏的调节方法	能在整车上调出多信息显示屏的信息

实施步骤

(一) 判断仪表板仪表和警告灯、指示灯

技能实践

　　(1) 根据国家标准,在我国生产销售的汽车里程表的单位为_____。如果一辆进口汽车,它的里程表单位为 MI,是否能够在国内的 4S 店销售?

　　(2) 打开车辆说明书,找出说明书中指示(警告)灯所在页码为_____。

　　(3) 根据国家标准,在我国生产销售的汽车发动机转速表的单位为_____。

　　(4) 观察不同状态下常见车辆仪表,将其点亮的指示(警告)灯填入表 7-1 中。

表 7-1　指示(警告)灯点亮工况

打开车门亮起的指示(警告)灯	
点火开关在 ON 瞬间亮起指示(警告)灯	
点火开关在 ON 状态 6 s 后亮起指示(警告)灯	
起动发动机后亮起指示(警告)灯	

 知识学习

为了使驾驶人随时掌握车辆的各种工况,保证行车安全,并及时发现和排除车辆存在的故障,现代汽车上都安装有多种监控仪表和报警信息装置。

汽车上的仪表作用是为驾驶人提供所需的汽车运行参数信息。汽车仪表由各种仪表、指示灯,特别是驾驶人用警告灯报警器等组成,现在的汽车在很多仪表上增加了防盗信号。

传统汽车采用的是机械式或机电结合式仪表,存在着显示信息量少、视觉特性不好、易使驾驶人疲劳和准确率低等缺点,难以满足人们对汽车性能越来越高的要求。随着新型传感器、电子显示器件以及电子技术在汽车上的广泛应用,仪表电子化成为汽车显示信息的主要形式,电子显示组合仪表逐渐成为汽车仪表发展的主流,如图 7-1 所示。

微课

读懂汽车的仪表板

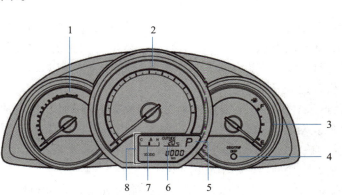

图 7-1　典型汽车电子显示组合仪表

1—转速表(显示发动机每分钟的转速);2—车速表;3—燃油表;4—短距离里程表复位按钮(切换行程信息);5—挡和挡域;6—车外温度显示;7—发动机冷却液温度表(显示发动机冷却液温度);8—驾驶监视器显示屏(为驾驶人提供与行驶相关的各种数据,包括当前车外温度)

1. 仪表系统

按工作原理不同,汽车仪表系统可大致经历了机械芯表、电气式仪表和全数字汽车仪表等三代。现在的汽车基本都使用全数字汽车仪表。其中,仪表主要有发动机转速表、车速里程表、油量表、发动机冷却液温度表等。

（1）车速里程表

车速里程表（图7-2）是用来指示汽车行驶速度和累计行驶里程数的仪表。它由车速表和里程表两部分组成，部分车速里程表上还带有短程里程表（图7-3）和短程里程表复位开关。车速表是现代车辆必备的仪表之一，它显示的是汽车的时速，单位为km/h。传统的车速表是机械式的，这种车速里程表简单实用，被广泛用于汽车上。不过，随着电子技术的发展，很多轿车仪表已经使用电子车速表，常见的一种是从变速器上的速度传感器获取信号，通过脉冲频率的变化使指针偏转或者显示数字。

里程表分为总里程表以及短程里程表，单位为km，目前里程表也有电子式里程表，它从速度传感器获取里程信号。将转速和轮胎周长计算得出里程，并将累积的里程数字储存在非易失性存储器内，显示车辆总的里程。

图7-2　车速里程表

图7-3　汽车短程里程表

短程里程表也叫作小里程表，是记录车辆某一段短途行驶里程的仪表，通常用"trip"配合"reset"使用的，"reset"的功能是进行里程信息的切换，多与里程表整合在一起，能够随时清零。它能帮助车主掌握某段路程的长短以及计算油耗等。

（2）发动机转速表

发动机转速表（图7-4）是用来指示发动机运转速度的仪表，通常设置在仪表板内，与车速里程表对称地放置在一起，显示发动机每分钟多少千转。驾驶人可以通过该表了解发动机的运转情况，并据此决定挡位和加速踏板的配合，使车辆处于最佳运行状态，减少油耗，延长发动机使用寿命。

现代汽车多采用电子式转速表，发动机控制单元通过发动机转速传感器读取发动机转速，组合仪表由CAN总线获得此信息，查找内部存储表格比较发动机转速，以确定指针偏转指示发动机转速。

汽油机用的电容放电式转速表电路原理图如图7-5所示，其转速信号来自点火系统一次电路的脉冲信号。当断电器触点K闭合时，晶体管VT的基极搭铁而处于截止状态，电源经R3、C3、VD2向电容C3充电；当触点K断开时，晶体管VT由截止转为导通，此时电容C3经晶体管VT、转速表n和二极管VD1构成放电回路，驱动转速表。发动机工作时，断电器触点的开闭频率与发动机的转速成正比，电容C3不断进行充放电，通过转速表n的放电电流平均值也与发动机的转速成正比。电路中的稳压管 VD3 使电容 C3 有一个稳定的充电电压,可以提高转速表的测量精度。

图 7-4　发动机转速表

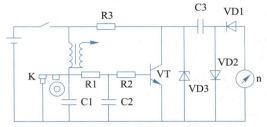

图 7-5　汽油机用的电容放电式转速表电路原理图

（3）冷却液温度表

冷却液温度表(图 7-6)是用来指示发动机内部冷却液温度的仪表,单位为℃。冷却液温度表在低温范围内避免高转速运转以及发动机有过大负载。在正常的情况下温度表指针应该指示在刻度盘的中间范围内,在发动机负载大和室外温度高的情况下指针也可能指到红色高温区域,当冷却液温度过高的时候,汽车会发出报警,仪表盘上会出现冷却液温度警告灯符号。当发动机温度较低时,冷却液温度传感器的电阻值很大,指针此时指向低温处。当发动机温度升高时,冷却液温度传感器的电阻值减小,指针此时逐渐指向高温处。

（4）燃油表

燃油表是用来指示燃油箱内燃油储存量的仪表。燃油表的刻度"F"表示满油,"E"表示无油,同时仪表还具有低油量报警功能,当油量低于允许值时,警告灯亮起,如图 7-7 所示。

图 7-6　冷却液温度表

图 7-7　燃油表

燃油表工作时,当油箱中汽油量较少时,可变电阻位于电阻最大位置,指针此时指向"E"附近。当油箱中汽油量较多时,可变电阻位于电阻较小位置,主、副线圈的电磁吸力的合力将指针吸向主线圈一侧,指针此时指向"F"附近。随着油箱中燃油的不断减少,燃油量过低警告灯的亮度会逐渐增加。根据车型的不同,当燃油量过低警告灯点亮后,油箱内的存油量大约为 7~10 L,车辆可以继续行驶 60~80 km,保证车辆可以行驶到下一个较近的加油站加油。不建议驾驶人在等到燃油量过低警告灯点亮后再加油,因为这样会使油箱内燃油泵因露出油面,而导致油泵散热不良缩短燃油泵的使用寿命,另外也容易引发供油系统吸入空气等故障。

2. 报警系统

报警系统包括报警装置和信号装置。报警装置是在被监测的系统或总成工作或状态不正常时工作的,提醒驾驶人注意,如冷却液温度警告灯、燃油液面警告灯等;信号装置是在被监测的系统或总成工作时工作的,提醒驾驶人注意,如远光指示灯、转向指示灯等。报警装置有灯光报警装置和音响报警装置两种。报警系统主要包括电子节气门报警装置、发动机排放故障报警装置、ESP 报警装置、发动机防盗报警装置、ABS 报警装置等。

视频
仪表系统指
示灯认知

(1) 电子节气门报警装置

电子节气门报警装置也叫作 EPC 指示灯,如图 7-8 所示,在大众车系中比较常见。正常情况车辆起动后,开始自检,EPC 指示灯会点亮数秒,随后熄灭。如车辆起动后仍不熄灭,说明车辆电子节气门出现故障。

(2) 发动机排放故障报警装置

发动机排放故障报警装置也叫作发动机排放故障警告灯,有的也叫作发动机故障指示灯,如图 7-9 所示。当此灯亮起表示发动机的排气废气监控系统出现故障,即排放的尾气经三元催化处理后还超标。如果在行车中该灯亮起或闪烁,请立即减速,并行驶到最近的维修服务站进行检修。

(3) 机油压力报警装置

部分汽车上除了装有机油压力表外,还装有机油压力报警装置,如图 7-10 所示。当润滑系统润滑油压力低于允许值时,警告灯亮,以引起驾驶人的注意。

图 7-8　EPC 指示灯

图 7-9　发动机排放故障报警装置

图 7-10　机油压力报警装置

大众桑塔纳汽车机油压力报警装置采用低压和高压双重报警装置。低压报警装置的传感器装在凸轮轴机油道上,高压报警装置的传感器装在机油滤清器上。在起动和怠速阶段,若凸轮轴机油道上的油压(输送油路末端处油压)低于 30 kPa 时,低压报警装置亮起警告灯。由于该处是整个润滑系统中压力最低的区域,监控该处油压可保证系统内各处有足够的油压。当发动机转速达到 2 000 r/min 后,若机油滤清器出口处的油压低于 180 kPa 时,高压报警装置发生作用,点亮警告灯。该处油压是发动机主油道油压,若该处油压不足,可能导致发动机润滑不足。

正常情况下,接通点火开关,油压指示灯点亮;当起动发动机后,若机油压力大于 30 kPa 时,该指示灯熄灭;当发动机低速运转时,若低压报警装置传感器处的机油压力低于 30 kPa,则低压压力开关触点闭合,机油压力警告灯点亮;当发动机转速大于 2 000 r/min 后,若高压报警装置传感器处机油压力低于 180 kPa 时,则高压压力开关断开,机油压力警告灯点亮,同时报警蜂鸣器响。

（4）燃油量报警装置

燃油量报警装置如图7-11所示，它的作用是当油箱内燃油减少到规定值以下时，组合仪表板上的燃油量警告灯点亮，提醒驾驶人注意及时补充燃油。

图7-11 燃油量报警装置

燃油量报警装置由热敏电阻式燃油油量报警传感器和警告灯组成。当燃油箱内燃油量较多时，负温度系数的热敏电阻元件浸没在燃油中，散热较快，其温度低，电阻值大，因此电路中电流很小，警告灯处于熄灭状态；当燃油减少到规定值以下时，热敏电阻元件露出油面上，散热慢，温度升高，电阻值变小，电流增大，则警告灯点亮。

（5）冷却液报警装置

如图7-12所示，当发动机冷却液的温度达到或超过极限温度时，警告灯中有电流通过，灯亮，提醒驾驶人及时停车检查和冷却。当发动机冷却液的温度正常时，警告灯中无电流通过，灯灭。

（6）座椅安全带报警装置

如图7-13所示，当车辆运行车速达到一定值如没有扣紧座椅安全带时，座椅安全带报警系统蜂鸣器发出报警声响，并点亮警告灯。

座椅安全带扣环开关是一端搭铁的常闭式开关，点火开关接通，车辆车速达到一定值时，若此时安全带未扣好，电路则通过座椅安全带扣环开关搭铁，接通蜂鸣器及座椅安全带警告灯电路；若扣好安全带后，加热器使双金属带发热，当达到一定程度后，触点断开，从而切断电路蜂鸣器及座椅安全带警告灯电路。

（7）制动液液面报警装置

如图7-14所示，制动液液面报警装置即时检测制动液液面的降低，向驾驶人发出警报，避免制动失灵事故的发生。在制动液减少到危险量时，它能使发动机熄火，确保车辆的安全。

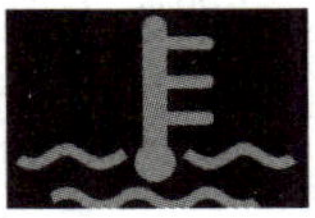

图7-12 冷却液报警装置

图7-13 座椅安全带报警装置

图7-14 制动液液面报警装置

（二）读取多信息显示屏信息

 技能实践

查询维修手册，进行丰田卡罗拉轿车保养里程调节操作，写出操作步骤。

（1）不带多功能显示屏车型操作步骤。

① _____。
② _____。
③ _____。
④ _____。
⑤ _____。
⑥ _____。
⑦ _____。

(2) 带多功能显示屏车型操作步骤。

① _____。
② _____。
③ _____。
④ _____。
⑤ _____。
⑥ _____。
⑦ _____。
⑧ _____。

知识学习

1. 数字式仪表的优点

随着现代汽车工业和电子技术的发展,现代车辆经常使用数字式仪表,随着汽车的环保性、安全性、经济性、智能化要求不断提高,驾驶人需要更多、更快地了解汽车运行的各种信息,常规指针式仪表已远远不能满足现代汽车技术发展的要求。因此,汽车数字式仪表的使用比例正在逐年增加。其优点如下:

(1) 能提供大量、复杂的信息,显示直观

为满足汽车排气净化、节能、安全性和舒适性的要求,汽车电子控制装置应能迅速、准确地处理各种复杂的信息,并以数字、文字或图形显示出来,供驾驶人了解汽车的运行状况,并及时处理。另外,汽车的故障诊断、导航和定位等大量的信息,数字式仪表显示终端能完成这些任务。

(2) 具有高精度和高可靠性

数字式仪表显示为即时值,故精度高,又因没有运动部件,故障率低,提高了可靠性。

(3) 可满足小型、轻量化的要求

数字式仪表既可适用于各种传感器和控制系统的电子化,又可实现小型轻薄化。既节省了仪表台附近的空间利用率,又可处理日益增多的信息。

(4) 具有一表多用的功能

数字式仪表采用数字显示,既可用一组数字分时显示,又可同时显示几个信息,不必为每个信息设置一个指示表,故使仪表系统结构得以简化。

2. 常见汽车显示器件

随着科技的发展,汽车仪表显示器经历了发光二极管(LED)、液晶显示器件(LCD)、真空荧光管(VFD)和数字组合仪表等阶段。

（1）发光二极管(LED)

发光二极管是应用最为广泛的低压显示器件。正、负极加上合适正向电压后,其内半导体晶片发光,通过带颜色透明的塑料外壳显示出来。发光的颜色有红、绿、黄、橙等,可单独使用,也可用来组成数字、字母、发光条图。汽车一般用于指示灯、数字符号段或点数不太多的光杆图形显示。现在在局部改装仪表中经常使用,如图7-15所示。

图7-15 发光二极管

（2）液晶显示器件(LCD)

液晶是一种有机化合物,在一定温度范围和条件下,既具有普通液体的流动性,又具有晶体的某些光学特性。一般来说现代车辆的多功能显示器为液晶显示器,如图7-16所示。

图7-16 液晶显示器

液晶显示器有两块厚约1 mm的玻璃基板,基板上涂有透明的导电材料作为电极,一面电极为图形。两基板间注入10 μm厚的液晶,再在两玻璃基板的外表面分别贴上偏光板,四周密封。当两电极通一定电压时,位于通电电极范围内(要显示的数字、图形等)的液晶分子重新排列,这样,通电部分电极就形成了在发亮背景下的字符或图形。由于液晶显示器件为非发光型,所以夜间显示必须采用照明光源,汽车上通常用白炽灯作为背景光源。液晶显示器件具有工作电压低(3 V左右)、显示面积大、耗能少、显示清晰、通过滤光镜可显示不同颜色、在阳光直射下不受影响、电极图形设计自由度极高、设计成任何显示图形的工艺都很简单等优点。

（3）数字组合仪表

数字组合仪表由各种传感器、微处理器和显示器三大部分组成。一般都具有自诊断功能,若仪表发生故障,则其故障码会存放在组合仪表的RAM存储器里,用专用仪器调码后,可以读出故障内容。图7-17所示为数字组合仪表,仪表有车速里程表、发动机转速表、机油压力表、电压表、冷却液温度表、燃油表;组合仪表不可分解,只有普通灯泡的指示灯可以单独更换。当仪表损坏后应该整体更换组合仪表,现被广泛应用在中高档轿车上。

图 7-17   数字组合仪表

3. 丰田卡罗拉轿车多功能显示调整

需要切换显示时，按下短距离里程表复位按钮，可切换显示项目。

里程表：当显示"ODO"时，显示车辆已行驶的总距离。

短距离里程表 A/ 短距离里程表 B：当显示"TRIPA"/"TRIPB"时，显示上次短距离里程表复位后车辆已行驶的距离。短距离里程表 A 和 B 可分别用来记录和显示不同的里程。

停机和起动系统工作时间：当显示"⏻"时，显示本次行驶期间（自发动机起动至关闭），因停机和起动系统操作而停止发动机的时间。

停机和起动系统总工作时间：当显示"⏻"时，显示上次里程表复位后，因停机和起动系统操作而停止发动机的总时间。

当前燃油消耗：以"L/100 km"为单位显示当前燃油消耗率。

平均燃油消耗：当显示"AVG"时，以"L/100 km"为单位显示复位后的平均燃油消耗。

可继续行驶距离：当显示"RANGE"显示使用剩余燃油量预计可行驶的最大距离。

平均车速：当显示"AVG"时，以"km/h"为单位显示上次发动机起动后的平均车速。

仪表照明灯控制显示屏：尾灯点亮时，按住短距离里程表复位按钮可调节仪表照明灯的亮度。

 知识考核

(一) 填空题

查找丰田卡罗拉轿车使用手册，在仪表找到指示灯的位置，并在表 7-2 内记录其含义。

表 7–2　丰田卡罗拉轿车指示灯含义

维修手册图片				
指示灯含义				
维修手册图片				
指示灯含义				

（二）选择题

1. 行车途中,仪表板上的"⊚"灯亮起或闪烁,表示(　　　)。

A. 制动系统出现异常　　　　　　　B. 缺少机油

C. 可能是油路故障　　　　　　　　D. 轮胎过热

2. 行车途中,仪表板上的"🔋"灯亮时,提示驾驶人应该(　　　)。

A. 前往维修厂检修　　　　　　　　B. 加注燃油

C. 停车添加机油　　　　　　　　　D. 检查油路故障

3. 仪表板上的"🧍"灯一直亮,提示驾乘人员(　　　)。

A. 已经系好安全带　　　　　　　　B. 驾驶姿势不正确

C. 没有系好安全带　　　　　　　　D. 安全带系得过松

4. 行车途中,仪表板上的"🌡"灯亮时,表示(　　　)。

A. 车内温度过高　　　　　　　　　B. 发动机温度过低

C. 燃油温度过高　　　　　　　　　D. 发动机温度过高或冷却液不足

5. 行车途中,仪表板上的"🛢"灯亮时,表示(　　　)。

A. 机油量不足、压力过低　　　　　B. 制动液泄漏

C. 燃油有泄漏　　　　　　　　　　D. 机油量过多、压力过高

6. 行车途中,仪表板上的"⊨D"灯亮时,表示(　　　)。

A. 近光灯　　　　　　　　　　　　B. 远光灯

C. 前雾灯　　　　　　　　　　　　D. 后雾灯

💻 评价及总结

1. 自我评价

结合自己的学习过程及学习效果,对自己学习的主动性和效果进行自评,评价等级为优、良、合格和不合格,针对出现的失误进行反思,完善改进方向及改进措施。

评价维度		评价标准	评级
学习主动性	课前	课前预习,完成老师布置的课前任务	
	课中	积极思考、参与课堂互动,辅助老师完成教学演示或模拟练习	
	课后	及时总结,完成课后练习任务,并向老师反馈学习建议	
学习效果		能够熟练调节仪表的亮度	
		能够表述清楚汽车仪表指示的含义	
		能够通过车辆仪表的指示灯和警告灯判断车辆提示的信息	
任务实施过程中出现的失误			
改进的方向及措施			

2. 学生互评

通过提问、观察同学的演示以及上课的情况,对同学这次学习任务的效果开展评价,评价等级为优、良、合格和不合格,指出任务实施过程中出现的失误,给出改进建议。

小组成员姓名:_____

评价维度	评价标准	评级
学习效果	能够熟练调节仪表的亮度	
	能够表述清楚汽车仪表指示的含义	
	能够通过车辆仪表的指示灯和警告灯判断车辆提示的信息	
任务实施过程中出现的失误		
建议		

 任务二 检修仪表与报警系统

 任务描述

小王接到车主请求上门施救一辆丰田卡罗拉 1.2 T 私家车,该车使用了 5 年,行驶里程已达到 10 万 km,开电门仪表没有任何显示,因此要检查仪表系统电路,了解汽车仪表的控制电路才能够全面检测和排除控制电路的故障和判断是否为仪表损坏。

任务目标

实施步骤	教学目标		
	素养目标	知识目标	技能目标
检查及更换仪表系统	① 培养良好的沟通表达能力和良好的社交礼仪 ② 树立科学、规范和安全生产等劳动意识 ③ 培养求真务实、防微杜渐、一丝不苟的工作作风	① 了解拆卸仪表断电的意义 ② 能够认读仪表供电电路	① 能查阅维修手册，拆卸仪表总成 ② 能查阅维修手册，排除仪表无法点亮的故障

实施步骤

检查及更换仪表系统

技能实践

（1）检查丰田卡罗拉轿车仪表，根据电路简图（图 7–18），检测电路并在表 7–3 中填写参数。

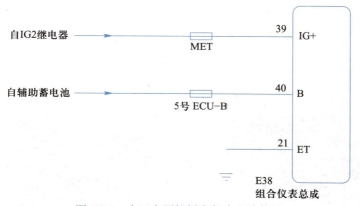

图 7–18　丰田卡罗拉轿车仪表电路简图

表 7–3　电 路 检 测

检测点	条件	正常结果	实测结果并判断是否正常	可能的故障原因
E38 的 21 号 – 车身搭铁	—	小于 1 Ω		

续表

检测点	条件	正常结果	实测结果并判断是否正常	可能的故障原因
E38 的 39 号 – 车身搭铁	点火开关 OFF	小于 1 V		
	点火开关 ON	11~14 V		
E38 的 40 号 – 车身搭铁	点火开关 OFF	11~14 V		

（2）填写丰田卡罗拉轿车仪表电路熔丝电流数：MET＿＿＿A，5 号 ECU–B＿＿＿A。

（3）查阅维修手册，拆卸仪表是否需要断开蓄电池负极：需要（　　　）；不需要（　　　）。

📖 知识学习

1. 拆卸仪表总成

① 将电源开关置于"OFF"位置后，断开蓄电池负极端子电缆前，等待一段时间。

② 断开蓄电池负极端子电缆。

③ 拆卸转向盘 1 号调风器分总成。

④ 拆卸仪表板转向盘 2 号装饰板分总成。

⑤ 调低转向盘。

⑥ 拆卸组合仪表总成。

⑦ 拆下两个螺钉，如图 7-19 所示，分离两个卡扣，如图 7-20 所示，断开各插接器，并拆下组合仪表总成。

视频
帕萨特汽车仪表及报警系统认知

视频
仪表总成拆装

图 7-19　仪表螺钉位置

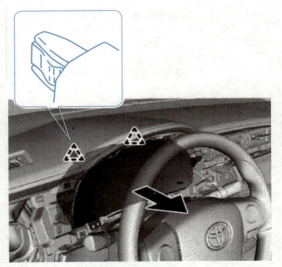

图 7-20　仪表卡扣位置

2. 安装仪表总成

安装步骤与拆卸步骤相反。

3. 匹配仪表里程

更换仪表总成后仪表盘公里数会与实际公里数目不相等,部分车辆需匹配。

① 更换新仪表后,使用故障诊断仪选择仪表板系统。

② 选择"系统登录",输入登录码(车型不同,登录码可能不同)。

③ 选择"通道调整匹配"。

④ 进入通道号。

⑤ 输入匹配值(输入里程,单位是 10 km)。

⑥ 新仪表板里程输入不超过 100 km 将不能登录,输入里程数如果大于 100 km,只允许输入 1 次,必须小心,不能输错。

 知识考核

(一) 判断题

1. 在更换仪表盘的过程中,仪表盘可以不断电直接拆解。　　　　　　(　　)

2. 在更换仪表盘的过程中,安装新仪表盘后必须匹配 ECU 板。　　　(　　)

3. 在更换仪表盘的过程中,安装新仪表盘后可以不匹配里程。　　　　(　　)

(二) 综合题

查阅维修手册,根据维修手册制订仪表系统检测与安装流程,排除仪表无法点亮的故障。

评价及总结

1. 自我评价

结合自己的学习过程及学习效果,对自己学习的主动性和效果进行自评,评价等级为优、良、合格和不合格,针对出现的失误进行反思,完善改进方向及改进措施。

评价维度		评价标准	评级
学习主动性	课前	课前预习,完成老师布置的课前任务	
	课中	积极思考、参与课堂互动,辅助老师完成教学演示或模拟练习	
	课后	及时总结,完成课后练习任务,并向老师反馈学习建议	
学习效果		能够熟练使用万用表检查仪表的电压,并判断熔丝的好坏	
		能够更换汽车仪表	
		能够排除仪表无法点亮的故障,利用故障诊断仪匹配仪表里程	
任务实施过程中出现的失误			
改进的方向及措施			

2. 学生互评

通过提问、观察同学的演示以及上课的情况,对同学这次学习任务的效果开展评价,评价等级为优、良、合格和不合格,指出任务实施过程中出现的失误,给出改进建议。

小组成员姓名:＿＿＿＿＿＿＿＿＿＿＿＿＿＿＿＿＿

评价维度	评价标准	评级
学习效果	能够熟练使用万用表检查仪表的电压,并判断熔丝的好坏	
	能够更换汽车仪表	
	能够利用故障诊断仪匹配仪表里程	
任务实施过程中出现的失误		
建议		

项目八 ▶▶▶

空调系统检修

▶ **项目描述**

"汽车空气调节"简称为汽车空调,采用人为的方式对车内空气流量、温度、湿度和清洁度调节,给驾驶人及乘坐人员创造了舒适的环境,改善了工作条件,减轻了旅途疲劳,从而也提高了工作效率和安全性。汽车空调系统的组成包括制冷系统、暖风系统、通风系统、空气净化系统和控制系统等,本项目学习内容包括汽车空调的组成和工作原理的认识、汽车空调的检查保养和诊断汽车空调的常见故障等,本项目包含以下三个工作任务:

任务一　认识汽车空调

任务二　保养和检修汽车空调制冷系统

任务三　检修汽车空调控制电路

通过完成以上三个工作任务的学习,能够认识汽车空调的组成和工作原理,学会检查和保养汽车空调的常规操作,并能够对汽车空调常见故障进行分析和处理等操作。

任务一　认识汽车空调

 任务描述

　　作为专业维修技术人员,必须要熟悉空调控制面板的操作,控制面板操作不当会导致空调的制冷效果欠佳,油耗大,甚至导致空调故障。为此,最基本的要求是要懂得如何正确使用空调,认识空调的组成和理解汽车制冷系统工作原理,为汽车空调的检修打下基础。

 任务目标

实施步骤	教学目标		
	素养目标	知识目标	技能目标
认识控制面板	① 开启空调操作,注意节能环保 ② 和团队互助沟通交流,友好合作 ③ 与客户沟通要注意礼仪	熟悉控制面板各功能键的功用和使用方法	能正确使用控制面板各功能键
识别汽车空调部件的组成		熟悉空调制冷系统的组成和功用	能在车上查找空调制冷系统零部件所在位置
理解空调制冷系统的工作原理		理解空调系统的制冷工作原理	会测量空调制冷系统各部件的温度和空调系统高、低压侧压力值

 实施步骤

(一)认识控制面板

 技能实践

　　(1) 汽车空调控制面板有(　　　)和(　　　),两种控制面板有何区别?
　　(2) 写出控制面板各功能键的作用,你还见过哪些控制面板功能键,可写到表 8-1 的空白处。

表 8-1 控制面板各功能键的作用

功能键	作用	功能键	作用
OFF		![座椅通风]	
AC		⛟ FRONT	
AUTO		⛟ REAR	
![前除霜]		SYNC	
![旋钮]		![座椅]	
❄		![座椅加热]	

 知识学习

以大众迈腾车型为例学习空调各功能键的使用,该车配备的三温区自动空调,其功能键通过触控和滑动控制,见表 8-2,空调控制区在中控屏幕下方,且功能键多。

表 8-2 自动空调控制面板

单击 MENU 可以打开空调信息	

续表

自动空调控制面板	

触控键	作用	触控键	作用
	主驾座椅加热	AUTO	自动空调触控键
MAX	前风窗玻璃除霜模式最大		鼓风机转速调节
	后玻璃窗除霜	A/C	A/C：空调开关
	出风口模式选择		蓝色：制冷温度调节显示
CLEAN AIR	空气过滤		红色：取暖温度调节显示
	内外循环	MENU	可打开空调信息，在娱乐系统里的空调系统显示及设置，所显示的空调系统功能键也可以通过触屏方式启动其相应的功能
	副驾座椅加热	OFF	空调系统关闭
LO	主、副驾区域温度显示	SYNC	主、副驾区域温度同步

（1）主、副驾座椅加热

触控启动主、副驾座椅加热，加热有三级。

（2）前、后风窗玻璃除雾

触控前风窗玻璃除雾键能启动除霜功能，系统将从车外吸入的空气吹向前风窗玻璃，同时空气内循环运行模式自动关闭，温度高于 3℃时为快速去除风窗玻璃上的雾气,降低空气湿度,系统将鼓风机转速提高到最高挡。触控后风窗玻璃除雾键能启动后风窗玻璃加热器,在发动机运转时,触控该按钮后风窗玻璃加热器才起作用,约工作 10 min 后加热器自动关闭。

(3) 出风口模式选择

出风口包括六种风向调节模式。第一种模式是单吹前风窗玻璃模式,就是让空气吹向前风窗玻璃,用于除雾;第二种模式是吹脚和吹前风窗玻璃模式,即空气吹向脚部空间和前风窗玻璃;第三种模式是单吹脚模式,空气吹向脚部空间;第四种模式是吹脚、脸双层模式和前风窗玻璃除雾,即空气吹向乘客脚部空间、上身和前风窗玻璃;第五种模式是吹脚和吹脸模式,空气吹向乘客脚部空间和上身;第六种模式是单吹脸模式,空气通过仪表板上的出风口吹向乘客上身。空调系统自动控制送风方向,也可以用触摸手动切换送风方向。

(4) CLEAN AIR 触控键

CLEAN AIR 也就是空气净化,触控该键,自动启动净化空气的功能,关闭车门、车窗等,只有中高档的汽车才有,所谓空气净化的功能当然是过滤有害的气体,保证车内空气环境洁净。它通过以下两种方法来实现空气净化的功能:

第一种方法是带活性炭的空调滤芯。空调滤芯多了一层活性炭隔层,能够将更多的有害物质吸附在滤芯上,当然该空调滤芯的价格也比普通的贵了几倍。

第二种方法是负离子空气净化。通过高压电路产生等离子体,细菌表面含有的蛋白膜会被正负离子破坏,从而失去活力而死亡,以此达到消灭空气中细菌的目的。

(5) AUTO 键

AUTO 即自动空调的意思,触控该键,相应的指示灯点亮,表示已开启自动模式。将温度设置到合适的温度,空调系统将自动调节出风模式和风量,以达到设定温度。如果空调系统自动调节的出风模式和风量无法满足使用需求,可自行手动调节,此时将退出自动模式,指示灯熄灭。

(6) 风速和温度调节键

系统自动控制鼓风机风速,也可以滑动面板或触按风扇键来进行调节鼓风机转速,主、副驾温度调节,用手指滑动或触控蓝色和红色键可调节主、副驾区域的温度,向左滑动温度下降,直到最冷,向右滑动温度上升,直到最热。

(7) 空调的开启和关闭

先起动发动机,待冷却液温度达到正常时开启空调,有三种方法可以开启空调:触控中间的 AUTO,触控右侧的 A/C,触控调节温度键。按 OFF 键可以直接关闭空调。

(二) 识别汽车空调部件

🔖 技能实践

(1) 填写表 8-3 中空调制冷系统各组成部件的作用和在车上的安装位置。

表 8-3　　制冷系统部件的作用和安装位置

部件名称	作用	安装位置
压缩机		
冷凝器		
储液干燥器		
膨胀阀		
蒸发器		
鼓风机		

(2) 填写表 8-4 中汽车空调暖风系统部件的作用和在车上的安装位置。

表 8-4　　暖风系统部件的作用和安装位置

部件名称	作用	安装位置
热交换器		
进水阀		
PTC 加热器总成		
水泵		

📝 知识学习

1. 汽车空调制冷系统的组成

制冷系统的功用是对车内空气或由外部进入车内的新鲜空气进行冷却或除湿，使车内空气变得凉爽舒适。汽车空调制冷系统由压缩机、冷凝器、储液干燥器、膨胀阀和蒸发器等组成，各部件之间采用铜管（或铝管）和高压橡胶管连接成一个密闭系统，如图 8-1 所示。

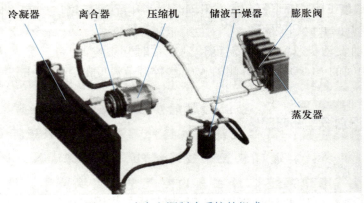

图 8-1　汽车空调制冷系统的组成

2. 压缩机

压缩机是汽车空调制冷系统的心脏。压缩机有两个重要功能,一是使系统内产生低压条件;二是把气态制冷剂从低压压缩至高压,并使其温度升高。这两种功能同时完成。压缩机维持制冷剂在制冷系统中的循环,吸入来自蒸发器的低温、低压气态制冷剂,压缩气态制冷剂,使其压力和温度升高,并将压缩后的制冷剂送进冷凝器,压缩机是制冷系统中使制冷剂在低压和高压、低温和高温之间转换的装置,压缩机正常工作是实现热交换的必要条件。

高压状态存在于压缩机的出口和节流装置的进口之间。根据物理学原理,气态制冷剂的压力增大时,其温度也升高。当温度和压力升得很高后,制冷剂在下一个部件——冷凝器中散热冷凝得很快。

压缩机的上述两个功能只要有一个失效,就会导致空调系统内的制冷剂无法循环。系统内没有适量的制冷剂循环,无法进行热交换,空调制冷系统将工作不良或没有制冷。

有些压缩机有维修阀,这是由外部检测空调系统的通路。检测压力表由维修阀接口与系统连接。如回收制冷剂、抽真空及系统灌注制冷剂,均可通过维修阀进行。

3. 电磁离合器

定排量压缩机一般都装有电磁离合器,它是压缩机带轮组件的一部分。电磁离合器的作用是通过离合器电磁线圈通断电,决定是否将发动机的动力传向压缩机。

电磁离合器主要由前板、皮带盘(转子)及电磁线圈组成,如图8-2所示。

电磁离合器带轮由发动机(曲轴带轮及传动带)的动力驱动,只要发动机开始运转,带轮就运转。当空调开关闭合时,电流通过电磁线圈,产生较强的磁场,使压缩机的电磁离合器从动盘和自由转动的带轮吸合,动力就由带轮经离合器轮毂传向压缩机主轴,从而驱动压缩机主轴旋转。当电流切断,磁场就消失,靠弹簧的作用把从动盘和带轮分开,压缩机便停止工作,带轮空转。

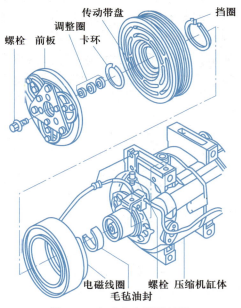

图8-2 电磁离合器的结构

4. 热交换器

(1) 冷凝器

汽车空调中的冷凝器和蒸发器统称为热交换器,汽车空调制冷系统中的冷凝器是一种由管子与散热片组合起来的热交换器。冷凝器的作用是将压缩机送来的高温、高压的气态制冷剂转变为液态制冷剂,制冷剂在冷凝器中散热而发生状态的改变。因此冷凝器是一个热交换器,将制冷剂在车内吸收的热量通过冷凝器散发到大气中。小型汽车的冷凝器通常安装在汽车的前面(一般安装在散热器前),通过风扇进行冷却(冷凝器风扇一般与散热器风扇共用,也有车型采用专用的冷凝器风扇)。冷凝器一般安装在散热器前面且与散热器在同一垂直平面内,以保证良好的通风散热性。现在常用的是平行流冷凝器(图8-3),平行流冷凝器由圆筒集管、铝制内肋扁管、波形散热翅片及连接管组成。

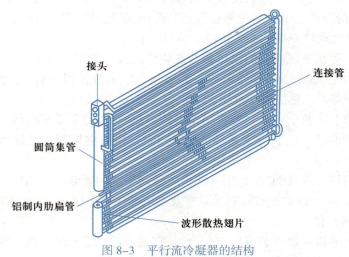

圆筒集管

接头

连接管

铝制内肋扁管

波形散热翅片

图8-3 平行流冷凝器的结构

(2)蒸发器

蒸发器的作用是将经过节流降压后的液态制冷剂在蒸发器内沸腾汽化,吸收蒸发器表面周围空气的热量而降温,风机再将冷风吹到车室内,以达到降温的目的。现在常用的层叠式蒸发器(图8-4)由两片冲成复杂形状的铝板叠在一起组成制冷剂通道,每两片通道之间夹有蛇形散热铝带。这种蒸发器也需要双面复合铝材,且焊接要求高,因此,加工难度最大,但其换热效率也高,结构也最紧凑。

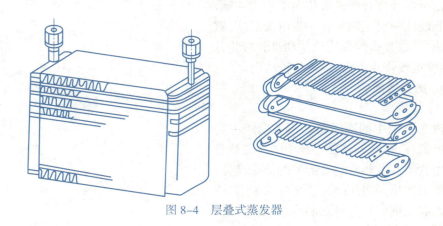

图8-4 层叠式蒸发器

5. 制冷系统节流装置

汽车空调制冷系统中的节流装置,是冷凝器内的高压液态制冷剂进入低压空间——蒸发器的"阀门",节流装置安装在冷凝器出口与蒸发器进口之间(图8-5),节流装置在制冷系统中很重要,由于它的节流作用,形成了系统制冷剂的高低压空间,是制冷剂能够被压缩液化散热、蒸发汽化吸热的条件之一,进而完成制冷过程。节流装置特别是膨胀阀还有调节控制制冷剂流量的作用,也就是实现了制冷量调节。汽车空调制冷系统的节流装置主要有膨胀阀和孔管两种形式。早期应用最多的是膨胀阀,另一种装置——膨胀节流管(又称为孔管),开始由通用汽车公司采用,后来逐渐被很多汽车厂家采用。

(1)膨胀阀

膨胀阀是汽车空调制冷系统高压与低压的分界点,它将系统的高压侧与低压侧分隔开,阀内的可变化毛细管只能允许很小流量的制冷剂进入蒸发器,通过阀的制冷剂流量由蒸发器温度所控制,毛细管内有一"锥形针"阀芯,阀芯提升或下降可以改变其开度大小,当阀全开时,直径为0.2 mm。

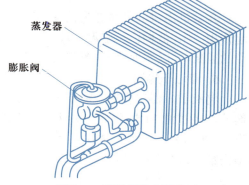

图8-5 膨胀阀的安装位置

H形膨胀阀是一种整体型膨胀阀,如图8-6所示。膨胀阀与蒸发器进出口相连,H形膨胀阀因其内部通路形同H而得名。这种膨胀阀安装在蒸发器的进出管之间,阀上端直接暴露在蒸发器出口工质中,提高了调节灵敏度。膨胀阀利用安装在压缩机吸气口处的内置式感温包,感受制冷剂温度,用于调整制冷剂的流量。

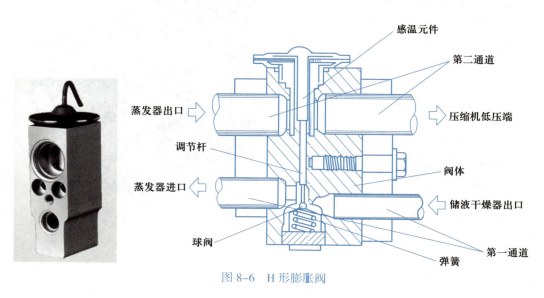

图8-6 H形膨胀阀

(2)孔管

图8-7所示为孔管。其两端都装有滤网,以防止系统堵塞。和膨胀阀一样,孔管也是装在系统高压侧。孔管不能调节制冷剂流量,蒸发器出口可能有过多的液态

制冷剂尚未蒸发为气体。因此,装有孔管的系统,必须在蒸发器出口和压缩机进口之间安装一个集液器,实行气液分离,以防液态制冷剂冲击压缩机。

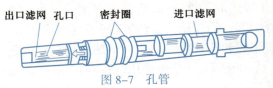

孔管是一种毛细管阻碍器,对液态制冷剂节流进而呈气态,孔管置于冷凝器出口和蒸发器进口间的液管上,其作用是将高压液态制冷剂节流成低压液体后进入蒸发器。

图8-7　孔管

孔管进出口的网状滤清器保护节流管,避免堵塞,若出现堵塞,系统可能完全不起作用。中、低档汽车空调系统多采用孔管,并施行循环离合器(运行中控制电磁线圈的通断电,以实现控温)控制,装有孔管的制冷系统成本低,节约燃油。

6. 储液干燥器

储液干燥器串联在冷凝器与膨胀阀之间的管路上,使从冷凝器中来的高压制冷剂液体经过滤、干燥后流向膨胀阀。储液干燥器主要由滤清器、干燥剂和视液镜等组成,如图8-8所示。现代很多汽车空调系统的储液干燥器与冷凝器集成在一起,结构紧凑,如图8-9所示。

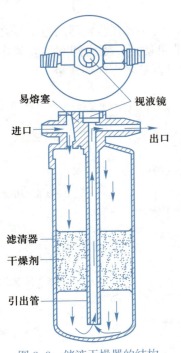

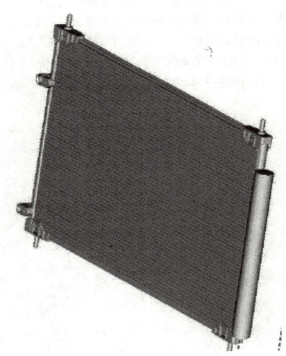

图8-8　储液干燥器的结构　　　　图8-9　冷凝器、储液干燥器成一体

在制冷系统中,储液干燥器可以起到储液、干燥和过滤液态制冷剂等作用,具体如下:

① 吸收系统中制冷剂中的水分,制冷剂溶水能力很差,若系统内有水分,易在膨

胀阀处形成冰结晶,阻止制冷剂的流动。系统中的水分还会与制冷剂起化学作用,形成腐蚀性强的盐酸,损坏系统中的钢制零件。

② 储存制冷剂,储存液化后的高压液态制冷剂,随时向循环系统提供所需要的制冷剂,同时补偿系统的微量渗漏。制冷系统中进行循环的制冷剂数量随着热负荷的变化而变化。

③ 储液干燥器中的过滤装置随时清除系统中的杂质和污物,防止其进入制冷剂中堵塞膨胀阀。

7. 集液器

集液器(又称为吸气集液器)安装在蒸发器出口和压缩机进口之间,顾名思义,它是保证压缩机"吸气"冲程中,吸入的制冷剂只能是气态而不是液态。

集液器能够捕获从蒸发器(未蒸发成气态)流出的液态制冷剂,防止它们进入压缩机,液态制冷剂进入压缩机会引起严重的损害(液态制冷剂不可压缩,形成过压甚至爆裂)。

集液器的另一重要功能是,其内部装有干燥剂,干燥剂是一种化学物质,它能收集、吸收因不恰当检修过程而进入系统的水汽。集液器内有一滤网,此滤网可防止可能落入系统内的碎屑进入循环。

如图 8-10 所示,离开蒸发器的制冷剂首先进入集液器,在这里任何液滴(比蒸气重)会落到容器的底部,一个 U 形液气管保证只有制冷剂蒸气方能离开集液器而进入压缩机入口。U 形液气管弯曲的底部还有一节流管,若仍然有少量的液态制冷剂进入吸气管,这个节流管经校准后能确保液态制冷剂经节流后在它进入压缩机前会蒸发为气体,这个节流管也能让少量的制冷机油返回压缩机。集液器用于有孔管作为节流装置的系统中。

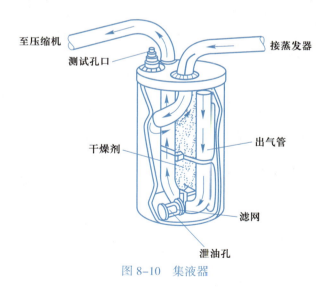

图 8-10 集液器

（三）理解空调制冷系统的工作原理

 技能实践

（1）用温度仪测量空调系统各部位的温度，用压力表测量空调系统制冷剂压力，读出高、低压的压力读数，完成表 8-5 的填写。

表 8-5　汽车空调各部件的检测

部件	进口			出口			温度变化	压力变化	状态变化	安装位置
	温度	压力	状态	温度	压力	状态				
压缩机	−5℃	2 bar（1 bar=101 kPa）	气态	70℃	15 bar	气态	升高	增压	无	
冷凝器										
储液干燥器										
膨胀阀										
蒸发器										

（2）简述汽车空调制冷系统的工作原理。

 知识学习

微课
汽车空调为什么
能制冷

1. 制冷系统的工作原理

制冷系统在工作过程中，制冷剂以不同的状态在这个密闭系统内循环流动，每一循环有四个基本过程，如图 8-11 所示。

动画
汽车空调制冷系
统工作原理

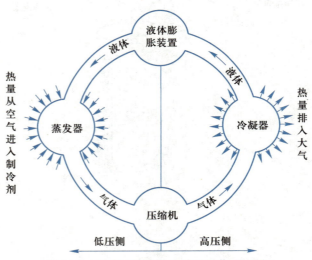

图 8-11　汽车空调制冷系统的工作原理图

（1）压缩过程

压缩机将蒸发器出来的低压侧温度约为 0℃、气压约为 0.2 MPa 的低温低压气态制冷剂增压成高温约 70~80℃、高压约 1.5 MPa 的气态制冷剂。高温高压的过热制冷剂气体被送往冷凝器冷却降温。

（2）冷凝过程

过热气态制冷剂进入冷凝器,散热冷凝为液态制冷剂,使制冷剂的状态发生变化。冷凝过程的后期,制冷剂呈中温 40~50℃、气压不变的过冷液体。

（3）膨胀过程

冷凝后的液态制冷剂经过膨胀阀后体积变大,其压力和温度急剧下降,变成低温约为 –5℃、低压约为 0.2 MPa 的湿蒸气,以便进入蒸发器中迅速吸热蒸发。在膨胀过程中同时进行节流控制,以便供给蒸发器所需的制冷剂,从而达到控制温度的目的。

（4）蒸发过程

液态制冷剂通过膨胀阀变为低温低压的湿蒸气,流经蒸发器不断吸热汽化转变成低温约为 0℃、低压约为 0.2 MPa 的气态制冷剂,吸收车内空气的热量。从蒸发器流出的气态制冷剂又被吸入压缩机,增压后泵入冷凝器冷凝、液化,进行制冷循环。

制冷循环就是利用有限的制冷剂在封闭的制冷系统中,反复地将制冷剂压缩、冷凝、膨胀和蒸发,不断在蒸发器中吸热汽化,对车厢内空气进行制冷降温。

2. 汽车空调暖风系统

汽车空调暖风系统是将新鲜空气送入热交换器,吸收汽车热源的热量,从而提高空气的温度,并将热空气送入车内的装置,其主要作用如下:

① 加热器和蒸发器一起将冷热空气调节到人所需要的舒适温度。现代汽车空调已经发展到冷暖一体化的水平,可以全年地对车厢内的空气温度进行调节。

② 冬季供暖。冬天由于天气寒冷,人在运动的汽车内会感到更寒冷。这时,汽车空调可以向车厢内提供暖气,以提高车厢内的温度,使乘客感觉到舒适。

③ 车上玻璃除霜。冬季或者春秋季,室内外温差较大,车上玻璃会结霜或起雾,影响驾驶人和乘客的视线,这样不利于行车安全,这时可以用热风除霜和除雾。

水暖式暖风系统一般以水冷式发动机冷却系统中的冷却液为热源,将冷却液引入车厢内的热交换器中,用鼓风机送来的车厢内空气(内气式)或车厢外空气(外气式)与热交换器中的冷却液进行热交换,鼓风机将加热后的空气送入车室内。

水暖式暖风系统的管路连接如图 8-12 所示。在发动机冷却液进口装有水泵,它是冷却液循环的动力。不使用暖风时,冷却液通过散热器进水管进入散热器,放热后的冷却液由散热器出水管回到发动机。使用暖风时,经发动机上的冷却液控制阀(图 8-13)分流出来的冷却液送入暖风机的加热器芯,放热后的冷却液由加热器出水管回到发动机。冷空气则在鼓风机的作用下,通过加热器被加热后,由不同的风口吹往车厢内。暖风系统的暖风流经驾驶人座位左右的空间,在车内均匀分布。为了防止风窗玻璃上结霜,还应使暖风通过风窗玻璃下面的出风口,使暖风吹到风窗玻璃上,以保持风窗玻璃内侧温度在露点之上。

微课
空调暖风系统的认知

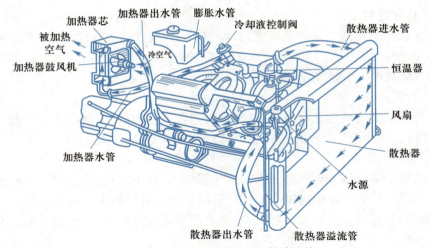

图 8-12　水暖式暖风系统的管路连接

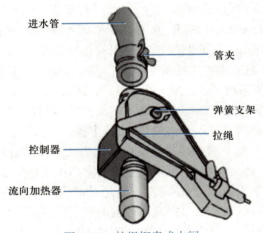

图 8-13　拉绳钢索式水阀

知识考核

（一）单项选择题

1. 汽车空调控制按键"AUTO"表示（　　　）。

A. 自动控制　　　　　　　　　　B. 停止

C. 风速　　　　　　　　　　　　D. 温度控制

2. 一般汽车空调工作时，压缩机电磁离合器能按照车厢内温度的高低自动分离和吸合，是受（　　　）控制的。

A. 低压保护开关　　　　　　　　B. 高压保护开关

C. 开关 D. 温控开关

3. 氟利昂制冷剂 R12 的危害是（　　）。

A. 有辐射 B. 有毒性

C. 破坏大气臭氧层 D. 破坏自然生态

4. 下列汽车空调部件中,不是热交换器的是（　　）。

A. 散热器 B. 冷凝器

C. 蒸发器 D. 鼓风机

5. 汽车 A/C 工作时,每个制冷循环包括压缩、冷凝、膨胀、（　　）四个工作过程。

A. 蒸发 B. 做功

C. 进气 D. 排气

6. 在制冷循环蒸发过程的后期,制冷剂应呈（　　）态被吸入压缩机。

A. 液 B. 气

C. 半液半气 D. 固

7. 汽车空调正常工作时冷凝器下部的温度应为（　　）℃。

A. 30 B. 50

C. 70 D. 80

(二) 多项选择题

1. 下列说法（　　）正确。

A. 储液干燥器位于液相路中 B. 储液干燥器位于吸管路中

C. 蒸发器位于系统的低压侧 D. 固定孔管是可以互换的

2. 空调系统储液干燥器的功能是（　　）。

A. 储液 B. 干燥 C. 过滤 D. 节流

3. （　　）不是膨胀阀的作用。

A. 节流 B. 膨胀 C. 除湿、过滤 D. 增压

🖥 **评价及总结**

1. 自我评价

结合自己的学习过程及学习效果,对自己学习的主动性和效果进行自评,评价等级为优、良、合格和不合格,针对出现的失误进行反思,完善改进方向及改进措施。

评价维度		评价标准	评级
学习主动性	课前	课前预习,完成老师布置的课前任务	
	课中	积极思考、参与课堂互动,辅助老师完成教学演示或模拟练习	
	课后	及时总结,完成课后练习任务,并向老师反馈学习建议	

续表

评价维度	评价标准	评级
学习效果	能够通过空调控制面板识别空调是自动还是手动,并能熟练了解空调控制面板各键的操控和作用	
	能够在车上找到空调系统组件,并能够表述各组件的功用	
	能够表述汽车空调的工作原理,通过手感判断空调高、低压管路	
任务实施过程中出现的失误		
改进的方向及措施		

2. 学生互评

通过提问、观察同学的演示以及上课的情况,对同学这次学习任务的效果开展评价,评价等级为优、良、合格和不合格,指出任务实施过程中出现的失误,给出改进建议。

小组成员姓名:_____

评价维度	评价标准	评级
学习效果	能够通过空调控制面板识别空调是自动还是手动,并能熟练了解空调控制面板各键的操控和作用	
	能够在车上找到空调系统组件,并能够表述各组件的功用	
	能够表述汽车空调的工作原理,通过手感判断空调高、低压管路	
任务实施过程中出现的失误		
建议		

任务二 保养和检修汽车空调制冷系统

任务描述

汽车空调在使用过程中,时间久了难免会产生异味,此外,汽车空调安装在车上,随着车在不同路况颠簸振动,空调制冷系统也会出现各种各样的问题,如空调制冷系统泄漏或其他故障,所以要经常对空调系统进行保养与检修,排除常见故障,实时给乘客带来最舒适的享受。

任务目标

实施步骤	教学目标		
	素养目标	知识目标	技能目标
检查和排除空调异味	① 检查保养或维修空调时要做到"6S"管理	了解空调系统异味的来源	能检查确定空调异味的来源,并能排除异味
检查空调系统泄漏部位	② 维修空调要回收制冷剂,不能直接排到大气中,影响气候	熟悉空调系统泄漏的检测方法	能在车上查找确定空调制冷系统泄漏的部位
鉴定空调系统制冷剂的纯度		熟悉空调系统制冷剂的鉴别和注意事项	能操作制冷剂的鉴别步骤
加注(补充)制冷剂	③ 保养与维修空调时要与团队合作默契	掌握空调系统制冷剂的加注流程及注意事项	能向空调系统加注冷冻机油和制冷剂
检测和分析空调系统压力故障	④ 与客户沟通空调维修项目时要注重礼仪	掌握空调制冷系统压力识读和故障原因分析	能检测空调系统压力,识别压力异常的故障并排除

 实施步骤

(一) 检查和排除空调异味

技能实践

(1) 测量各出风口的风速,风速_____,说明空调滤芯_____,空调滤芯脏会产生_____。

(2) 空调滤芯位于车上_____位置。

(3) 简述空调滤芯的拆装步骤和注意事项,并在车上进行操作。

(4) 空调滤芯的更换周期一般为_____。

(5) 简述对空调风道进行杀菌除异的步骤及注意事项,并在车上进行操作。

知识学习

1. 车内空气循环

如图 8-14 所示,鼓风机将经过空气净化系统(空调滤芯)后的空气抽进来,经过蒸发器、加热器芯以及风道进入车厢内,车外的灰尘、花粉和其他颗粒被空气净化系统(空调滤芯)过滤,所以吹入车厢内的空气是清洁干净的。

2. 空气净化系统

汽车空气净化主要有两种方式，一种是采用空气净化器，通常有空气过滤式和静电除尘式两种方式，如图 8-15 所示。前者是在空调系统的进风和回风口处设置空气滤清装置，它仅能滤除空气中的灰尘和杂物，结构简单，工作可靠，只需定期清理过滤网上的灰尘和杂物即可，故广泛用于各种汽车空调系统中。后者则是在空气进口的滤清器后再设置一套静电除尘装置或单独安装一套用于净化车厢内空气的静电除尘装置。它除了具有过滤和吸附烟尘等微小颗粒杂质的功能外，还具有除臭和杀菌的功能，有的还能产生负离子，使车厢内的空气更为新鲜、洁净。由于其结构复杂、成本高，所以只用于某些高级轿车和旅游车上。

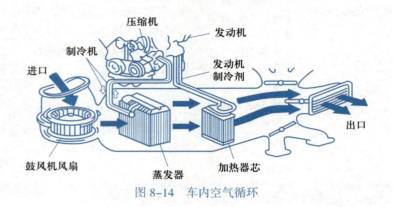

图 8-14　车内空气循环

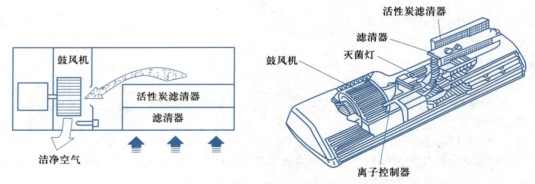

图 8-15　空气过滤装置及空气净化装置

静电除尘式空气净化系统的空气净化过程框图如图 8-16 所示。

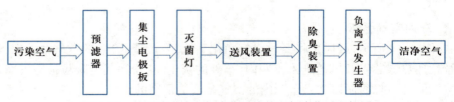

图 8-16　静电除尘式空气净化系统的空气净化过程框图

预滤器用于过滤空气中粗大的尘埃杂质,除尘器以静电除尘的方式把微小的颗粒尘埃、烟灰及汽车排出的气体中含有的微粒吸附在除尘板上。其工作原理是:通过辉光放电时产生的加速离子,通过热扩散或相互碰撞而使浮游尘埃颗粒带电,然后在辉光放电的电场中,在库仑力的作用下,克服空气的黏性阻力而被吸附在集尘电极板上,灭菌灯用于杀死吸附在集尘电极板上的细菌,它是一只低压水银放电管,能发射出波长为 353.7 nm 的紫外线光,其杀菌能力约为太阳光的 1.5 倍。

除臭装置用于除去车厢内的汽油及香烟等气味,一般采用活性炭滤清器、纤维式或滤纸式空气滤清器来吸附烟尘和臭气等有害气体。

另一种是利用当电传感器测出空气中的污染程度,自动控制新风门的开启,让烟气及受污染空气排出车外,以达到净化车内空气的目的。实际上这两种方式常同时被采用,部分高级轿车上实现了 ECU 控制空气净化的问题。

3. 空调异味的来源

蒸发器安装在密闭的车厢里,蒸发器制冷过程中会潮湿,潮湿的蒸发器表面会黏附杂质和灰尘等固体有害物质,以及黏附人体油脂、尼古丁等化学物质,当使用空调不正确时,即还没有吹干蒸发器就熄火离开,潮湿的蒸发器处在密闭的空间没有晾干,黏附在蒸发器上的物质会有细菌滋生繁殖,黏附物越来越严重,细菌越积越多。

细菌在蒸发器被鼓风机吹出,通过出风口进入车厢,又通过内循环经鼓风机吹过蒸发器进入车厢,周而复始循环,这样使整个通风通道、车厢内、蒸发器都有细菌,时间久了空调就产生异味。

空调内的细菌包括嗜肺军团菌、绿脓杆菌等,对人体都是有害的。所以使用空调应该是,开车快到或到达目的地时,先关空调(A/C),继续用自然风或热风吹几分钟,等蒸发器吹干后再关鼓风机,停车熄火,这样大大减少细菌的滋生。

4. 杀菌清洗——消除异味

当空调有异味时,为了获得更好的乘车环境和清新的空气,就必须使用专业汽车空调系统清洗剂彻底给空调进行清洁,详细步骤如下:

① 选择合适的杀菌除异清洗剂。

② 停好车,做好防护和安全工作。

③ 拆卸杂物箱、空调滤芯(保护好鼓风机电阻),拆进气口饰板。

④ 打开发动机舱盖,起动发动机。

⑤ 打开车窗,开启空调,风速调至高速挡,打开外循环。

⑥ 从空气入口处喷入清洗剂(或消毒剂),运行空调 5 min,停止 5 min。

⑦ 停止 5 min 之后,再次开启鼓风机高速挡,开启空调,再次喷入清洗剂,运行空调 10 min。

⑧ 停止鼓风机运转,静至 5 min,开启鼓风机高速挡,调温键至高温处,运行 10 min,以让热风烘干风道。

⑨ 最后装回清洗或更换过的空调滤清器,复原车辆。打开空调确认空调系统工作正常,并让鼓风机工作至最高挡,吹热风,吹干风道和蒸发器。

注意事项如下：

① 在清洗过程中，泡沫流量不能太大。

② 对所拆卸的空调滤清器，需用高压气或吹风筒对其清洗、清洁处理后或更换新的滤芯装回。

(二) 检查空调系统泄漏部位

📖 技能实践

1. 空调制冷系统抽真空检漏操作 (表 8-6)

表 8-6 空调制冷系统抽真空检漏操作

步骤	技术要求	过程记录
准备工作	抽真空管路的连接方法	
系统抽真空	注意读取压力表数值判断是否有泄漏	
结束抽真空	抽真空时间 保压时间	
系统检测	是否泄漏	

2. 压力检漏操作 (表 8-7)

表 8-7 压力检漏操作

步骤	技术要求	过程记录
准备工作	管路的连接	
系统充注干燥氮气	注意读取压力表数值，压力达到 2 MPa 左右时即可	
用肥皂液涂抹在容易漏气的部位	仔细观察有无气泡	

3. 电子检漏仪检漏 (表 8-8)

表 8-8 电子检漏仪检漏

步骤	技术要求	过程记录
准备工作	通电、预热	
校核	确认指示灯和警铃工作正常	
调整灵敏度	调整到所需要的范围内	
开始检测	查出泄漏的地方，应将探测头移开此部位，以免缩短仪器使用寿命	

知识学习

　　汽车空调系统工作条件比较恶劣,其制冷系统一直随汽车工作在振动的工况下,极易造成部件、管道损坏和插头松动,使制冷剂发生泄漏,其泄漏的常发部位见表 8-9。

表 8-9　汽车空调系统泄漏的常发部位

部件	泄漏常发部位	部件	泄漏常发部位
冷凝器	① 冷凝器进气管和出液管连接处 ② 冷凝器盘管	储液干燥器	① 易熔塞 ② 管道接口喇叭口处
蒸发器	① 蒸发器进气管和出口管连接处 ② 蒸发器盘管 ③ 膨胀阀	压缩机	① 压缩机油封 ② 压缩机吸排气阀处 ③ 前后盖密封处 ④ 制冷剂管道接头处
制冷剂管道	① 高、低压软管 ② 高、低压软管各接头处		

　　汽车空调系统常用的检漏方法有目测检漏法、皂泡检漏法、染料检漏法、检漏灯检漏法、电子检漏仪检漏法、抽真空检漏法和加压检漏法等几种。

　　(1) 目测检漏法

　　目测检漏法是指用肉眼查看制冷系统(特别是制冷系统的管接头)部位有否润滑油渗漏痕迹的一种检漏方法。因为制冷剂通常与润滑油(冷冻油)互溶,所以在泄漏处必然也带出润滑油,因此,制冷系统管道有油迹的部位就是泄漏处。

　　(2) 染料检漏(着色检漏)法

　　确定制冷剂泄漏点,把黄色或红色的颜料溶液引入空调系统,是个理想的办法。染料能确定漏点的准确位置,因为漏点周围有红色和黄色两种染料积存,并且不会影响系统的正常运行。下面介绍加注染料进入系统的方法:

　　① 准备工作,将歧管压力表表座与空调系统连接,将中间管通过专用接头分别与染料容器和制冷剂罐连接。

　　② 染料进入系统。起动发动机,按怠速运转,调整有关控制器至最凉位置;缓慢地打开低压侧手阀,使染料进入系统;加注制冷剂进入系统,至少应达到名义含量的一半,发动机连续运行 15 min;关闭发动机和空调器。

　　③ 观察系统。观察软管和接头是否有染料溶液泄漏的迹象。如发现漏点,按要求进行修理,染料可以保留在系统内,对系统无害。

　　(3) 电子检漏仪检漏法

　　检查时,应当遵照电子检漏仪制造厂家的有关规定。一般按下列步骤进行:

　　① 转动控制器或敏感性旋钮至断开(OFF)或 0 位置。

　　② 电子检漏仪接入规定电压的电源,接通开关。如果不是电池供电,应有 5 min

微课
空调制冷
系统检漏

视频
汽车空调
系统检漏

动画
冷却系统的检
漏、排放及加注

的升温期。

③ 升温期结束后,放置探头于参考漏点处,调整控制器和敏感性旋钮至检漏仪有所反应为止,移动探头,反应应当停止,如果继续反应,则是敏感性调整得过高,如果停止反应,则是敏感性调整得合适。

④ 移动导漏软管,依次放在各接头下侧,还要检查全部密封件和控制装置。

⑤ 断开和系统连接的真空软管,检查真空软管接头处有无制冷剂蒸气。

⑥ 如发生漏点,电子检漏仪就会出现像放置在参考漏点处的反应状况。

⑦ 探头和制冷剂的接触时间不应过长,也不要把制冷剂气流或严重泄漏的地方对准探头,否则会损坏探测仪的敏感元件。

（4）抽真空检漏（负压检漏）法

抽真空检漏法是通过做气密性试验法进行检漏,对制冷系统抽真空以后,保持一段时间（至少 60 min）,观察系统中的真空压强表指针是否移动（即指针是否发生变化）的一种检漏方法。要指出的是,采用这种方法检漏,只能说明制冷系统是否泄漏,而不能确定泄漏的具体部位。

（5）加压检漏（正压检漏）法

加压检漏法是指将 1.5~2 MPa 的氮气、二氧化碳或混有少量制冷剂的氮气、二氧化碳等介质加入制冷系统中,再用肥皂水或卤素检漏灯进行检漏的一种方法。这种方法常用于空调制冷系统中的制冷剂全部漏光时的检漏。要注意,在高压条件下操作时尽量不要用空气压缩机加压或制冷系统本身的压缩机加压,因为这样会使制冷系统带入一部分水分。

（三）回收空调系统制冷剂

视频
汽车空调系统
压力检测

🖥 技能实践

① 先运行空调几分钟后关空调,关闭鼓风机,让发动机熄火。

② 关闭一体机的_____、_____压手动阀,分别将设备的_____、_____压管接头与空调系统的_____、_____压端维修阀连接,将电源插头连接电源。

③ 打开电源开关,按下选择功能键,选择对应的"制冷剂回收"菜单,打开一体机的_____、_____压手动阀,再按运行键进行制冷剂_____。

④ 制冷剂_____过程完成时,自动切换到"_____"过程,此时,打开"_____"旋钮,设备自动回收从系统中排出的废油。

⑤ 排油完毕关闭一体机的_____、_____压手动阀,关闭电源。

⑥ 回收注意事项如下:

a. 严禁将制冷剂直接排放到大气中,破坏环境,有资料表明,汽车空调使用的 HFC-134a 制冷剂平均每年有 8.2% 被直接排到大气中,在缓慢氧化分解过程中,生成大量的温室气体,对环境的破坏力同样不可小视。

b. 回收气罐应当只用于盛装回收的制冷剂。不要将_____的制冷剂在回收机或回收气罐中混合,不纯的制冷剂不予_____,因为这样的混合物无法再循环、再利用。

c. 在向回收气罐排入制冷剂的同时,应注意回收气罐中的质量。因为过量充入制冷剂是很危险的,充入气罐的制冷剂不要超过回收气罐的允许灌入量。

视频
回收制冷剂

📝 知识学习

(1) 制冷剂加注、回收多功能机的使用

如图 8-17 所示,将活接头拧回到极限位置,与空调维修口连接,红色接头接高压管,蓝色接头接低压管,拧下快速接头。快速接头拧到位即可,不要用力拧过紧,以防接头损坏。检查压强表指示。

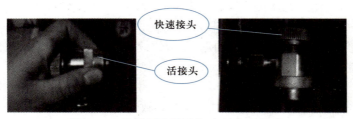

图 8-17　连接制冷剂回收、加注机的接头

(2) 回收制冷剂

选择"回收"菜单,按下"启动"按钮,回收、加注一体机自动回收汽车空调系统内的制冷剂,待高、低压指示表都指到"零"时,按下"停止"按钮。打开回收、加注机,按完"停止"按钮后显示屏会显示排出"冷冻油"字样。排油时要注意观察排油壶刻度,待冷冻油排完后再次按"停止"按钮。

(四)加注(补充)制冷剂

💻 技能实践

1. 加注制冷剂前先采用回收、加注一体机对空调系统抽真空

① 连接管路和电源线。

② 打开一体机的_____、_____压手动阀,设定抽真空时间(可设为15 min)开始抽真空,显示屏会显示抽真空的_____时间。

③ 当运行到显示器的时间读数为_____时,关闭一体机的_____、_____压手动阀,真空泵自动停机,读出面板上_____、_____压压力表的真空值,此时应该接近_____bar。

④ 关闭设备_____、_____压阀门和真空泵后,再等待 15 min 以上,检查此期间高、低压压力表的真空值是否回升,此过程称为保压。如果真空值有回升,说明系统有泄漏现象或外部连接有泄漏现象,进一步确定泄漏部位并排除。

⑤ 再重新启动抽真空操作,直至系统完全抽空(无泄漏)。

⑥ 注意事项如下:

a. 抽真空时必须将高压侧和低压侧的管接头与空调系统相连,如果只有一侧管接头与空调系统相连,那么空调系统会通过另一侧管接头与大气相通,使空调系统不能保持真空。

b. 空调系统抽真空后必须立即关闭歧管压力表手阀,然后使真空泵停止工作。如果这个顺序颠倒,空调系统将会暂时与大气相通。

c. 空调系统有压力(有制冷剂)时,不能抽真空。

2. 采用回收、加注一体机对空调系统加注冷冻油

① 将规定数量的冷冻油倒入油杯中,抽真空结束后,直接拧开注油旋钮即可加注。

② 打开高压侧或低压侧手阀,冷冻油从油杯中被吸入空调系统,油杯中油被吸干后,应立即关闭高压侧手阀,以免吸入空气。

③ 按抽真空法进行加注冷冻油后,还应继续对制冷系统_____15 min 以上才能加注制冷剂。

④ 注意事项如下:

a. 冷冻油加注量应适宜,加注量过大会导致制冷效果不良。

b. 利用真空法加注冷冻油时,部分空气也被吸入空调系统,所以加注冷冻油后应再次_____。

3. 采用回收、加注一体机对空调系统加注(补充)制冷剂

① 查询维修手册或车辆上标识的制冷剂的量,例如某车辆的空调系统制冷剂的加注量为 0.525 kg。

② 从高压端加注制冷剂时,禁止运行_____。选择菜单中的"加注_____"选项,设置加注制冷剂的量为 0.525 kg,打开_____端开关,按下运行,待加注结束,就可以关闭高压手动阀了。

③ 从低压端补充制冷剂时,起动发动机,运行汽车空调,打开_____端开关。选择菜单中的"加注_____"选项,设置加注制冷剂的量为 0.200 kg,打开_____端开关,按下运行,此时让发动机转速达到 2 000~2 500 r/min,测出风口风速、温度,观察压力表读数,等待制冷剂加注足够时,就可以关闭低压手动阀了。

④ 关闭空调、鼓风机,熄火,等待高压压力表读数下降至 10 bar 以下,拆卸设备高、低压连接管,收拾好设备、工具,恢复车辆。

📖 知识学习

1. 冷冻油的充注

汽车空调制冷系统通常不需加注冷冻油,但在更换制冷系统部件及发现系统有严重泄漏时,应补充冷冻油。其补充冷冻油的方法有以下几种:

① 利用压缩机本身抽吸的作用,将冷冻油从低压阀处吸入,这时发动机一定要

保持低速运转。

②　直接加注法。把所需的冷冻油直接加注到制冷系统各元件上,再把制冷系统各元件装在车上。

③　随制冷剂加注法。把所需的冷冻油加注到歧管压强表的中间软管,再把制冷剂罐接在此软管上,然后按加注制冷剂的方法操作即可。

④　利用抽真空加注冷冻油。抽真空法加注冷冻油如图8-18所示,具体步骤如下:

a.　将歧管压强表接至空调系统,将空调系统抽真空至92 kPa。

b.　将规定数量的压缩机油倒入油杯中,并将中央软管放入杯中。如使用专用设备时,直接按下注油按钮即可。

c.　打开高压侧手阀,压缩机油从油杯中被吸入空调系统,油杯中油被吸干,应立即关闭高压侧手阀,以免吸入空气。

d.　按抽真空法加注冷冻油后,还应继续对制冷系统抽真空、加注制冷剂。

2. 制冷剂的充注

当制冷系统抽真空达到要求,且检漏确定制冷系统不存在泄漏部位后,即可向制冷系统加注制冷剂。在加注前,先确定注入制冷剂数量。加注过多或过少,都会影响汽车空调制冷效果。压缩机的铭牌上一般都标有所用制冷剂的种类及其加注量。

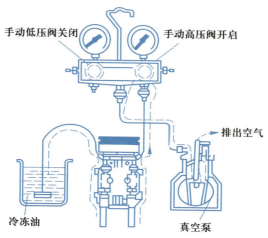

图8-18　抽真空法加注冷冻油

充注制冷剂时可采用高压端充注或低压端充注的方法。

高压端充注是指从压缩机排气阀(高压阀)的旁通孔(多用通道)充注,充入的是制冷剂液体(图8-19)。其特点是安全、快速,适用于制冷系统的第一次充注,即经检漏、抽真空后的系统充注。但使用该方法时必须注意,充注时不可开启压缩机(发动机停转),且制冷剂要求倒立。

①　当系统抽真空后,关闭歧管压强表上的手动高、低压阀。

　　② 将中间软管的一端与制冷剂罐注入阀的接头连接,打开制冷剂罐开启阀,再拧开歧管压强表软管一端的螺母,让气体逸出几分钟,然后拧紧螺母。

　　③ 拧开高压手动阀至全开位置,将制冷剂罐倒立。

　　④ 从高压侧注入规定量的液态制冷剂。关闭制冷剂罐注入阀及歧管压强表上的手动高压阀,然后卸下仪表。从高压侧向系统充注制冷剂时,发动机处于非工作状态(压缩机停转),不要拧开歧管压强表上的手动低压阀,以防止产生液压冲击。

　　低压端充注是指从压缩机吸气阀(低压阀)的旁通孔(多用通道)充注,充入的是制冷剂气体,如图8-20所示,其特点是加注速度慢,可在系统补充制冷剂的情况下使用。

　　① 将歧管压强表与压缩机和制冷剂罐连接好。

　　② 打开制冷剂罐,拧松中间注入软管在歧管压强表上的螺母,直到听见有制冷剂蒸气流动声,然后拧紧螺母,从而排出注入软管中的空气。

　　③ 打开手动低压阀,让制冷剂进入制冷系统。当系统压强达到0.4 MPa时,关闭手动低压阀。

　　④ 起动发动机,接通空调开关,并将鼓风机开关和温控开关都调至最大。

　　⑤ 再打开歧管压强表上的手动阀,让制冷剂继续进入制冷系统,直至充注剂量达到规定值。

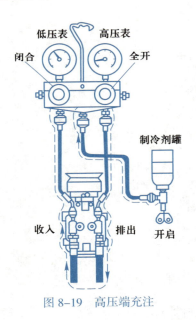

图8-19　高压端充注

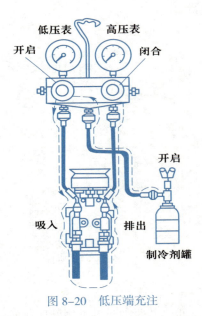

图8-20　低压端充注

　　⑥ 向系统中充注规定量制冷剂后,观察视液窗,确认系统内无气泡、无过量制冷剂。随后将发动机转速调至2 000 r/min,将鼓风机风量开到最高挡,若气温为30~35 ℃,则系统内低压侧压强应为0.147~0.192 MPa,高压侧压强应为1.37~1.67 MPa。

　　⑦ 充注完毕后,关闭歧管压强表上的手动低压阀,关闭装在制冷剂罐上的注入

阀,使发动机停止运转,从压缩机上卸下歧管压强表,动作要迅速,以免过多的制冷剂泄出。

(五) 检测和分析空调系统压力故障

技能实践

(1) 丰田卡罗拉1.2 T轿车空调系统正常工作时高、低压压力一般分别为(　　　)、(　　　)。

(2) 检测空调系统压力时应满足的条件:车门全开,发动机转速为2 000 r/min,鼓风机高速挡,温度调到最低。检测中央出风口的风速和温度分别为_____、_____,用压力表测量空调系统运行时高、低压的压力值分别为_____、_____。

(3) 根据检测结果判断空调系统性能的好坏。

知识学习

汽车空调系统正常工作时,环境温度不同,系统高、低压管内的制冷剂压力也不同,以丰田卡罗拉1.2 T轿车为例,空调系统正常工作时高、低压压力值如表8-10和图8-21所示。空调系统一般的工作压力有以下几种异常的情况:

表8-10　空调系统正常工作时高、低压压力值

压力表	制冷剂量
低压表	150~250 kPa(1.5~2.5 kgf/cm^2,22~36 psi)
高压表	1 370~1 570 kPa(13.7~15.7 kgf/cm^2,199~228 psi)

图8-21　压力表高·低压正常值

1. 工作期间,低压侧的压力在正常和真空之间摆动(空调系统中存在湿气)

① 空调系统高、低压的压力值分别如图8-22所示。

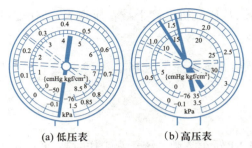

(a) 低压表   (b) 高压表

图 8-22   空调系统低压侧压力在正常和真空之间摆动

② 故障分析和排除方法见表 8-11。

表 8-11   空调系统低压侧的压力在正常和真空之间摆动的故障分析和排除方法

症状	空调系统间断性制冷,最终无法制冷
可能原因	空调系统内的湿气在膨胀阀节流孔冻结,导致制冷剂暂时停止循环
	系统停止后,再次暖机,冰融化且工作暂时恢复正常
诊断	冷却器干燥器(集成在冷凝器罐内)湿气饱和
	空调系统内的湿气会在膨胀阀节流孔冻结,阻碍制冷剂的循环
纠正措施	更换冷却器干燥器
	通过反复排出空气,除去空调系统中的湿气
	向空调系统重新加注适量新的或净化过的制冷剂

2. 低压侧和高压侧的压力均低(制冷剂不足)

① 空调系统高、低压的压力值分别如图 8-23 所示。

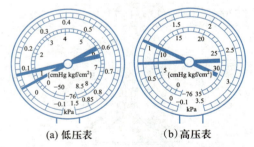

(a) 低压表   (b) 高压表

图 8-23   低压侧和高压侧的压力均低

② 故障分析和排除方法见表 8-12。

表 8-12   低压侧和高压侧的压力均低的故障分析和排除方法

症状	空调系统无法有效制冷
	冷却性能不良
可能原因	空调系统制冷剂泄漏

续表

诊断	制冷剂不足
	制冷剂泄漏
纠正措施	检查制冷剂是否泄漏,必要时进行维修
	向空调系统重新加注适量新的或净化过的制冷剂
	如果表指示压力接近于0,则在维修泄漏部位后,有必要排空空调系统

3. 低压侧显示真空,高压侧显示压力非常低(制冷剂不循环)

① 空调系统高、低压的压力值分别如图8-24所示。

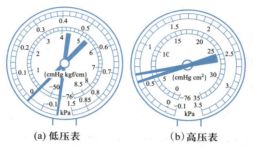

(a) 低压表　　　(b) 高压表

图8-24　低压侧显示真空,高压侧显示压力非常低

② 故障分析和排除方法见表8-13。

表8-13　低压侧显示真空,高压侧显示压力非常低的故障分析和排除方法

症状	空调系统无法有效制冷(系统偶尔制冷)
	空调系统无法有效制冷,在储液罐/干燥器或膨胀阀的两侧管路上均能看到结霜或冷凝现象
可能原因	空调系统中的湿气或污垢阻碍制冷剂流动
	膨胀阀卡在关闭位置
诊断	制冷剂不循环
纠正措施	更换膨胀阀
	更换冷凝器
	排空空调系统并重新加注适量新的或净化过的制冷剂

4. 低压侧和高压侧的压力均过高(空调系统加注过量制冷剂或冷凝器的制冷效果不充分)

① 空调系统高、低压的压力值分别如图8-25所示。

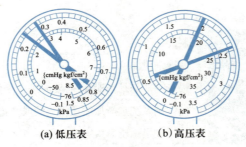

图 8-25　低压侧和高压侧的压力均过高

② 故障分析和排除方法见表 8-14。

表 8-14　低压侧和高压侧的压力均过高故障分析和排除方法

症状	空调系统无法有效制冷
可能原因	制冷剂过量导致性能不能充分发挥
	冷凝器的冷却效果不良
诊断	由于重新加注期间加注过量制冷剂，导致空调系统制冷剂过量
	由于冷凝器散热片阻塞或冷却风扇故障导致冷凝器制冷效果不充分
纠正措施	清洁冷凝器
	检查冷凝器冷却风扇的工作情况
	如果以上两个纠正措施均正常，则检查制冷剂剂量，并重新向空调系统加注适量新的或净化过的制冷剂

5. 低压侧和高压侧的压力均过高（空调系统中存在空气）

① 空调系统高、低压的压力值分别如图 8-26 所示。

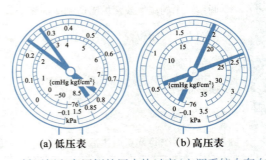

图 8-26　低压侧和高压侧的压力均过高（空调系统中存在空气）

② 故障分析和排除方法见表 8-15。

表 8-15　低压侧和高压侧的压力均过高（空调系统中存在空气）故障分析和排除方法

症状	空调系统无法制冷
	低压管路过热，不能触摸
可能原因	空调系统中存在空气
诊断	空调系统中存在空气
	排空空调系统时，真空清污不足
纠正措施	更换冷却器干燥器
	检查压缩机机油是否脏污或不足
	排空空调系统并重新加注新的或净化过的制冷剂

6. 低压侧和高压侧的压力均过高（膨胀阀存在故障）

① 空调系统高、低压的压力值分别如图 8-27 所示。

② 故障分析和排除方法见表 8-16。

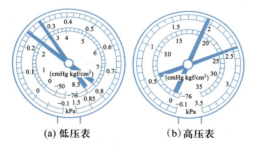

(a) 低压表　　(b) 高压表

图 8-27　低压侧和高压侧的压力均过高（膨胀阀存在故障）

表 8-16　低压侧和高压侧的压力均过高（膨胀阀存在故障）故障分析和排除方法

症状	空调系统无法有效制冷
	低压侧管路结霜或出现大量冷凝
可能原因	膨胀阀卡在打开位置或制冷剂计量错误
诊断	在低压管路内存在过量制冷剂
	膨胀阀打开过大
纠正措施	更换膨胀阀

7. 低压侧和高压侧的压力过高或高压侧压力过低（压缩机压缩能力不足）

① 空调系统高、低压的压力值分别如图 8-28 所示。

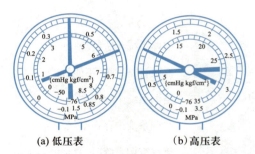

(a) 低压表　　　　　(b) 高压表

图 8-28　低压侧和高压侧的压力过高或高压侧压力过低(压缩机压缩能力不足)

② 故障分析和排除方法见表 8-17。

表 8-17　低压侧和高压侧的压力过高或高压侧压力过低的故障分析和排除方法

症状	空调系统无法有效制冷
可能原因	压缩机内部泄漏
诊断	压缩能力低
	损坏的阀或其他压缩机部件出现泄漏
纠正措施	更换压缩机

知识考核

(一) 单项选择题

1. 制冷系统高压侧工作压力偏低,而低压侧的压力偏高,可能的原因是(　　　)。

A. 制冷剂过多　　　　　　　　　B. 压缩机不良

C. 散热不良　　　　　　　　　　D. 制冷剂过少

2. 用歧管压力表诊断制冷系统低压侧压力负值的原因是(　　　)。

A. 干燥瓶堵塞　　　　　　　　　B. 冷凝管散热不良

C. 制冷剂过少　　　　　　　　　D. 膨胀阀结冰

3. 一般来说人体适宜的温度为(　　　),湿度为 50%~70%。

A. 20~28℃　　　　　　　　　　B. 20~18℃

C. 18~12℃　　　　　　　　　　D. 12~5℃

4. R134a 的 ODP 值为零,所以 R134a 对臭氧层无破坏作用,这种说法(　　　)。

A. 正确　　　　　　　　　　　　B. 错误

C. 无法确定　　　　　　　　　　D. 以上都不是

5. 在检修汽车空调时,技师甲说,对制冷系统加压检漏,最好使用工业氮气;技师乙说,检漏时加压应加到 20bar 左右,你认为(　　　)。

A. 甲对　　　　　　　　　　　　B. 乙对

C. 甲乙都对　　　　　　　　　　　D. 甲乙都不对

（二）多项选择题

1. 制冷系统内有空气可能会引起（　　）故障。

A. 发动机过热　　　　　　　　　　B. 空调压缩机噪声

C. 空调系统性能得不到有效发挥　　D. 低压侧压力低于正常值

2. 将空调压力表上两个手动阀关闭后（　　）。

A. 两表均不显示系统压力　　　　　B. 高压表显示高压侧压力

C. 低压表显示低压侧压力　　　　　D. 两表均显示大气压力

3. 空调系统高压侧压力高于正常值，可能是（　　）。

A. 制冷剂加注过量　　　　　　　　B. 压缩机有故障

C. 冷却系统不良　　　　　　　　　D. 冷凝器受阻

4. 某空调系统高压侧压力偏低，低压侧压力偏高，可能的原因有（　　）。

A. 系统的高压侧有堵塞　　　　　　B. 膨胀阀被卡在打开位置

C. 压缩机簧片阀损坏　　　　　　　D. 压缩机磨损

5. 汽车空调压缩机泄漏检查方法有多种，包括（　　）。

A. 卤素检漏仪检漏法　　　　　　　B. 电子检漏仪检漏法

C. 肥皂泡检漏法　　　　　　　　　D. 水压法

6. 下列（　　）是加注制冷剂的正确操作项。

A. 应确保同工质加注，不得将 HFC-134a 与 CFC-12 混用

B. 按制冷装置要求的加注量定量加注，不得过量加注

C. 低压端加注时，应起动发动机（压缩机运转），制冷剂储罐可侧置或倒置

D. 高压端加注时，应关闭发动机（压缩机停止运转）

7. 制冷系统所使用的制冷剂类型，可采用（　　）方法识别。

A. 检查汽车发动机舱内的空调系统标识、标牌或标签

B. 查看压缩机的标牌或标识

C. 根据制冷装置组成部件的结构

D. 查看节流元件上的标牌或标识

评价及总结

1. 自我评价

结合自己的学习过程及学习效果，对自己学习的主动性和效果进行自评，评价等级为优、良、合格和不合格，针对出现的失误进行反思，完善改进方向及改进措施。

评价维度		评价标准	评级
学习主动性	课前	课前预习,完成老师布置的课前任务	
	课中	积极思考、参与课堂互动,准备工具并协助教师完成教学演示或模拟练习	
	课后	及时总结,完成课后练习任务,并向老师反馈学习建议	
学习效果		能够判断出空调系统异味来源,并能熟练操作排除异味	
		能够掌握空调系统检漏的方法步骤,并能熟练检漏操作,确定泄漏部位	
		熟悉制冷剂纯度的鉴别和回收制冷剂的操作	
		能够熟悉制冷剂的加注流程和操作	
		能够检测空调系统高、低压的压力,并能判断和排除压力异常的系统故障	
任务实施过程中出现的失误			
改进的方向及措施			

2. 学生互评

通过提问、观察同学的演示以及上课的情况,对同学这次学习任务的效果开展评价,评价等级为优、良、合格和不合格,指出任务实施过程中出现的失误,给出改进建议。

小组成员姓名:_____

评价维度	评价标准	评级
学习效果	能够判断出空调系统异味来源,并能熟练操作排除异味	
	能够掌握空调系统检漏的方法步骤,并能熟练检漏操作,确定泄漏部位	
	熟悉制冷剂纯度的鉴别和回收制冷剂的操作	
	能够熟悉制冷剂的加注流程和操作	
	能够检测空调系统高、低压的压力,并能判断和排除压力异常的系统故障	
任务实施过程中出现的失误		
建议		

任务三　检修汽车空调控制电路

 任务描述

　　小王接到一辆丰田卡罗拉 1.2 T 私家车维修，该车使用了 5 年，行驶里程已达到 10 万 km，开空调没有反应，冷气也没有，因此要检查汽车空调系统电路，了解汽车空调的控制电路才能够全面检测和排除控制电路的故障。

 任务目标

实施步骤	教学目标		
	素养目标	知识目标	技能目标
识读汽车空调的控制电路	① 维修空调时注意分类好废弃物，以免造成环境污染　② 合作工作时要相互沟通顺畅　③ 如实反映和维修好空调，不隐瞒欺诈顾客	掌握识读汽车空调控制电路图的方法	能分析并排除汽车空调控制电路的故障
诊断并排除鼓风机不工作的故障		能判断鼓风机不工作故障的主要原因	能分析并排除鼓风机的故障
诊断并排除冷凝风扇的故障		熟悉冷凝风扇控制电路	能检测并排除冷凝风扇电路的故障
诊断并排除空调压缩机的故障		熟悉空调压缩机控制电路	能检测并排除空调压缩机的故障

 实施步骤

（一）识读汽车空调的控制电路

技能实践

① 在实车上找出汽车空调控制电路的熔丝和继电器。
② 在实车上找出压力传感器和蒸发器温度传感器。
③ 在实车上找出鼓风机、鼓风机挡位电阻器和鼓风机挡位开关。
④ 在实车上找出空调开关和压缩机控制电磁阀。

知识学习

以丰田卡罗拉 1.2 T,9NR 的手动空调为例,汽车空调电路图如图 8-29 所示。电路主要由电源、继电器、鼓风机电动机、鼓风机挡位开关、鼓风机挡位电阻器、空调放大器总成、空调压力传感器、空调压缩机、加热器控制分总成、蒸发器热敏电阻、风门伺服机构分总成等组成。

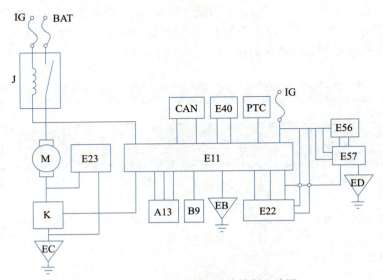

图 8-29   丰田手动空调系统控制电路图

IG—点火开关;BAT—蓄电池;J—HTC 继电器;M—鼓风机电动机;K—鼓风机挡位开关;
E23—鼓风机挡位电阻器;E11—空调放大器总成;A13—空调压力传感器;B9—空调压缩机;
EB、EC、ED—电路搭铁;E22—3 号加热器控制分总成;CAN—多路通信系统;E40—蒸发器热敏电阻;PTC—PTC 继电器;E56—1 号风门伺服机构分总成;E57—1 号加热器控制分总成

1. 供电电路

鼓风机开关处于闭合时,空调放大器接收到鼓风机开关发送过来的空调工作状态信号,点火开关→熔丝→控制继电器的线圈→空调放大器→接负极导通,此电源用于操纵空调放大器,传感器供电;与此同时,继电器触点开关闭合。此时,12 V 电压从蓄电池正极出来→经过熔丝→到 HTR 继电器触点开关→经过鼓风机电动机→电阻器→接负极地,此电源供给鼓风机工作。此外,还有加热器、风门伺服机构的供电电源。

(1)蒸发器温度传感器

蒸发器温度传感器安装在空调装置的蒸发器上,用来检测流过蒸发器冷却空气的温度。空调蒸发器温度传感器的两端分别接空调放大器上。

(2)空调压力传感器

空调压力传感器安装在高压侧管上,检测制冷剂压力,并将其以电压变化的形式输出到空调放大器,空调放大器根据该信号控制压缩机。空调压力传感器有三个端子,都与空调放大器端子相连,其中一端输出传感器压力信号,另两个端子分别为供电端和接地端。

2. 执行器电路

(1) 节流控制电磁阀

空调放大器的外接压缩机控制电磁阀,节流控制电磁阀的作用是节流降压,根据各种传感器的信号,通过计算蒸发器的目标温度,空调放大器通过调节压缩机电磁阀的开度,来优化控制排量。自动调节和控制压缩机制冷剂量的输出量,当压缩机制冷剂排放量不足时,空调放大器输出高电平信号到空调压缩机,节流控制电磁阀通电,空调压缩机排放量增大。

(2) 空调风门总成

空调放大器输出控制信号,分别控制空调鼓风机总成内部的空气混合系统伺服电动机(正转、反转),从而带动混合风门移动,调节通过蒸发器后流过加热器芯的空气流量,以控制鼓风温度;控制空调鼓风机总成内部的通风模式伺服系统内的电动机(正转、反转),将风门移至控制出风转换的任何位置,从而实现通风模式控制;控制空调鼓风机总成内部的进气伺服系统电动机(正转、反转),从而带动进气风门移动,实现进气控制(如新鲜空气、新鲜空气 / 再循环和再循环)。

(3) 空调鼓风机电动机

空调鼓风机电动机控制继电器的线圈通电,12 V 电压从蓄电池正极出来→经过熔丝→到 HTR 继电器触点开关→经过鼓风机电动机→电阻器→接负极地,鼓风机工作。

(4) PTC 加热器控制

发动机运转且带风扇的鼓风机电动机分总成打开时,如果满足下列条件,则空调放大器总成打开快速加热器总成。

(5) 诊断

空调放大器总成检测到空调系统存在故障时,将诊断故障码(DTC)存储在存储器中。

3. 空调电路常见故障

(1) 电路接触不良

汽车空调电路接触不良故障,一般体现在空调工作时运转状态不稳定,致使车内温度无法在短时间内下降到合适温度。对此,通常采用循序渐进法,选择功率最大的电器先行检查,一般就可以查出故障问题所在。如果从电量小的电器开始检查,检查时间就会比较长,但是只要检查人员有足够的耐心也能完成检查工作。

(2) 电路断路问题

汽车空调电路断路问题在空调电路故障中也比较常见,一般都是由于线束断接,造成电路中没有电流,影响汽车空调正常运转的。比如,汽车空调电路中的导线因为振动而被车身毛刺切断导致断路。对此,技术人员可以采用试灯对空调电路逐级检查,也可以采用切分法检查:采用试灯测试出内部位置出现断路时,利用试灯笔锥扎入线束内实施检查。为确保检查结果的正确,技术人员可采用万用表配合检查。

(3) 电路搭铁故障

电路搭铁故障一般体现为装上熔丝后熔丝立即熔断,对于这种故障,技术人员可以采用排除法进行检查。首先打开外壳,将熔断的熔丝去除,将故障观察器插入电路中,设置合适的电压,打开电源,如果是搭铁故障,观察器的小灯泡点亮。然后将相应的部件依次拆卸,观察灯泡变化,如果灯泡一直点亮,则将相应部件安装回去,继续下一部件的检查,直至找到断路故障点。其次,检查所有部件后,如果出现灯泡亮度正常的情况,说明故障存在于线路中。通常,线路短路故障是线路与车内金属摩擦所致,因此,需要摇动分支线路及主线路,然后同样通过观察灯泡亮度来检查。需要强调的是,在这一过程中,必须重视熔丝的安培数,不允许随意增加或采用粗铜线代替熔丝,因为这会引发线路损坏及空调设备损坏。

(二) 诊断并排除鼓风机不工作的故障

技能实践

① 把故障车辆停好,做好防护工作。

② 使用故障诊断仪读取空调放大器的_____,结果为_____故障码存在,说明放大器的通信和电源电路_____。

③ 在储物箱下面,拆下仪表板 2 号底罩分总成,找到鼓风机电机的_____和_____端子。

④ 打开点火开关,打开鼓风机开关到 1~4 挡中任意一挡,测量鼓风机电机插头 1 号与 2 号端子之间的_____,电压值为_____伏,正常。需要进一步检查_____游电路。

⑤ 在车上_____找到 HTR 继电器,关闭点火开关后,拔出 HTR 继电器进行检测。测量 HTR 继电器的线圈(1 号和 2 号端子)电阻值,为_____Ω,正常,线圈的正常电阻值范围为 50~200 Ω。给 HTR 继电器的线圈通电(1 号和 2 号端子通电),测量触点(3 号和 5 号端子)之间的电阻值,为_____Ω,其正常值为小于 1 Ω。经测量,判断 HTR 继电器本体正常。

⑥ 使用继电器的跨线测量各端子的参数值,插回继电器,打开点火开关,打开鼓风机开关到 1~4 挡中任意一挡,测量 HTR 继电器的 1 号和 5 号端子电压为_____V,正常,3 号端子为_____V,未见异常,2 号端子一直为_____V,异常,说明 2 号端子没有正常负极搭铁。

⑦ 根据电路图,我们知道 HTR 继电器 2 号端子与空调放大器 E11-14 端子连接,并实现连接车身搭铁。

⑧ 再_____找到空调放大器,检测 E11-14 端子电压正常,说明 HTR 继电器 2 号端子与放大器 E11-14 端子之间存在断路点。

⑨ 按标准流程"找到故障点,与车主沟通确认维修内容"。修复故障点,鼓风机工作恢复正常。

⑩ 完成"竣工检查,车主确认"这个环节,主要是竣工检查,再次确认故障完全排除。

 知识学习

1. 鼓风机控制电路

以丰田 1.2 T,9NR 的手动空调为例,其鼓风机的控制电路如图 8–30 所示,由电源、继电器、鼓风机电机、鼓风机电阻器、鼓风机挡位开关、空调放大器总成等组成。鼓风机开关安装在中控台空调控制面板上,用来调节风速。一般汽车手动空调鼓风机开关的挡位有 0、1、2、3 和 4 挡等,0 挡时关闭,1 挡风速最低,4 挡风速最高。空调放大器是一个电子控制单元,俗称"电脑",用来集中控制空调的各种信号和指令。比如说,打开空调开关,放大器会把空调开关的打开信号给到发动机控制单元,从而提高发动机运行的转速,避免发动机负荷瞬间变大导致发动机熄火。电阻器用来调节鼓风机电机串联电阻的阻值大小,串联电阻阻值越小,鼓风机电路中电阻阻值越小,工作电流越大,鼓风机旋转越快,从而实现风速的变化。鼓风机电机是一种有刷直流电动机,根据电源电流大小变化,电机的旋转快慢发生变化,使鼓风机可以吹出不同风速。

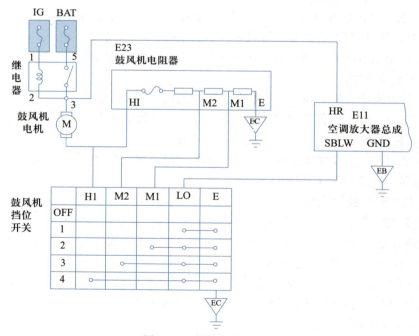

图 8–30 鼓风机控制电路

HI—四挡;M2—三挡;M1—二挡;LO—低挡;E—搭铁(接地)

2. 鼓风机控制电路的工作原理

当鼓风机开关处于低速挡 1 挡时，空调放大器（E11-SBLW）接收到鼓风机开关发送过来的空调工作状态信号，控制继电器的线圈接负极导通，闭合触点开关。此时，12 V 电压从蓄电池正极→熔断器→HTR 继电器触点开关→鼓风机电机→鼓风机电阻器（三个电阻成串联关系，电阻最大，电流最小）→负极搭铁。鼓风机实现低速运转。

鼓风机开关处于 2 挡时，空调放大器（E11-SBLW）接收到鼓风机开关发送过来的空调工作状态信号，控制继电器的线圈接负极导通，闭合触点开关。12 V 电压从蓄电池正极→熔断器→HTR 继电器触点开关→鼓风机电机→鼓风机电阻器（两个电阻成串联关系，电流较小）→鼓风机开关→负极搭铁。鼓风机实现 2 挡运转。

鼓风机开关处于 3 挡时，空调放大器（E11-SBLW）接收到鼓风机开关发送过来的空调工作状态信号，控制继电器的线圈接负极导通，闭合触点开关。12 V 电压从蓄电池正极→熔断器→HTR 继电器触点开关→鼓风机电机→电阻器（只串联 1 个电阻，电流较大）→鼓风机开关→负极搭铁。鼓风机实现 3 挡运转。

鼓风机开关处于 4 挡时，空调放大器（E11-SBLW）接收到鼓风机开关发送过来的空调工作状态信号，控制继电器的线圈接负极导通，闭合触点开关。此时，12 V 电压从蓄电池正极→熔断器→HTR 继电器触点开关→鼓风机电机→接负极搭铁。不经过电阻，通过鼓风机电机的电流最大，鼓风机实现 4 挡高速运转。

3. 鼓风机常见故障

汽车空调鼓风机常见的故障为以下几种：

① 鼓风机电阻器损坏，丢失某个挡位或者完全失灵。因为长期的工作，鼓风机电阻器会发热，所以会容易氧化导致损坏，特别是在受潮之后。

② 长期不清洁或更换空调空气过滤器，导致异物或者粉尘进入鼓风机，会导致鼓风机异响或共振。

③ 鼓风机开关长时间频繁操作会导致开关接触不良或损坏。

④ 鼓风机电机内部部件磨损到极限，特别是因为使用有刷直流电机，电刷和导电环的磨损或脏污，会导致鼓风机电机不能正常工作。

⑤ 空调放大器及线路故障。控制单元的故障率比较低，但是电路板都有使用年限，特别是受潮或者灰尘环境中，容易出故障。

4. 故障诊断排除流程

故障诊断排除的主要流程包括"根据任务委托，获取相关信息"→"分析问题，制订维修计划"→"安排人员对车辆实施检修"→"找到故障点，与车主沟通确认维修内容"→"竣工检查，车主确认"。

以丰田 1.2 T，9NR 的手动空调鼓风机不转，空调不制冷的故障现象为例。根据故障车型查找厂家的维修手册和电路图，维修手册中会有一些故障症状表和故障码的解析，缩小故障范围，提高工作效率。

① 鼓风机电源电路是由 HTR 继电器提供 12 V 电源，而继电器的通断是由空调放大器控制，因此，先对空调放大器进行检测。放大器不能直接检测后判断好坏，可以使用故障诊断仪读取故障码。如没有故障码，则检测鼓风机电路。

视频
鼓风机无法工作
故障检测

② 鼓风机是由电源直接提供 12 V 电压,所以鼓风机不转的原因可分为电源故障和鼓风机电机本身故障两方面。鼓风机电机本身如果损坏,就修复或者更换。电源电路通过电压测量,判断是否正常,异常则进行下一步。

③ 检测继电器本身、触点开关电路和控制电路是否正常,对继电器本身进行通断和电阻的测量,判断其是否正常,异常则更换。如果继电器本身正常,继续测量控制电路是否正常,异常则修复。最后测量触点开关输入和输出电路是否正常,异常则进行下一步。

④ 检测鼓风机开关是否正常,鼓风机开关主要提供各挡位的串联电阻大小以及空调工作状态信号,如果异常,则更换鼓风机开关,如果正常则进行下一步。

⑤ 检测鼓风机电阻器是否正常,异常则更换。

总之,车辆鼓风机不转,空调不制冷的故障现象是因为鼓风机 HTR 继电器的线圈控制电路出现断路,导致打开鼓风机开关打开后,放大器不能控制 HTR 继电器触点开关闭合,导致电源无法输送电能到鼓风机,导致鼓风机不转。

(三)诊断并排除冷却风扇故障

🖥 技能实践

1. 冷却系统冷却风扇 ECU 车上检查条件

① 点火开关置于 OFF 位置。

② 发动机冷却液温度低于 86℃。

③ 蓄电池电压在____~____V。

④ 空调开关关闭。

2. 检查步骤

① 将卡夹式电流表的示波器连接到冷却风扇电动机 2 个线束中任何一个。

② 将点火开关置于 ON 位置,等待约 10 s。检查并确认冷却风扇不工作。

③ 起动发动机,检查并确认发动机怠速运转时冷却风扇不工作。

提示:确保发动机冷却液温度低于 91℃,关闭空调开关。

④ 空调开关打开时,检查并确认冷却风扇工作。

⑤ 测量冷却风扇电动机工作时的电流。

标准电流见表 8-18。

表 8-18　标准电流

项目	条件	规定状态
1 号冷却风扇电动机	在 20℃时施加蓄电池电压	11.7~14.7 A
2 号冷却风扇电动机		14.1~18.1 A

⑥ 检查并确认发动机冷却液温度传感器连接器断开时冷却风扇工作。

⑦ 测量冷却风扇电动机工作时的电流。

标准电流见表 8-18。

发动机暖机后,检查并确认冷却风扇在图 8-31 所示范围工作。冷却风扇开始工作时,发动机冷却液温度大约为 93℃。使用 GTS 也可检查该系统。

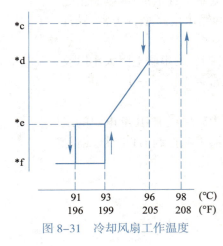

图 8-31　冷却风扇工作温度

📝 知识学习

汽车空调冷凝器和散热器共用冷却风扇,发动机或空调系统在各种条件下的冷却控制中,当发动机水温或空调系统的高压压力达到工作条件时,冷却风扇即可运转。

现代汽车已广泛使用电子风扇,电子风扇通常安装在散热器后方,由电动机、风扇叶片、导风罩等组成,如图 8-32 所示。风扇的扇风量主要与风扇直径、转速、叶片形状、叶片安装角度及叶片数有关。风扇的作用是增加流过散热器芯和冷凝器的空气量,增强散热器和冷凝器的散热能力。

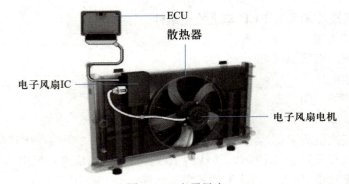

图 8-32　电子风扇

冷却风扇电动机受高压开关和发动机冷却液双温开关双重控制。当冷却液温度在 93℃ 以下且不启动空调压缩机时,冷却风扇不转。当冷却液温度在 93~96℃ 时,冷却风扇以低速旋转。当冷却液温度大于 96℃ 时,冷却风扇高速旋转。

(四) 诊断并排除空调压缩机故障

 技能实践

1. 示波器的使用与连接

① 检测设备是否正常。

② 将示波器连接到压缩机的压力调节阀(电磁控制阀连线正负极)。

2. 检测可变空调压缩机在各种负荷的控制信号

检测可变空调压缩机在各种负荷的控制信号,填写表 8–19。

表 8–19 可变空调压缩机在各种负荷的控制信号

压缩机工况	波形
不工作的波形	
小负荷的波形	
中负荷的波形	
大负荷的波形	

3. 检查压力传感器线束和空调放大器总成

① 检查压力传感器线束,发现电阻不合规定,维修线束。

② 根据表 8–20 中的连接点和条件测量电压,如果电压不符合规定,则更换空调放大器总成。

表 8–20 测量空调放大器总成电压

检测仪连接	条件	规定状态
A13–3(+)和车身搭铁	点火开关位于 ON 位置	4.75~5.25 V
A13–3(+)和车身搭铁	点火开关位于 OFF 位置	低于 1 V

4. 检查空调压力传感器

根据表 8–21 中的连接点和条件测量电压,连接器与空调放大器总成连接时,从连接器后部进行检查,如果电压不符合规定,则更换空调压力传感器。

表 8–21 测量空调压力传感器电压

检测仪连接	条件	规定状态
E11–7(PRE)–E11–5(sG–2)	制冷剂压力:低于 3 025 kPa(30.8 kgf/cm², 439 psi)且高于 176 kPa(1.8 kgf/cm², 26 psi)	0.62~4.73 V

 知识学习

对于采用电控可变排量压缩机的汽车空调,取消了空调压缩机电磁离合器,空调压缩机始终随着发动机一起运转,可通过故障检测仪查看空调控制单元数据中空调压缩机的负荷和工作电流来判断空调压缩机的工作情况。压缩机的结构如图 8–33 所示,主要由轴、接线板、活塞、蹄片、曲柄室、气缸和电磁控制阀组成。结构如图 8–33 所示。

动画
变排量压缩机
工作原理

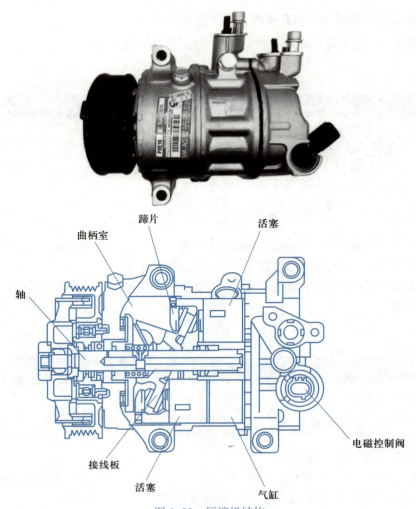

图 8-33 压缩机结构

1. 动力传递

可变压缩机的动力来自发动机,其传递路线为:发动机曲轴传动轮→楔形传动带→空调压缩机传动轮→传动钢片组→花键毂→空调压缩机主轴。压缩机安装有过载保护机构,其工作原理为:空调压缩机内部因某种原因发卡,致使花键毂被制动,此时传动钢片在传动轮的拖动下,其外端将从花键毂前后两钢板间脱开,从而保护了空调压缩机传动带不被损坏。

2. 压缩机工作原理

压缩机排量主要由三个压力决定的,一个是压缩机吸入的低压制冷剂;另一个是压缩机排出的高压制冷剂;第三个是斜盘或摇板所在的曲轴箱的压力。曲轴箱内的压力基本是大于或等于压缩机的吸入压力,而远小于压缩机的排气压力,如图 8-34 所示。

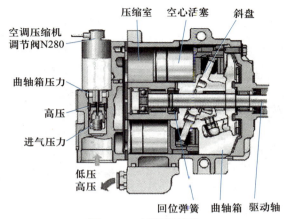

图 8-34　压缩机结构

　　当车内热负荷达到最大值或驾乘人员要求快速制冷（表现为车内温度瞬间调到最低）时，调节阀的供电占空比为 100%，调节阀阀芯压缩弹簧外伸至行程最大处，此时曲轴箱与吸气腔相通，与排气腔隔绝，曲轴箱压力降到最小值，作用在活塞右侧的压力远高于作用于活塞左侧的压力（等于曲轴箱压力与弹簧力之和），这样弹簧被压缩，斜盘倾角变得最大，活塞行程最大，空调压缩机排气量最大，以快速制冷，如图 8-35 所示。

　　当车速提高，车内热负荷减小，调节阀的供电占空比将减小，调节阀阀芯外伸行程减小，曲轴箱压力升高，作用在活塞左侧的压力升高，这样弹簧压缩量减小，斜盘倾斜角变小，活塞行程变小，空调压缩机排气量降低，以节约燃油，如图 8-36 所示。

　　当车内热负荷降到最小值时，调节阀断电，此时占空比为 0，调节阀阀芯提升到最高处，此时曲轴箱与排气腔相通，压力升到最大值，作用在活塞左侧和右侧的压力相等，这样弹簧自动伸长，斜盘倾角最小，活塞行程最小，空调压缩机排气量最小（接近 0）。

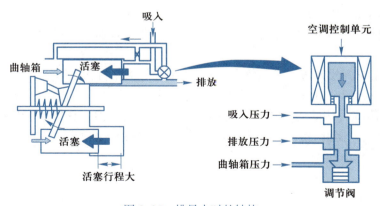

图 8-35　排量大时的结构

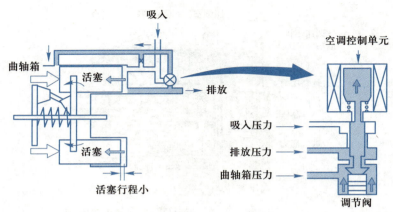

图 8-36　排量为 0 时的结构

　　调节阀用于调节曲轴箱内的压力,当曲轴箱压力等于压缩机的吸气压力时,压缩机处于最大排量;当控制曲轴箱压力高于吸气压力后,斜盘或摇板角度减小,压缩机的排量减小。

3. 调节阀

　　调节阀由机械元件和电磁单元组成。机械元件按照低压侧的压力关系借助于一个位于控制阀低压区的压力敏感元件来控制调节过程。电磁单元由控制单元通过 500 Hz 的通断频率进行控制。

　　电控可变排量压缩机在无电流的状态下,调节阀阀门开启,压缩机的高压腔和压缩机曲轴箱相通,高压腔的压力和曲轴箱的压力达到平衡。满负荷时,调节阀阀门关闭,曲轴箱和高压腔之间的通道被隔断,曲轴箱的压力下降,斜盘的倾斜角度加大直至排量达到 100%;关掉空调或所需的制冷量较低时,调节阀阀门开启,曲轴箱和高压腔之间的通道被打开,斜盘的倾斜角度减小直至排量低于 2%。当系统的低压较高时,真空膜盒被压缩,阀门挺杆被松开,继续向下移动,使得高压腔和曲轴箱被进一步隔离,从而使压缩机达到 100% 的排量。当系统的吸气压力特别低时,压力元件被释放,使挺杆的调节行程受到限制,这就意味着高压腔和曲轴箱不再能完全被隔断,从而使压缩机的排量变小。具体工作原理如图 8-37 所示。

　　① 曲柄室与吸入通道相连接。调节阀安装在吸入通道(低压)和排放通道(高压)之间。

　　② 根据空调放大器总成的信号,调节阀在占空比控制下工作。

　　③ 调节阀闭合(电磁线圈通电)时,会产生压差,且曲柄室内的压力会降低。然后,施加至活塞右侧的压力将大于施加至活塞左侧的压力。这样就会压缩弹簧,并使接线板倾斜。因此,活塞行程增大且排量增加,如图 8-38 所示。

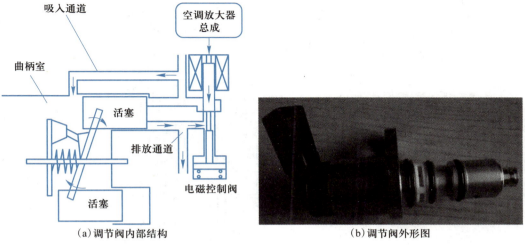

（a）调节阀内部结构　　　　　　　　（b）调节阀外形图

图 8-37　调节阀工作原理

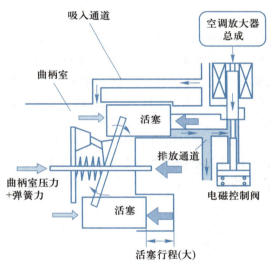

图 8-38　调节阀工作原理（排量大时）

④ 调节阀打开（电磁线圈不通电）时，压差消失。然后，施加至活塞左侧和右侧的压力将变得相同。因此，弹簧伸长并消除接线板的倾斜，从而使活塞行程减小且排量减少，如图 8-39 所示。

4. 空调压力传感器

压力传感器安装在制冷系统高压管路上。制冷系统泄漏会使制冷剂量缺少，造成压缩机真空度升高，导致压缩机因无冷冻机而烧毁。因此，为了保护系统安全，当高压管路压力低于 0.2 MPa 时，低压开关切断压缩机的电压，从而起到保护作用。

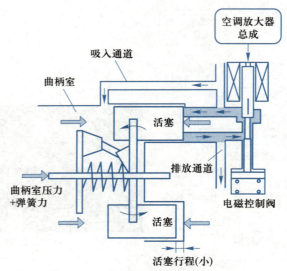

图 8-39   调节阀工作原理（排量小时）

压力传感器安装在高压侧管上，检测制冷剂压力，并将其以电压变化的形式输出到空调放大器，空调放大器根据该信号控制压缩机，如图 8-40 所示。空调压力传感器的 A13—2 端输出传感器压力信号，接空调放大器的 E11—7 端；传感器的 A13—3 端为供电端，接空调放大器的 E11—24 端；传感器的 A13—1 端为接地端，接空调放大器的 E11—5 端。

现在汽车空调的压力开关是将压力信号给了某个控制模块，由控制模块依据高低压力开关的逻辑电平信号切断压缩机和控制风扇高速工作。在更为先进的空调系统中，压力开关不再是传统的开关，而是一个线性的压力信号。

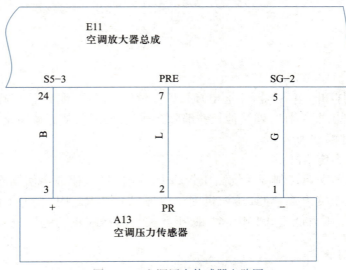

图 8-40   空调压力传感器电路图

知识考核

(一) 单项选择题

1. 空调控制电路中,温控开关、压力开关与压缩机的电磁线圈是(　　)。
A. 串联　　　　　B. 并联　　　　　C. 混联　　　　　D. 以上都不是
2. 电阻丝式汽车空调鼓风机调速器,应安装在鼓风机(　　)上。
A. 出风口风道　　B. 进风口风道　　C. 电机　　　　　D. 扇叶
3. 汽车空调检测合格的出风口温度范围应为(　　)℃。
A. 0~4　　　　　B. 4~10　　　　　C. 10~15　　　　D. 15~20
4. 汽车空调风量控制器通过改变(　　)的大小进行风量控制。
A. 电阻　　　　　B. 电容　　　　　C. 电磁　　　　　D. 电压

(二) 多项选择题

1. 造成冷气风量不足的原因有:(　　)
A. 空调滤清器严重脏堵　　　　　B. 蒸发器表面脏
C. 蒸发器表面结冰　　　　　　　D. 冷凝器风扇不工作
2. 冷凝器风扇的运作由谁控制?(　　)
A. 冷却液温度开关　　　　　　　B. 空调压力开关
C. 鼓风机开关　　　　　　　　　D. A/C 开关
3. 开空调时,鼓风机有高速无低速,可能原因是:(　　)。
A. 熔断器损坏　　　　　　　　　B. 调速电阻损坏
C. A/C 开关损坏　　　　　　　　D. 空调继电器损坏
4. 以下对变排量空调压缩机的描述,错误的是:(　　)。
A. 变排量空调压缩机可采用常啮合的传动方式
B. 当变排量电磁阀断电后,变排量空调压缩机会因润滑不良而损坏
C. 制冷剂排量的控制与变排量空调压缩机内部的曲轴箱压力有关
D. 当变排量空调压缩机出现过载或锁死故障时,其传动带轮的橡胶件能够断开,防止严重的机械故障
5. 在可变排量空调压缩机中,什么是不可变化的?(　　)
A. 缸径　　　　　B. 活塞行程　　　C. 吸气压力　　　D. 控制阀

评价及总结

1. 自我评价

结合自己的学习过程及学习效果,对自己学习的主动性和效果进行自评,评价等级为优、良、合格和不合格,针对出现的失误进行反思,完善改进方向及改进措施。

评价维度		评价标准	评级
学习主动性	课前	课前预习,完成老师布置的课前任务	
	课中	积极思考、参与课堂互动,辅助老师完成教学演示或模拟练习	
	课后	及时总结,完成课后练习任务,并向老师反馈学习建议	
学习效果		能够熟读空调电路图,并能了解电路控制原理	
		能够根据鼓风机电路图诊断和排除鼓风机故障	
		能够根据冷凝器风机电路图诊断和排除冷凝器风机故障	
		能够根据压缩机电路检测和排除压缩机故障	
任务实施过程中出现的失误			
改进的方向及措施			

2. 学生互评

通过提问、观察同学的演示以及上课的情况,对同学这次学习任务的效果开展评价,评价等级为优、良、合格和不合格,指出任务实施过程中出现的失误,给出改进建议。

小组成员姓名:＿＿＿＿＿＿＿＿＿＿＿＿＿＿＿＿＿＿＿＿＿＿＿

评价维度	评价标准	评级
学习效果	能够熟读空调电路图,并能了解电路控制原理	
	能够根据鼓风机电路图诊断和排除鼓风机故障	
	能够根据冷凝器风机电路图诊断和排除冷凝器风机故障	
	能够根据压缩机电路检测和排除压缩机故障	
任务实施过程中出现的失误		
建议		

参考文献

［1］梁小流.汽车电气设备构造与检修［M］.北京:中国水利水电出版社,2018.

［2］岳海斌,王和平,中锐教育研究院.汽车基础电器系统故障诊断与维修［M］.上海:同济大学出版社,2013.

［3］钱强,汽车电气与电子技术实训项目作业书［M］.上海:同济大学出版社,2011.

［4］于晨斯,杨济军,张小亚.汽车电气构造与检修［M］.西安:西北工业大学出版社,2020.

［5］薛成文.汽车电气设备构造与维修［M］.北京:机械工业出版社,2020.

［6］张明,杨定峰.汽车电气系统检修［M］.北京:人民邮电出版社,2016.

［7］王升平,胡胜.汽车电气设备构造与维修［M］.北京:机械工业出版社,2022.

［8］巫尚荣.汽车空调结构原理与维修［M］.北京:中国水利水电出版社,2015.

［9］李祥峰.汽车空调［M］.西安:西安电子科技大学出版社,2011.

［10］黄远雄.汽车空调维修［M］.北京:机械工业出版社,2010.